北京外国语大学国际中国文化研究院

国际中国文化研究

梁燕 主编

第三辑

国文出版社
·北京·2025·

图书在版编目（CIP）数据

国际中国文化研究 . 第三辑 / 梁燕主编. -- 北京：国文出版社，2025. -- ISBN 978-7-5125-1803-2
I. K203-53
中国国家版本馆 CIP 数据核字第 2024HA2162 号

国际中国文化研究（第三辑）

主　　编	梁　燕
责任编辑	杨婷婷
责任校对	于慧晶
出版发行	国文出版社
经　　销	全国新华书店
印　　刷	北京文昌阁彩色印刷有限责任公司
开　　本	710 毫米×1000 毫米　　16 开 20.5 印张　　　　　　　310 千字
版　　次	2025 年 5 月第 1 版 2025 年 5 月第 1 次印刷
书　　号	ISBN 978-7-5125-1803-2
定　　价	68.00 元

国文出版社
北京市朝阳区东土城路乙 9 号　　　邮编：100013
总编室：（010）64270995　　　　　传真：（010）64270995
销售热线：（010）64271187
传真：（010）64271187-800
E-mail：icpc@95777.sina.net

《国际中国文化研究》编辑委员会

主　编
　　梁　燕
副主编
　　管永前　李　真
编辑委员（按姓氏音序排列）
　　车　琳　管永前　郭景红　李　真　梁　燕　柳若梅　罗　莹
　　苏莹莹　孙　健　王鸿博　魏崇新　叶向阳　张明明
编辑部主任
　　叶向阳
编　务
　　姜　丹

目 录

海外中国戏剧研究

20世纪下半叶昆剧在美国的传播：以张充和与傅汉思为中心……… 管 宇 002

从"案头"到"场上"：美国汉学家白之的中国戏曲翻译理念…… 魏远东 020

天主教士与中国戏曲的早期接触（续）…………………………… 廖琳达 040

京剧英译策略研究
　　——以20世纪《打渔杀家》英译本为例 ………………………… 胡耀文 057

《灰阑记》在西班牙语世界的传播与影响 ……………………… 陈彦喆 072

经典翻译

中国戏曲的外在特征 …［美］阿道夫·爱德华·祖克／著，马旭苒／译 090

"京剧"还是"國劇"：名字背后的玄机 …［美］盖南希／著，徐洲洋／译 105

如何把角色吊在舞台上？
　　——元杂剧断想 ………… ［英］大卫·霍克斯／著，杜 磊／译 119

日本的京剧演出与演员 ……………… ［日］滨一卫／著，杨雯雯／译 132

齐如山与《国剧画报》 ……………… ［日］有泽晶子／著，高语莎／译 147

域外汉学、中国学研究

滨尾房子对马勒《大地之歌》第三乐章歌词的唐诗源考……… 张 杨 162

论中村兰林《读诗要领》的诠释特点 ……………………………… 刘 兵 177

异域之眼：赖山阳对中国历代诗歌的论评 ………………………… 张 波 191

1

诸桥辙次的中国游学之旅
　　——以《游支随笔》中的图文记述为线索 ……………… 肖伊绯　209

圆明园研究

论圆明园的身份定位与当代价值 ……………………………… 张利群　236
圆明园写仿江南园林手法分析
　　——以如园写仿瞻园为例 ………………………………… 余　莉　247

比较文学研究

汤亭亭《中国佬》对华人男性气质的重塑 …………………… 张　日　264
论杰克·伦敦《月亮谷》的生态观 ……………………………… 刘传业　288

新书快递

在未明时分，列文森看到了中国的光明未来
　　——读管永前《当代西方中国学研究》 ………………… 胡军民　310

后记 ………………………………………………………………… 梁　燕　317

Contents

Overseas Studies in Chinese Traditional Opera and Modern Drama

Dissemination of Kunqu Opera in America in the Second Half
   of the 20th Century: Ch'ung-ho Chang Frankel and Hans
   Hermman Frankel as Research Focus ········· Guan Yu   019

From "Script" to "Stage": American Sinologist Cyril Birch's
   Concepts on Translation of Chinese Traditional Drama ··· Wei Yuandong   039

The Early Account of Chinese Theatre by Catholic Priests Ⅱ ··· Liao Linda   056

Research on the English Translation Strategy of Peking Opera
   Based on Three English Translations of Da Yu Sha Jia in
   20th Century ·········· Hu Yaowen   071

The Spreading and Influence of *The Chalk Circle* in the
   Spanish-speaking World ·········· Chen Yanzhe   087

Researches on Sinology and Chinese Studies Abroad

The Identification of a Tang Poem as the Source for the Third
   Text of Gustav Mahler's *Das Lied von der Erde* by the
   Japanese Scholar Fusako Hamao ·········· Zhang Yang   176

A Study on Nakamura Ranrin's *Dushi Yaoling* ·········· Liu Bing   190

The Eye of Foreigners: Lai Shanyang's Commentary on
   Chinese Poetry of Various Dynasties·········· Zhang Bo   208

Tsugiichi's Chinese Study Tour—Using the graphic and textual
   descriptions in "Essays written while visiting China" as a
   clue ·········· Xiao Yifei   233

Special Column on Yuan-Ming-Yuan

On the Identity Positioning and Contemporary Value of the
　　Old Summer Palace .... **Zhang Liqun**　246

Analysis of the ways of Imitating Jiangnan Garden in
　　Yuanmingyuan—Taking the example of imitation of
　　Zhanyuan in Ruyuan ....**Yu Li**　261

Comparative Literature Studies

The Reshaping of Chinese Masculinity in Kingston's *China Men* ... **Zhang Ri**　287

Jack London's Ecological View in *The Valley of the Moon* ... **Liu Chuanye**　307

Postscript ....**Liang Yan**　317

海外中国戏剧研究

20世纪下半叶昆剧在美国的传播：以张充和与傅汉思为中心[①]

管　宇[②]

摘要： 本文在充分利用耶鲁大学所藏傅汉思档案、纽约"海外昆曲社"前社长陈安娜女士所藏傅汉思夫妇独家文献及其他多媒体资料基础上，梳理了张充和在美国表演和传习昆剧的活动，分析了傅汉思宣介和翻译昆剧的特色，追踪了美国昆剧社的兴起和发展状况，从而折射出20世纪下半叶昆剧在美国的传播与接受图景。本文认为，张充和夫妇是在美国传扬昆剧艺术的先锋，而从20世纪末开始，美国昆剧社的多方合作则推动昆剧艺术进一步融入美国社会。

关键词： 昆剧海外传播　张充和　傅汉思　美国昆曲社

引言

昆剧被誉为"百戏之祖"，在中国戏剧乃至传统文化中占据着举足轻重的地位。昆剧的海外传播是中国文化"走出去"的应有之义，研究昆剧外传史对于今天优化传播方式、提升传播实效具有重要意义。目前，国内学界主要从昆剧外译、昆剧海外演出和个案研讨三个角度展开昆剧海外传播研究。例如，朱玲（2019）考察了昆剧英译本与译者的现状，并从译介内容、目的和主体三方面提出了改进建议。[③] 陈威俊（2023）聚焦传统昆剧、现代派昆剧、

[①] 本文为国家社会科学基金中华学术外译项目"茶与宋代社会生活"（批准号：22WZSB004）的阶段性成果。

[②] 管宇，中国社会科学院大学外国语学院副教授。研究方向：翻译与国际传播、海外汉学。

[③] 朱玲. 中国昆剧英译的现状、问题与对策[J]. 外语教学，2019，40（5）：84-88.

中西结合式昆剧三大类型,梳理了百年来昆剧的海外演出概况。[1] 经典剧目《牡丹亭》则吸引了学界最多的个案研究。然而,相比其他文化形式而言,昆剧的海外传播研究仍有待充实和深入,特别是聚焦区域国别、特定历史时期及其代表人物的专题研究。本文将关注20世纪下半叶活跃在美国昆剧界的汉学伉俪——张充和与傅汉思。

张充和,"合肥四姐妹"之一,精通昆曲、书法和诗歌,享有"民国最后一位才女"的美誉。在昆曲方面,她的唱腔被形容为"水磨腔","娇慵醉媚,若不胜情,难以比拟",[2] 传承了昆曲与诗书画三绝融为一体的"文化曲人"传统[3]。傅汉思(Hans Hermann Frankel, 1916—2003),张充和之夫,德裔美国汉学家,长年担任美国耶鲁大学东亚语言与文学系教授,集中国古诗研究专家、中国古典文学翻译家和中美文化交流先行者三重身份于一身[4]。

中华人民共和国成立前夕,张充和随傅汉思赴美生活,为20世纪下半叶昆剧在美国的传播作出了卓越贡献。张充和通过表演和教学成为推广昆剧的绝对主力,傅汉思的宣介和翻译则为其提供了不可或缺的帮助:这对完美拍档为昆剧在美国的传播起到了开拓性的作用。20世纪末,昆剧学者、演员等的会聚促成了美国本土昆剧社的成立。他们通过公开演出、内部传习和社会讲演等形式进一步传扬昆曲艺术。两代人的共同努力促使昆剧在美国得到了广泛传播和官方认可,从某种程度上促进了2001年昆曲入选联合国教科文组织非物质文化遗产名录。

一、张充和的昆曲表演与传习

作为昆剧美国传播史上的先行者,张充和克服物质条件匮乏的阻碍,在美国东部和西部多所大学公开表演昆剧。她以"也庐曲社"为阵地在耶鲁大

---

[1] 陈威俊. 幽兰馨香飘海外:昆剧百年海外演出史述(1919—2019)[J]. 艺苑, 2023(1):28-34.

[2] 汪曾祺. 人间有戏[M]. 兰州:读者出版社, 2021:132.

[3] 详见孙康宜. 1949年以后的海外昆曲——从著名曲家张充和说起[J]. 中国文化研究, 2010(2):15-24.

[4] 详见管宇. 美国汉学家傅汉思[N]. 中国社会科学报, 2020-10-14(12).

学传授昆剧艺术,并两度赴威斯康星大学麦迪逊分校做为期一个月的示范讲演,深化了美国学界对中国传统戏剧的理解。

1. 昆剧表演

赴美后,傅汉思起初在加州大学伯克利分校兼职,后在斯坦福大学短暂过渡,最终入职耶鲁大学。[①]随着其家庭的迁徙,张充和表演昆剧的地点也由美西转移至美东。根据傅汉思的日记[②]及陈安娜的记录[③],张充和共在全美22所大学公开表演昆剧近40场,地点以美东和美西为主,遍及各大名校。1953年2月24日,她在加州大学伯克利分校为女教工俱乐部表演《孽海记·思凡》(*A Buddhist Nun Longing for Worldly Pleasures*),拉开了在美国公演昆剧的序幕。1986年4月20日,73岁高龄的张充和在佩斯大学登台,这是她最后一次向美国观众表演昆剧。据笔者统计,张充和先后在加州大学伯克利分校和耶鲁大学分别表演5次。她在1964年和1965年两度得到美国中国戏剧研究先驱——斯科特(A. C. Scott, 1909—1985)教授的邀请,在威斯康星大学麦迪逊分校讲学和示范表演,表演次数也在所有大学中名列前茅。在张充和公演剧目中,《孽海记·思凡》和《牡丹亭·游园》(*A Stroll in the Garden*)上演次数最多,前者约19次,后者约18次。其中,《孽海记·思凡》全剧一人到底,唱词多,身段繁重,姿态多变,非常考验演员"唱"和"做"的功底。起初张充和一人演独角戏,后来女儿傅以馍(Emma Frankel)在她的培养下也开始登台,并8次扮演《牡丹亭·游园》中的春香。

在彼时仍是"昆剧荒漠"的美国,张充和克服了表演的诸多困难。她的准备工作充满了创意。这一切源于她对昆剧艺术的满腔热爱。据"海外昆曲社"曲友和张充和儿女回忆,初来美国之时,张充和仅携带了两套戏服和几根笛子,加之20世纪五六十年代,中美交流很少,物资难以获取。在服装

---

① 参见 Cirriculum Vitae of Hans Hermann Frankel (1982), Box: 1, Folder: 37, Biographical Information on Yale University Affiliated Individuals (RU 237), Manuscripts and Archives, Yale University Library.

② 王道.一生充和[M].北京:生活·读书·新知三联书店,2017: 336-342.

③ ANNA CHEN WU. K'un-ch'u Performances by Chang Ch'ung-ho. 陈安娜整理并向笔者提供,特此致谢。

道具短缺、无乐队、无化妆师的恶劣条件下,张充和承包了昆剧表演的一切准备工作,堪称"个人昆曲工厂",集演出者、乐师、化妆师、剧务、制作人于一身。她常在家中餐厅大桌上摊开所有可用材料,从无到有制作出多套漂亮的戏服,用铅丝、珠子和丝线制作头面,用电工胶带制作"片子"并为团扇绲边。而她制作的笛子在所有道具中最富创造性,取材于铜、钢、铝、塑料、竹子等不同材质。她在北黑文家中后院种有一片竹林,也曾从纽约和中国购买竹子。由于20世纪60年代美国很难买到笛膜,她便用洋葱内膜制作笛膜。家中的地下室是她的"笛子工厂"。在早期的演出中,笛子大多由张充和先期录音。后期随着更多曲人的加入,吹笛伴奏工作则由他人承担。[1]

2. 昆剧传习

张充和以耶鲁大学为中心,在家中创办"也庐曲社",教授昆曲表演的各项技艺。"也庐"谐音"耶鲁",曲社每周六开放唱曲。"也"是"也无风雨也无晴"的"也","庐"是"结庐在人境,而无车马喧"的"庐":"也庐"表示"也可为庐",意为"也可以耶鲁为家,与友人曲聚"。[2]张充和的授曲对象包括家人、初阶学生以及门外汉:家人方面,丈夫傅汉思是张充和的首个学生——他起初学习唱曲,因不擅长而转学打鼓板,学成后在很多曲目中负责这项工作。女儿傅以馍学曲时间自4岁直至18岁。张充和为其严格量化了每天唱曲和学戏的内容,并手抄了《游园》《闹学》《断桥》等谱曲。在初阶弟子中,陈安娜跟随张充和学曲时间最长。她在大学便有学曲和吹笛的经历,主要向张充和学习运腔办法和如何融入感情。王定一从小学习昆曲,张充和从书法技巧出发为其吹笛带来了启发,使他能够收放自如。[3]在门外汉中,张充和晚年的管家吴礼刘随其学习吹笛,后为其唱曲伴笛。值得关注的是,张充和的昆曲学徒虽以华人为主,但也不乏本土的美国人,其中以现加州大学洛杉矶分校中国古典文学教授宣立敦(Richard E. Strassberg)为代表。20世纪70年代

---

[1] 参见 Kunqu Society. Kunqu in America, Memories of Chung-ho Chang Frankel [DB/OL]. (2020-12-13)[2024-02-20]. http://youtube.com/watch?v=kJBZ2-9sj3o.
[2] 同①.
[3] 同①.

后期，宣立敦在耶鲁大学求学，是张充和最为得意的外国学生。他的中文能力和昆曲演唱技巧俱佳，曾与张充和同台演出《牡丹亭》的《学堂》一出，为耶鲁大学的慈善组织"雅礼协会"（Yale-China Association）筹资。彼时，张充和扮演春香，张光直的妻子李卉扮演杜丽娘，宣立敦扮演陈最良，傅汉思打花鼓。①据宣立敦回忆，张充和十分耐心地教授他这出戏的所有细节，总是充满幽默和活力，因而学习过程非常有趣。

除在耶鲁大学教曲外，张充和还在威斯康星大学麦迪逊分校中国戏剧教授斯科特的邀请下，分别于1964年2月3日至3月中旬及1965年2月22日至3月24日②两次为该校亚洲戏剧系学生讲授中国戏剧并做示范。张充和以《孽海记·思凡》为例的讲解和表演与另一出折子戏《十五贯》（*Fifteen Strings*）一起被收入斯科特的著作《中国传统戏剧（第二卷）》（*Traditional Chinese Plays, Volume 2*）。该书旨在"通过对两部戏剧的描述性分析，增加戏剧系学生有关中国传统表演技巧的知识"③——此后成了该系的教科书。在本书序言中，斯科特介绍了邀请张充和讲学的起因："在威斯康星大学我的戏剧班上，《思凡》曾两次得到分析性示范。对于学习西方戏剧的学生而言，《思凡》是具有启发意义的剧目，因此我邀请张充和在我的课上与我合作一段时间。"他指出了《思凡》作为中国戏剧的代表性："《思凡》向来被认为是一出行家戏，其中演唱、舞蹈和身段三者精妙而诗意的融合体现了传统古典艺术较为含蓄但更为浪漫的特质。该戏以其模仿上的精妙和纯粹的戏剧风格，对熟悉舞台节奏的戏迷们产生了强烈震撼。"他盛赞张充和的昆曲造诣："张充和是昆剧的权威，是才华横溢的昆剧演员。"④

张充和的示范和讲解收到了突出的课堂效果。学生们受益匪浅，其中麦克莱娅（W. McElya）写道："我们预想，张充和的动作当与西方的哑剧一样，是对现实的提炼。然而，她并不像奥尼尔戏剧一样试图模拟现实，也不

---

① 参见孙康宜.曲人鸿爪：张充和曲人本事[M].桂林：广西师范大学出版社，2010：23,27.
② 参见 ANNA CHEN WU. K'un-ch'u Performances by Chang Ch'ung-ho.
③ A.C. SCOTT. Traditional Chinese Plays, Volume 2 [M]. Madison, Milwaukee and London: The University of Wisconsin Press, 1969: v.
④ Ibid.vi.

像西方芭蕾舞剧一样为营造绝对梦幻而逃离现实,也不像西方哑剧一样缺乏其他沟通的元素。相反,她运用身段来强化语言和音乐,而不是替代它们。关于身段最有趣的方面以及最具戏剧效果的部分在于'舞台价值'(stage-worthiness)……人们之所以折服于演员优雅的线条,不仅因为它是'漂亮'的,而且因为它在美学上是真实的。身段与音乐、唱词有机融合,共同创造了戏剧的整体效果……与张充和的舞台掌控能力相比,美国演员相形见绌。与初次观看《思凡》时相比,如今我对它产生了更深的理解。而令我沮丧的是,美国戏剧界很少有人真正理解身段在动态和夸张层面发挥的多重作用。即使理解,也未受过训练,无法充分运用身段。"[1]由此可见,张充和的示范深化了她对中国传统戏剧的认识,尤其是其侧重"写意",以及身段与其他舞台艺术形式交融的特质,让她找到了西方戏剧与中国戏剧的差距。该评论得到了斯科特的高度认可。斯科特感念张充和在中国戏剧教学上的大力帮助,在该书"致谢"部分写道:"我很感激张充和在过去给予的所有帮助——她深厚的学识和敏锐的舞台表现力为我带来了独特的启发。"[2]他将张充和放在致谢对象的第一位,随后又感谢了其在威斯康星大学的同事、国际红学大家周策纵,以及京剧和昆剧大师俞振飞,由此可见张充和对斯科特影响之深远。

《中国传统戏剧(第二卷)》正文部分详细记录了《孽海记·思凡》的舞台布景、演员服饰及唱、念、做、打。书中选入了张充和扮演尼姑思凡的珍贵剧照:她舞动拂尘,妆容精致,身段婀娜。

二、傅汉思的昆剧宣介与翻译

傅汉思是张充和昆剧事业的得力助手。他在公演开始前向观众介绍昆剧的历史、文学美、艺术美及剧目内容,也常在演出中承担打鼓和吹笛工作。傅汉思留下了珍贵的昆剧宣介和唱词翻译材料。他擅长在中西对比的视角

---

[1] A.C. SCOTT. Traditional Chinese Plays, Volume 2 [M]. Madison, Milwaukee and London: The University of Wisconsin Press, 1969: v.

[2] Ibid.xi.

下阐释昆剧艺术,并且以贴近源语诗学的翻译方式传达了昆剧的唱词之美。

1. 昆剧宣介

集中展现傅汉思宣介工作的是《昆剧》(*The Kunqu Theatre*①)和《中国古典舞》(*Chinese Classical Dance*②)两份文稿。《昆剧》发布于纽约"海外昆曲社"官网"昆曲沉思和随笔"(*Musings and Writings about Kunqu*)板块,又被置于曲社官网首页,作为其向美国介绍昆剧的官方文本。该文条分缕析地对昆剧做了深入浅出的介绍,依次探讨了昆剧的性质,昆剧的发展历史,昆剧的三个组成部分——唱词、音乐和舞蹈及昆剧的舞台、演员和剧目,很可能是傅汉思随张充和在全美各高校公演昆剧时使用的宣讲资料。《中国古典舞》是1957年4月17日傅汉思在加州伯克利市华人协会"China House Association"所做的讲座讲稿。张充和在讲座中做示范,是笔者已知唯一一份傅张二人在美国各地宣介、公演昆剧的实况材料。文稿共分为两个部分:上半部分系统介绍中国古典戏剧艺术,指出了昆剧的特点——兼容并包、古老、与外国艺术交流互鉴,梳理了中国古典戏剧史上的两座高峰——元杂剧和明代昆剧,并由中国古典戏剧最为直观的服装谈到展现不同动作和情绪的身段;下半部分详细介绍了当晚公演剧目的文学知识,说明了《牡丹亭》的作者、创作时间、情节内容,并着重剖析了当晚剧目《游园》的故事场景和人物心理。

从上述两份文稿中,我们可以洞悉傅汉思向美国大众宣介昆剧艺术的特色。一方面,傅汉思对中国古典戏剧和昆剧本体的认识全面、准确而深入。在《中国古典舞》中,他从多方面论述了中国古典戏剧兼收并蓄的特质:它"融合了不同的艺术形式——词、音乐、演唱和舞蹈……这些要素与故事情节协调交融……它既是视觉艺术又是听觉艺术,既在时间又在空间层面运行,既是具体的也是抽象的。表演艺术家既是创造的主体又是创造的客体。中国古典戏剧既植根传统又为创新留有充分空间"。③另外,他在分析服装和身

---

① HANS HERMANN FRANKEL. The Kunqu Theatre [EB/OL]. [2024-02-20]. https://www.kunqusociety.org/blog-musings/historyofkunqu.

② HANS HERMANN FRANKEL. Chinese Classical Dance. 1957-04-17.

③ Ibid.1.

段时,牢牢把握了中国古典戏剧两个突出的视觉目的——"美学追求"和"程式化"。在这方面,他重点介绍了袖子的"写意"传统:"如果演员不持道具的话,长袖则扮演重要的作用。袖子可谓身体的延伸,参与到身段的表现之中。这是两千多年来中国舞蹈的典型特征,在汉代的雕塑中有所体现。袖子的语言极为丰富多彩,如旦角的舞袖方式就有70多种。"①在《昆剧》中,他介绍了昆剧发展史的四个阶段:14世纪的起源、16世纪的成形与规范、16世纪末的繁荣及18世纪末的式微,并重点阐述了明代戏曲音乐家魏良辅对昆腔的创造和革新。对于即将观看张充和表演的观众而言,傅汉思对中国戏剧和昆剧艺术特性和历史沿革的介绍,使得他们对这一异质艺术形式有了共时性和历时性上的全局把握。

另一方面,傅汉思将其研究中国文学时的比较视野融入对中国戏剧和昆曲的宣介之中。在《中国古典舞》中,当谈及中国古典戏剧的要素时,他指出西方戏剧以情节和故事为核心,而中国古典戏剧则讲究各个要素的有机融合。在谈及中国古典戏剧中的传统与革新时,他指出中国戏剧的传统比西方重要得多,因为其文本和乐谱一旦写就便是固定不变的,而编舞也仅通过示范和传习代代相传。在讲解中国古典戏剧中的具体动作时,他以"专注聆听"为例,指出在西方戏剧中,演员通常站着不动,静止一会儿,望向远处;而在中国戏剧中,该场景则是动态的,包括袖子在内,演员的整个身体有节奏地活动。除展开中西对比外,傅汉思还关注了中西方戏剧的交流互鉴,即中世纪外国乐手、舞者、演员、杂耍人和其他演艺人员来华,以及中国舞者在邻国对中国文化的传播。在《昆剧》中,傅汉思在唱词、音乐、舞蹈、服饰、舞台设置五个方面将昆剧与西方戏剧比较。他将昆剧中的独白和对话与西方歌剧中的宣叙调类比。他指出与西方歌剧不同,昆剧中没有"作曲"一说,而是遵照曲牌的传统;与西方舞剧不同,昆剧中的舞蹈涉及身体各个部位的参与。最为重要的是,傅汉思从服饰和舞台设置两个方面指出了中国戏剧的"写意"和西方戏剧的"写实"。在服饰方面,他写道:"……昆剧的服饰是华丽而程式化的,而非现实主义的。比如在历史剧中,服饰不会随着情节所在时代

---

① HANS HERMANN FRANKEL. Chinese Classical Dance. 1957-04-17: 2.

的变化而变化,而是由人物角色决定。"舞台设置方面,他写道:"(昆剧的)舞台设备尽可能少,无帘幕,道具很少。和服装一样,(昆剧的)舞台设置也非现实主义的。"关于这种"写意"特点,他总结道:"演员通过唱词、身段和音乐激发观众的想象,使他们产生对于某个场景或环境的联想。"① 以上中西戏剧的比较,植根于傅汉思中国古诗研究中的比较文学特色,提升了其昆剧宣介的学术深度:共性的发现有助于引发美国观众的共鸣,差异性的揭示有助于加深美国观众对昆剧特质的理解,从而提升了昆剧在美国观众中的传播效果。

傅汉思宣介昆剧时的学术底色集中体现在比较视野上,也见于对母题范式的使用。他在分析《牡丹亭·游园》的场景时,再三强调景与人的类比关系:"女子"和"春花"的"密切关系","镜中妆容"和"园中繁花"的"微妙平行",以及"着春装女子之美"和"春花之美"的"融合",② 从而引导观众理解此出剧目的意旨。值得一提的是,傅汉思的讲解始终秉承高度的受众意识。例如,他在谈及中国历史时联系西方熟悉的时间分期,指出汤显祖"活跃于伊丽莎白时期"③,这很容易唤起西方观众对同时期西方最伟大的剧作家——莎士比亚的联想。

傅汉思《昆剧》一文得到了海外昆剧界的高度认可。位于华盛顿的冬青昆曲社(Wintergreen Kunqu Society)导演兼副社长查尔斯·威尔逊(Charles A. Wilson)以该文为基础,在密歇根大学中国文学教授陆大伟(David Rolston)的协助下,完成了一篇内容更为翔实的昆剧普及文章《何为昆剧》(*What is Kunqu Theatre?*④),发布在曲社官网。该文在昆剧属性、历史、唱词、音乐、舞蹈、舞台、道具、服装方面引用了《昆剧》中的大量文字和观点,还补

---

① HANS HERMANN FRANKEL. The Kunqu Theatre [EB/OL]. [2024-02-20]. https://www.kunqusociety.org/blog-musings/historyofkunqu.
② HANS HERMANN FRANKEL. Chinese Classical Dance. 1957: 3.
③ Ibid.3.
④ CHARLES WILSON. What is Kunqu Theatre? [EB/OL]. [2024-02-20]. https://wtrgreenkunqu.org/what-is-kunqu-theatre/#:~:text=Kunqu%20%28pronounced%20kwin%20chu%29%20is%20one%20of%20the,to%20the%20third%20century%20B.C.%20or%20even%20earlier.

充了有关昆剧角色、管弦乐队和中国戏曲的介绍内容。《昆剧》和《中国古典舞》为如何向海外受众宣介中国传统文化做出了很好的示范。

2. 唱词翻译

除宣介昆剧外,傅汉思还从事昆剧唱词的翻译工作,作品包括《孽海记·思凡》《牡丹亭·游园》和《邯郸记·扫花》(Sweeping Flowers)[1]等。傅汉思在译介昆剧时沿用其古诗英译时的总体原则,即在最大化再现原作文学性的同时保持译作的文学性。下面对比《牡丹亭·游园》傅汉思译本[2]和白之(Cyril Birch)译本[3]说明。

首先,傅汉思在译文中尽量保持了原唱词的词序。例如:

原句:原来姹紫嫣红开遍,似这般都付与断井颓垣。

傅译:All this time, alluring purple and seductive red have been blooming everywhere, But they and all their ilk are committed to the broken well and the ruined wall.

白译:See how deepest purple, brightest scarlet open their beauty only to the dry well's crumbling parapet.

傅译以唱词的每一行为翻译单位,严格遵照了原文的词序,同时保证了措辞的地道,如"这般"(all their ilk)、"付与"(committed to)。而相比之下,白译在译语信息的组织上则更为灵活,更加照顾译入语,跨行取义,适度省译,略去了"开遍"之"遍"及"似这般",直接处理为"open their beauty only to the dry well's crumbling parapet"(面向断井颓垣盛放)。

其次,傅汉思在译文中尽量保持了原唱词的平行修辞。例如:

---

[1] 陈安娜整理并向笔者提供,特此致谢。
[2] HANS HERMANN FRANKEL. A Stroll in the Garden. 以下相关引文均参见此译本,不再标出。
[3] CYRIL BIRCH. The Peony Pavilion [J]. Renditions, Autumn 1974: 169–170. 以下相关引文均参见此译本,不再标出。

原句：朝飞暮卷，云霞翠轩；雨丝风片，烟波画船。

傅译：Flying in the morning, rolling up in the evening, Colorful clouds, blue-green porch, Fibers of rain, slices of wind, Misty waves, painted boat.

白译：Flying clouds of dawn, rolling storm at dusk, pavilion in emerald shade against the sunset glow, fine threads of rain, petals borne on breeze, gilded pleasure-boat in waves of mist.

原句中每行均是两个平行结构的短语，如第一行为"时间状语 + 动词"，第二行是"修饰词 + 中心词"，第三行为"中心语 + 量词"，第四行为"修饰词 + 中心词"。相应地，傅译保持了四行中每行的行内平行结构。而原文的平行结构不是白之译介时的关切，他对某些表面上呈平行结构的诗行进行了深度解读，重新梳理了其中的逻辑关系。例如，他将"云霞翠轩"理解为"以云霞为背景的翠轩"（pavilion in emerald shade against the sunset glow），将"烟波画船"理解为"烟波中的画船"（gilded pleasure-boat in waves of mist）。对于"雨丝风片"，傅汉思将"片"理解为"风"的量词，形容微风，而白之则理解为"微风吹拂的花瓣"。

最后，傅汉思准确而透彻地理解了原词的语义。例如：

原句：锦屏人忒看得这韶光贱！

傅译：Too lightly do ladies behind brocade screens think of this vernal splendor.

白译：sights little treasured by the cloistered maid who sees them only on a painted screen.

傅汉思和白之对于"锦屏人"的理解完全不同。傅汉思认为此处指"锦屏之后的女子"（ladies behind brocade screens），由于久居深闺，对烂漫春景失去了兴致。而白之则认为这些春景被画在锦屏之上，女子大门不出，只能通过锦屏之画来欣赏春景，自然索然无味。二者的理解均有合理之处，但傅译更能凸显戏剧张力。"看得……贱"的表达偏口语化,傅译"think of...too lightly"相比白译"little treasured"更符合原表达的语义。此外,傅汉思对"韶光"(vernal splendor)的翻译也十分到位。

再如:

原文:人立小庭深院。

傅译:A human being stands forlorn in deep enclosure.

白译:(Orioles dream-waking coil their song through...) to the listener in the tiny leaf-locked court.

傅译在原文的基础上添加了"forlorn"(凄凉)一词,画龙点睛地烘托出生机勃发的春景中杜丽娘久居深宅大院孤单寂寞的心绪。白译以"梦回莺啭,乱煞年光遍,人立小庭深院"为一个翻译单位,"立深院之人"成为"莺啭"的对象,句中某些幽微的语义有所损失,如人之"凄凉"。此外,白之对于"深院"(leaf-locked court)的处理也有待商榷:"leaf-locked"意为"门闩",只能表示院门紧闭,无法体现重重回廊、多进庭院形成的深宅大院之意。而傅译中的"deep enclosure"则较好地体现了这层语义。

傅汉思对唱词中数词的理解也十分到位,能准确地辨别虚指与实指。一方面,他充分领会到古汉语中数词的一大功能——虚指,将"花簪八宝钿"(flower hairpins studded with all kinds of jewels)中的"八宝"译为"all kinds of jewels",将"恰三春好处无人见"(just now all the charms of spring are yet unseen by human eyes)中的"三春"译为"all the charms of spring";另一方面,在数词表示实指时,他也能洞察出来,如"便赏遍了十二亭台是枉然"(but even were I to enjoy the sights of all twelve terraces and their pavilions, it would be in vain)。"十二亭台"典出《史记》和《汉书》,喻指仙境般的亭台楼阁,宜作实指译出。其中"亭台"的处理也极为细致:古建中垒土高起的平方地为"台",而台上常建有"亭",故译为"terraces and their pavilions"。由此,我们可以看出傅汉思深厚的中国文化和文学功底。

傅汉思的唱词译文之所以能充分传递原文的形式和内容特色,原因在于其中国文学研究者的身份。作为美国首位对中国文学做纯文学研究的学者,他致力于通过译文向西方读者展现原作的风貌和韵味,凸显原作的异质性。同时,由于拥有扎实的西方文学特别是诗学研究功底,傅汉思在翻译时也始终兼顾译文的文学性,实现了译文与原文的功能对等,提升了译作的可读性[①]。例如:

原句:袅晴丝吹来闲庭院。
傅译:Gracefully curling gossamer fibers in clearing weather drift into this idle courtyard.

傅译中对"晴丝"(gossamer fibers in clearing weather)的理解十分到位,对"晴丝"的形态"袅"(gracefully curling)也传达得非常形象,生动地刻画出了春风微拂、蛛丝飘动的画面。

再如:

原句:那荼蘼外烟丝醉软。
傅译:Beyond those climbing roses, misty willow shoots are pliant with drunkenness.

傅译中对"醉软"的处理颇为精巧,原意是指初春柔软的枝条像醉酒一样随风摆动。"pliant"表示柔韧,刻画出柳树的嫩枝在微风拂动之下呈现各种形态的画面。

傅汉思让美国读者领略到了昆剧的文学之美。他对昆剧艺术和剧目内容的介绍、对唱词的翻译是昆剧在美国传播过程中至关重要的一环,与张充和的示范和表演相辅相成,使得美国观众对昆剧艺术的认识兼具感性和理性的方面,丰富而立体。

---

① 有关傅汉思在译文中兼顾原作异质性和译作可读性的做法,详见管宇. 傅汉思中国古诗英译研究[M]. 北京:中国社会科学出版社,2023:81-177.

三、美国本土昆曲社的昆剧推广

通过对昆剧的表演、传习、宣介和翻译，张充和与傅汉思夫妇大力推动了20世纪下半叶昆剧在美国的传播。20世纪末，随着曲人、曲友队伍的壮大，以纽约"海外昆曲社"为代表的数个大型非营利性曲社成立，构成了在美国传扬昆剧艺术的中坚力量。

1. 纽约"海外昆曲社"

海外昆曲社[①]成立于1988年，首任社长是民族音乐博士陈富烟，陈安娜任副社长兼秘书，张充和任专家顾问。曲社由文化学者、来自南北昆剧院团的驻社艺术家及业余爱好者组成，集结了中国大陆和台湾地区的曲人精英，业务涵盖昆剧团和传习班两个部分，致力于传承、保存和发扬昆剧。张充和与曲社保持着密切的联系：她每年都来曲社演出，曲社成员每年均拜访张充和多次。迄今为止，曲社举办了百余场表演、示范和演讲，其中反响最大的是2006年11月在纽约曼哈顿交响乐剧场举行的"两代名伶同台献艺"，以及2008年10月在哥伦比亚大学弥勒剧场举行的海外昆曲社二十周年纪念演出[②]。曲社活动得到了美国社会各界的支持，比如，2020年新冠疫情期间举办的线上节目"游园惊梦：张充和在美国的昆曲人生"就得到了美国国家文艺基金会、纽约州政府、纽约市文化局、法拉盛市政局的大力赞助。海外昆曲社传习班每周六都有驻社艺术家在法拉盛高中表演身段、唱曲和吹笛。有赖于曲社的推广活动，越来越多的美国年轻人表现出对昆剧的浓厚兴趣——以往曲社教师人数大于学生，如今1位老师要平均负责5~6名学生。

昆剧的海外推广离不开优秀的翻译，海外昆曲社的成功与其顾问兼首席翻译汪班密不可分。汪班在美国接受了新闻学和英语文学的硕士教育，毕业后曾在哥伦比亚大学、纽约大学教授中国语言、中英翻译和中国文学。

[①] 有关介绍参见其官网 https://www.kunqusociety.org/；孙康宜. 曲人鸿爪：张充和曲人本事[M]. 桂林：广西师范大学出版社，2010：277-284.

[②] 详见孙康宜. 曲人鸿爪：张充和曲人本事[M]. 桂林：广西师范大学出版社，2010：278-279.

1980年,他受海外昆曲社之邀,开始为其昆剧演出做英文翻译。与傅汉思相比,汪班的昆剧译介数量更多且更为系统。迄今为止,汪班为曲社翻译了数十出昆剧折子戏和两出全本昆剧,部分唱词和故事英译于2009年由外文出版社集结为《悲欢集》(Laughter and Tears)出版。此外,汪班还为数十场曲社公演担任解说,应美国各高校和机构邀请做昆曲专题讲座,并邀请张继青等多位中国昆曲大师赴美演出[①]。汪班从翻译出发开启的一系列推广工作,扩大了曲社在美国社会的知名度和影响力,对于曲社获得主流媒体关注、取得官方持续赞助进而不断开展传习和表演工作至关重要。

2. 其他美国昆曲社

冬青昆曲社与海外昆曲社齐名,由中国台湾曲人张冬青于1997年创立。冬青昆曲社的宗旨同样是昆剧的表演和传习。它定期资助经典昆曲剧目的制作,并在华盛顿大都市区推出公演,从而让美国观众体验最高水准的纯正昆剧。此外,它也赞助各类大师班、工作坊和演讲示范,以向美国大众普及这种优雅而复杂的艺术形式。与海外昆曲社不同,冬青昆曲社的领导团队中有一位纯正的美国人,他便是副社长——纽约大学经济学教授查尔斯·威尔逊。威尔逊教授常年为古典舞剧等表演艺术担任赞助人。1999年,他在林肯表演中心夏日嘉年华期间观赏了昆剧《牡丹亭》,从此一见倾心,被昆剧中身段、音乐和戏剧的优雅结合吸引[②]。一位美国经济学教授爱上中国昆剧,足见昆剧的巨大魅力和影响力。值得一提的是,张冬青除创建冬青昆曲社外,还是另一组织——昆曲艺术研习社(Society of Kunqu Arts)的创始人之一。1995年,昆曲艺术研习社于美国马里兰州注册成立,积极开展在马里兰州、弗吉尼亚州、大华府地区的各项昆剧推广活动。研习社围绕"研习"的宗旨,除组织表演和传习外,还为专业和业余艺术家搭建交流平台,为中国家庭和中文学校开发教育项目,协助众多对昆曲的学术研究,并且有系列地整理传

---

① 详见刘雁. 翻译家汪班:向英语圈观众介绍青春版《牡丹亭》[EB/OL].(2019-01-28)[2024-02-20]. https://www.thepaper.cn/newsDetail_forward_2908768.

② Wintergreen Kunqu Society. Board of Directors and Officers [EB/OL]. [2024-02-20]. https://wtrgreenkunqu.org/board-of-directors-and-officers/.

统名剧。[①]

海外昆曲社和冬青昆曲社是美国东部地区传扬昆剧艺术的先锋,而华昆研究学社(Hua Kun Research Institute)则是在美国西部地区推广昆剧的旗手。1992年,华昆研究学社由著名昆曲表演艺术家华文漪、其先生——原上海京剧团知名演员苏盛义、加州大学洛杉矶分校中国戏剧研究学者简苏珊(Susan Pertel Jain)联合创办。该学社曾在洛杉矶国际艺术节表演昆剧折子戏,在俄亥俄州立大学和加州大学伯克利分校开设中国戏剧课程,邀请梁谷音等上海昆剧团名家来洛杉矶公演,与其他曲社一样,通过传习和表演在美西地区弘扬昆剧文化[②]。

结语

2001年5月,昆曲被列入联合国教科文组织"人类口头和非物质遗产代表作"(Masterpieces of the Oral and Intangible Heritage of Humanity)。虽然按照程序,非遗项目由所在国家官方直接申报,与教科文组织直接对接,但是昆曲入遗与张充和夫妇及一众美国昆曲社的努力功不可没。巧合的是,早在1946年,教科文组织曾派人到苏州考察,张充和与曲友在国民政府的安排下,指定演唱《牡丹亭》的《游园》和《惊梦》[③]。以张充和为首的海外离散曲人见证了昆剧从抗战胜利后复苏到在美国异域生辉的峥嵘岁月。

综上所述,张充和是20世纪下半叶在美国传播昆剧的"拓荒者"。她在以大学为主的美国文化圈公演了近40场昆剧,向美国各种层次背景的昆剧爱好者教授昆剧,传扬了昆剧的唱腔美、身段美和音乐美。傅汉思是张充和昆剧事业的完美拍档。他在公演前负责讲解昆剧艺术和所演剧目,大力促进了昆剧在美国的普及,提升了美国观众的观赏体验;他翻译了多出公演剧目的唱词,最大限度地展现了原作的文学美。离散曲人的会聚促成了美国本土

---

① 详见 http://kunqu.org/。
② 详见吴新雷.中国昆剧大辞典[M].南京:南京大学出版社,2002:313.
③ 参见孙康宜.曲人鸿爪:张充和曲人本事[M].桂林:广西师范大学出版社,2010:19.

昆曲社的成立。以纽约海外昆曲社的成立为起点,更多人有组织地参与到昆剧的表演和传习工作中,使得昆剧在美国的传播范围和影响进一步扩大,最终获得美国乃至国际社会的广泛认可。昆剧在美国的成功推广离不开学者、昆剧艺术家、翻译等多方力量的共同努力。研究昆曲等中华文化遗产在海外的传播历史,对于当下"讲好中国故事"、加强国际传播具有重要的启发意义。

Dissemination of Kunqu Opera in America in the Second Half of the 20th Century: Ch'ung-ho Chang Frankel and Hans Hermman Frankel as Research Focus

Guan Yu

Abstract: By fully utilizing the archives of Hans Hermman Frankel in Yale University, the exclusive files of the Frankel couple kept by Anna Chen Wu, former director of the Kunqu Society based in New York and other multimedia materials, this paper sorts out Ch'ung-ho Chang Frankel's activities in performing and teaching Kunqu opera in America, analyzes the features of Hans Frankel's lecturing and translation of Kunqu opera, and tracks the emergence and development of America-based Kunqu societies, so as to reveal the dissemination and reception of Kunqu opera in the U.S. in the second half of the 20th century. This paper believes that the Frankel couple were forerunners in promoting the art of Kunqu opera in America, and that the multi-party cooperation in American Kunqu societies has contributed to the further integration of Kunqu opera into American society in the end of last century.

Keywords: the overseas dissemination of Kunqu opera, Ch'ung-ho Chang Frankel, Hans Hermman Frankel, Kunqu societies in America

从"案头"到"场上":美国汉学家白之的中国戏曲翻译理念

魏远东

摘要: 白之作为美国专业汉学的代表人物,研究和翻译了大量中国文学作品,中国戏曲译著更成为其学术成果的重要组成部分。本文在梳理一手材料的基础上,分析白之翻译中国戏曲的理念,发现他十分注重戏曲译者的兴趣与能力,强调戏曲翻译与多学科的协同努力,主张减少脚注的使用而尽可能地展现曲词的音韵魅力。此外,他创造性地提出了"灵感"式翻译和"音韵停顿""音韵对应""译演结合"等翻译方法,极大丰富了中国戏曲翻译的理论与实践。

关键词: 白之 汉学 戏曲 翻译理念

白之(Cyril Birch,1925—2023)生于英国兰开夏郡,先后于1948年和1954年获得伦敦大学汉语学士学位和文学博士学位。他曾为美国加州大学伯克利分校东亚语言文化系荣休教授。主要学术成果有译著《桃花扇》(The Peach Blossom Fan)、《牡丹亭》(The Peony Pavilion)、《明代精英戏剧》(Scenes for Mandarins: The Elite Theater of the Ming)、《娇红记》(Mistress and Maid),编著《中国文学选集:早期至14世纪》(Anthology of Chinese Literature: From Earliest times to the Fourteenth Century)、《中国文学选集:14世纪至今》(Anthology of Chinese Literature: From the Fourteenth Century to the Present

---

[1] 本文系北京外国语大学"双一流"建设重大标志性项目"中国戏曲海外传播:文献、翻译、研究"(项目编号:2020SYLZDXM036)的阶段性成果。

[2] 魏远东,北京建筑大学人文与社会科学学院外语系讲师,北京外国语大学国际中国文化研究院比较文学与跨文化研究专业博士。研究方向:海外中国戏曲研究。

Day）等。白之是英语世界最早整本翻译明清传奇的汉学家,为推动中国戏曲海外传播作出了重要贡献。

白之在研究中国戏曲的过程中,结合自己的观戏体验和翻译实践,形成了自己独特的翻译理念。他把关注点投向了从事中国戏曲翻译的译者身上,认为译者需要具备一定的素质和能力才能胜任中国戏曲的翻译工作,要"带着兴趣"从事戏曲翻译。同时,译者还需要学界和多学科领域的帮助与支持。有了人文学者的助力,译者才能更加从容、准确地翻译出中国戏曲的文化底蕴和艺术魅力。在中国戏曲的具体翻译中,白之主张减少脚注的使用,凸显译文的语言音韵特点。对于中国戏曲的念白和曲文,白之有不同的翻译主张。他认为念白的翻译应注重表现汉语的文字魅力,而曲文的翻译应注重传达曲调的音乐之美。此外,白之还提出了创造性的"灵感"式翻译和"音韵停顿""音韵对等""译演结合"等翻译方法,对中国戏曲外译具有较强的借鉴意义。

一、译者必备的助力与能力

白之认为戏曲译者需要多方面的助力,同时也要具备多种能力。一方面,他认为戏曲译者需要学术出版界的助力,提供充足的工具书,其中戏曲的注释本在白之看来尤为重要。此外,译者还需要其他人文学科的帮助,如戏剧文学家和历史学家可以帮助译者更好地确定戏剧作品的戏剧类型、叙事结构、戏剧手法等。另一方面,白之认为戏曲译者需要具备多种能力,尤其是扎实的中文功底和中西比较视野。此外,他强调戏曲译者必须对中国戏曲充满热情,因为只有对中国戏曲有着高度热情,才能翻译出优秀的戏曲译文。

白之认为戏曲译者需要获得人文学科的支持。1954年,白之从伦敦大学亚非学院毕业,那时出版的中国戏曲译文非常有限。而现在情况则大为不同,各种类型的中国戏曲都有可读性较强的译本,其中元杂剧的译本最为丰富。从威廉·哈切特（William Hatchett,1701—1760）转译马若瑟（Joseph de Prénare,1666—1736）的《赵氏孤儿》（*Tchao-chi-cou-eull, ou*

L'orphelin de la Maison de Tchao, Tragédie Chinoise），并出版《中国孤儿：历史悲剧》(*The Chinese Orphan: An Historical Tragedy*）算起，距今已有近两个半世纪。这种历史跨度是其他戏曲样式所无法比拟的。英语世界的元杂剧翻译虽然质量参差不齐，但数量较为可观，目前已有三十多种译本。其实，这种翻译质量上的差异也情有可原，因为从古典诗歌到骈文俪句再到方言俚语和低俗谩骂，中国戏曲有着极为丰富的语言表达形式。这或许也能解释为什么长期以来，英语市场上仍然没有一本地道且有代表性的杂剧全译本。明传奇目前有几部代表性的译本，如《桃花扇》《牡丹亭》《长生殿》等，而且京剧这一戏曲样式也被完整地翻译成了英文，供英语世界的读者欣赏。此外，欧美大学的中国文学翻译课程也有比较丰富的阅读清单。英语世界的读者对一些剧作者的作品更加熟悉，译文的可读性普遍很高，注释的质量和数量也令人印象深刻；译者不再局限于风格较口语化的戏曲作品，开始尝试翻译带有典故和文学性较强的作品，并对其进行解释和说明。白之认为"中国戏曲翻译发展的速度和广度令人欣喜，但同时也不免引起人们对翻译质量的担忧"[①]。在他看来，人们对戏曲翻译有一个基本的共识，即低质量的翻译不如不译。很多不懂中文的朋友对中国的戏曲作品不感兴趣，最主要的原因就是他读到的戏曲译本质量不高，内容比较平淡、乏味。在这种情况下，戏曲翻译需要高质量的译者从事此项工作，而译者需要学术界对他们的工作给予帮助和支持。首先，白之认为各种各样的参考资料是不可或缺的，仅《中文大辞典》就能让译者应对晦涩词语的能力有质的提升，然而"对译者来说，没有哪种形式的工具比注释更重要。通过注释，译者可以避免典故和专有名词等方面的翻译陷阱"[②]。因此，白之认为，戏曲译者最迫切需要重新印刷可靠的戏曲文本并提供充足的注释。白之在翻译《牡丹亭》时就参考了1963年徐朔方和杨笑杨的《牡丹亭》校注本。他坦言：

[①] CYRIL BIRCH. Reflections of a Working Translator [A]. Eugene Ouyang, ed. Translating Chinese Literature [C]. Bloomington: Indiana University Press, 1995: 8.
[②] Ibid.9.

我就是这一帮助的受益者。当我开始全译《牡丹亭》时,面对其中一些晦涩难懂的段落,我意识到想要完整地翻译这部剧是一件极其困难的事。当时我非常绝望,不知道能不能完成这样一项任务。但是,50年代末中国出版了一本翔实且可靠的《牡丹亭》注释本。如果没有它,我的《牡丹亭》全译本不可能完成。[①]

可见,戏曲注释本对戏曲译者理解戏曲文本并准确翻译是非常重要的。除注释这一帮助外,白之还认为,译者需要其他学科领域的学术支持,如一流的批评家可以帮助译者筛选合适的文本,文学史家可以帮助译者获取文本的历史视野,比较文学家可以通过不同语言的文学对比帮助译者获取更加准确的文本类型。此外,历史学家的研究有助于译者深入了解必要的文化背景;语言学家的研究有助于译者更好地理解原作的措辞,而措辞在译本中是一个非常重要的文本因素。译者需要在多种表达里挑选最佳的表达方式——如果译者有了这些研究的助力,那么无论什么风格的戏曲文本,他都能够轻松应对。

白之认为,中国戏曲译者应具备多种能力。除需要具备扎实的中文功底外,他特别强调译者需要有开阔的比较文学视野。具体来说,白之认为,译者需要具备开展影响研究和平行研究的能力。在影响研究方面,译者要能够厘清不同文化间戏剧作品的接受和影响关系。比如说,20世纪中国新时期的戏曲创作显然受到西方戏剧作品的影响,作品的语言、音乐或主题都有可能借鉴某部西方的戏剧作品。因此,从事戏曲翻译的人必须把这些因素考虑在内。只有深入了解中国戏曲与外国戏剧之间的影响与接受关系,才能更好地把握中国戏曲自身的民族传统与社会文化,进而翻译出高质量的译文。在平行研究方面,对于缺少直接联系的戏剧作品,译者需要考虑两个主要因素:一是不同作品之间共同的戏剧理论,如某一种戏剧类型的艺术特点;二是根据创作题材进行对比和分析,挖掘作品间的异同点,获得对作品更加充分的了解,如在刘若愚(James Liu,1926—1986)的文章《伊丽莎白时期的戏曲与元杂剧》中,就论证了中英诗剧之间的许多相似和差异。译者如果能够从平

---

① CYRIL BIRCH. Reflections of a Working Translator [A]. Eugene Ouyang, ed. Translating Chinese Literature [C]. Bloomington: Indiana University Press, 1995: 8.

行研究方面对不同文化的戏剧作品进行对比和分析,那么他就能根据目的语读者的阅读习惯,翻译出更容易被读者接受的戏曲译本,从而大大提高中国戏曲译本在海外的接受度。此外,白之还认为,戏曲译者应真正对戏曲感兴趣,是出于爱好而非利益阅读戏曲作品,"现在大多数戏曲译者的真正兴趣并不在中国戏曲,而是历史学、语言学或其他领域"[①]。一个好的译者应该掌握多种语言风格,包括健谈的、庄重的、粗俗的、浮夸的、细腻的、雄壮的和抒情的等。白之认为,能够锻炼这种能力的唯一途径是"作为一种爱好和习惯,阅读过去经典的戏剧作品并关注当下戏曲发展的最新动向"[②]。因此,译者要想翻译出好的戏曲译文,必须热爱自己翻译的文本,否则将无法在译文中展现和传达原文的风貌。

鉴于此,白之提出要"带着兴趣翻译",译者只有翻译那些自己感兴趣的文本,才有可能向读者传递原作带给译者的快乐。白之在谈及自己翻译戏曲的经历时说:"我努力给自己定了个规矩,就是当我开始感到疲惫或无聊时,我就不再继续做任何实际性的翻译工作(尽管我可能会继续做一些基础性的工作,如查字典和典故等)。"[③] 因此,对白之来说,编纂中国文学选集是一件真正快乐的事,因为他可以选择自己感兴趣的文本翻译,并使用其他译者的译文代表他认为应该被列入选集但他并不感兴趣的文类,比如说哲学散文等。当然,在翻译中国戏曲时,白之也是本着兴趣第一的原则,如在编写《明代精英戏剧》一书时,就选择翻译了几出他自己感兴趣并且能看懂的戏。他认为,这样可以保留一些有价值但他并不熟悉的作品供未来的学者继续研究和翻译。

二、脚注与韵律的灵活处理

白之认为,在翻译中国戏曲时,需要注意脚注和韵律的使用。脚注不是越多越好,而是要根据语境灵活处理,有时适当删减反而有助于提高读者的

---

① CYRIL BIRCH. Reflections of a Working Translator [A]. Eugene Ouyang, ed. Translating Chinese Literature [C]. Bloomington: Indiana University Press, 1995: 8.

② Ibid.

③ Ibid.10.

阅读体验和译文整体的流畅性。韵律应该尽可能地在译文中体现出来。译者可以采取多种方式展现原文的韵律和节奏,并不一定要完全对应。

白之认为,应尽可能地减少脚注的使用。白之求学时选择中国文学作为研究对象,那时出版的戏曲译本数量不多且质量较低。不仅英语,欧洲其他语言的翻译现状也是如此。除日语外,所有其他语种的翻译状况基本上都大同小异。在这种情况下,白之开始被迫阅读原著。虽然阅读的过程有些困难,但他借此大大提高了自身的中国文学素养。其实在1950年之前,已经有几位汉学家翻译了一些中国戏曲,如英国的德庇时(John Francis Davis,1795—1890)、法国的儒莲(Stanislas Julien,1797—1873)和美国的阿灵顿(Lewis Charles Arlington,1859—1942)等。在英语世界中,有两位人物值得一提,一位是翟理斯(Herbert Giles,1845—1935),另一位是阿瑟·韦利(Arthur Waley,1889—1966)。翟理斯在19—20世纪之交成为剑桥大学的第二任汉学教授,他编写的《中国文学史》(*A History of Chinese Literature*)是英语世界的第一部中国文学史。他的诗歌翻译带有华丽的爱德华式风格,散文翻译则给人轻快舒畅的感觉,他对脚注的处理也十分特别。白之回忆说,他曾在一所大学的图书馆里读到翟理斯编写的《聊斋志异选》(*Strange Stories from a Chinese Studio*),当他读到书中对一位妙龄少女的描写时,他不禁笑出了声。书里用了"葱苗"来比喻她纤细的手指,这时翟理斯提供了一个脚注,大致意思是"葱苗,与少量生姜一起小炒,被中国人视为独特的美味"。① 笔者翻阅了翟理斯的《聊斋志异选》,发现白之的描述其实与事实不符。书中是在翻译《聂小倩》一文中描写聂小倩的美貌时,说道"审谛之,肌映流霞,足翘细笋,白昼端相,娇艳尤绝。"② 这里用"细笋"来形容聂小倩的玉足,翟理斯将其翻译为"竹笋"(bamboo shoots),并对此解释说"煮熟后可当作芦笋的替代佳品"③。白之的说法虽然与原书有出入,但大致想表达的意思是正确的,即翟理斯在这里提供的注释与原文的语境并不贴合。白之完全

---

① CYRIL BIRCH. Reflections of a Working Translator [A]. Eugene Ouyang, ed. Translating Chinese Literature [C]. Bloomington: Indiana University Press, 1995: 8. 4.
② 蒲松龄. 聊斋志异 [M]. 清铸雪斋钞本: 215.
③ HERBERT GILES. Strange Stories from a Chinese Studio (Vol. I) [M]. London: THOS. DE LA RUE & CO., 1880: 130.

支持在译文里补充源语言的文化知识,也认为脚注是一个不错的方式,可以帮助目的语读者获得源语言读者享有的一些文化优势。但是,他认为在使用脚注时,译者会面临一定的风险,翟理斯就是很好的例子。因此,白之提出"译者可以尽量减少脚注的使用,进而减少读者在阅读过程中所受到的干扰"。[1] 他建议可以将解释性的话融入正文中。例如,在《牡丹亭》第三出中,当杜丽娘首次向父母问安时,她的唱段里有以下几句:"祝萱花椿树,虽则是子生迟暮,守得见这蟠桃熟。"[2] 如果将这几句话逐字逐句翻译出来,译文是这样的:

> Wish that lily and cedar.
> Though child born late in evening.
> May see me raised to ripen as fairy peach.[3]

白之认为,这个翻译再加上一些脚注,读者是能够理解的。但他还是选择不用脚注,而是在译文中加入读者理解所需的信息:

O mother gentle as lily,	母亲啊,你温柔如萱花,
father as cedar strong.	父亲啊,你强壮如椿树。
Though the fairy peach comes only,	尽管蟠桃,
after thirty centuries to fruit.	三千年才结果。
And even so I your child,	尽管我,你们的孩子,
was born of your evening years.	出生在晚年。
Yet with careful guarding,	但在你们的悉心呵护下,
may you see me brought to ripeness.[4]	一定能看到我长大成人的那天。

---

[1] CYRIL BIRCH. Reflections of a Working Translator [A]. Eugene Ouyang, ed. Translating Chinese Literature[C]. Bloomington: Indiana University Press, 1995: 4.

[2] 汤显祖.牡丹亭 [M]. 北京:人民文学出版社,1963: 10. 该句中文释义为:慈母严父,晚年得女,日后定能长大成人(承欢膝下)。该释义由北京外国语大学国际中国文化研究院梁燕教授提供,在此表示感谢。

[3] CYRIL BIRCH. Reflections of a Working Translator [A]. Eugene Ouyang, ed. Translating Chinese Literature [C]. Bloomington: Indiana University Press, 1995: 3.

[4] Ibid.

白之因在译文中加入了解释性信息,把原文的三行话翻译成了八行,这种处理方式或许欠妥,尤其在处理《牡丹亭》这类文本很长的戏曲作品时。但另一方面,白之的处理既在译文中保留了树的意象,又加入了解释性的语句,读者能够清楚地理解其中的文化内涵,不用分心去查阅脚注,可谓一举两得。

　　白之认为,应尽可能地呈现中国戏曲的韵律特征。中国戏曲充满了大量的诗词,在翻译这部分内容时,就不得不考虑押韵的问题。在中国诗歌的韵律方面,阿瑟·韦利是一位极具代表性的人物。他与翟理斯处于同一个时代,也是中国文学的翻译巨匠。两人曾就中国诗歌的英译,在抑扬格、自由体和跳韵等诗歌的韵律处理上展开激烈的讨论。翟理斯认为,应该在中国诗歌英译中使用韵律,韦利则坚决反对这种翻译方式。白之则认为,译者应抓住一切机会把有韵的中文诗翻译成有韵的英文诗,他以阿瑟·韦利的诗歌翻译为例,证明了用英文展现中文诗歌韵律的可能。韦利虽然认为中国诗歌用韵频繁,有时甚至整首诗只押一个韵,而英语并没有这么多的韵脚,因此不大可能在英译诗中再现原诗的韵律效果;但他翻译出来的中文诗歌仍不可避免地使用了韵律。例如,韦利对李煜《望江南》"多少恨,昨夜梦魂中。还似旧时游上苑,车如流水马如龙。花月正春风"的翻译是:

Immeasurable pain!
无尽的痛苦!
My dreaming soul last night was king again.
昨晚梦中再成王。
As in past days,
和过去一样,
I wandered through the Palace of Delight,
我漫步在欢庆宫,
and in my dream,
在梦里,
down grassy garden ways,
沿着长满草的园路,

glided my chariot, smoother than a summer stream;

驾着战车，比夏溪还要顺畅；

There was moonlight,

那里有月光，

the trees were blossoming,

树上鲜花盛开，

and a faint wind softened the air of night,

微弱的晚风让空气变得温柔，

for it was spring.①

正因春日来临。

可以看出，韦利的译文充满了复韵，"grassy""garden""smoother""summer""stream"等词的使用也营造出了一种押头韵的效果。此外，在与原文的长短句对应上，韦利也做到了很好的呼应。尤其诗歌的最后一句，韦利完美地捕捉了李煜原诗的意境，把五个汉字扩展成四行诗，体现出韦利的翻译能力与气魄。白之评价说："很少有中国诗歌的英译文能有这样的语言魅力。"②韦利的翻译，证明了英译中国诗歌时传递原文韵律特点的可能性和必要性。白之秉持同样的翻译理念，在戏曲翻译中也尽可能地呈现诗歌的韵律特征。例如，他在翻译《牡丹亭》时：

一生名宦守南安，莫作寻常太守看。到来只饮官中水，归去惟看屋外山。③

Capping a lifetime of honored office,

here I govern Nan'an.

—and let no one mistake me,

---

① ARTHUR WALEY. Chinese Poems [M]. London: George Allen and Unwin Ltd. 1946: 194.

② CYRIL BIRCH. Reflections of a Working Translator [A]. Eugene Ouyang, ed. Translating Chinese Literature [C]. Bloomington: Indiana University Press, 1995: 4.

③ 汤显祖. 牡丹亭 [M]. 上海：古典文学出版社，1958：7.

for a Prefect of the common run.

Always I have drunk "only the local water",

in retirement I shall feast my gaze

on "the hills before my door."①

这首诗出自第三出《训女》杜宝的上场诗,原诗"安""看""山"尾韵押寒韵②,白之在翻译时也选择了"Nan'an""run""water""door"两组押尾韵的词来呈现原诗的韵律特点。此外,白之也指出,在翻译中国戏曲中较长的曲词时,可以不用完全依照原文的韵律翻译;"当译者需要处理篇幅较长且表达丰富的曲词时,情况则有所不同。译者肯定要跳出原文的格律重新翻译,因为完全还原原文的诗行数和韵律是不切实际的"。③关于这一点,笔者将在下一小节进行详细论述。由此可见,白之虽然认为应最大限度地展现原文的韵律特点,但对待不同的诗歌形式,译者应适时地灵活处理。

三、念白与曲文的创造性翻译

白之认为,在翻译中国戏曲时,需要对念白与曲文采取不同的翻译思路。念白的翻译需要表现特有的文学性,曲文的翻译需要传递出独特的音乐性。为此,白之提出了"灵感"式翻译、"音韵停顿""音韵对应""译演结合"等翻译理念。

白之认为,翻译中国戏曲有很多问题,其中一个主要问题是中国剧作家大都沉迷于文字游戏。这种情况在元杂剧中非常常见,到明传奇更成为一种风尚。随着戏曲创作逐渐丧失元杂剧自然真实的特质,剧作家们开始转向从语言本身寻找素材和灵感。双关语在元杂剧里已很常见,在明传奇里更不胜枚举。明传奇的念白中经常会出现一些双关语的精妙场景。例如,《鸣凤记》第三十九出用曲牌名表现男女欢好的场景,"竟到凤凰阁。只待

---

① CYRIL BIRCH. The Peony Pavilion [M]. Indiana University Press, 2002: 6.
② 本文诗韵韵部均依刘渊《平水韵》,下同。
③ CYRIL BIRCH. The Peony Pavilion [M]. Indiana University Press, 2002: 7.

四边静。拖入销金帐。上除女冠子。下除红绣鞋。脱下红衲袄。解开香罗带"。《牡丹亭》第十七出石道姑在描述她的爱情生活时,选用了《千字文》的116种表达;《四弦秋》第一出茶商之间的对话,使用了几十种茶叶的名称。这些双关语可能与舞台表演的关系不大,但为案头学子的阅读提供了乐趣。《十五贯》第十三出也有许多利用汉字形体的双关语。县太爷梦见两个人把他的帽子打掉了,"免冠"。他反思说,如果把"帽子"放在"免"字上,就会得到"冤"字,因此他推测在他的地盘出现了"冤案"。这种拆字式的双关语就很难被翻译到没有表意功能的英语中。因此,白之认为,在翻译时或许可以将其翻译为口语化的双关语,这需要译者的创作式翻译。按照这样的思路,《十五贯》的双关语或许可以这样翻译:"县太爷梦见一个人在闻他的衣袍,闻了闻又把衣袍翻过来闻衬里。县太爷想了想,察觉到他对衣袍外面的气味不感兴趣,而一直闻里面的气味。对!里面的气味(inner scent)——清白(innocent)!"[①]白之的这一翻译确实非常巧妙,通过两个单词的组合,配合创造的情景,准确地传达出原文想要表达的"冤"这一核心主题。有些戏曲的念白充满了大量的文字游戏,以至于读者怀疑这部戏就是为了玩弄文字游戏而创作出来的。如徐渭的《翠乡梦》,可以看作对元杂剧《月明和尚度柳翠》和同名话本故事的加工和改编,剧末月明和尚和柳翠有一段40句对诗,每句7字,其中第5个字和第7个字都以ang韵结尾。[②]所有这些语言上的独创性都对译者提出了很高的要求——译者需要发挥聪明才智,尽可能地在译文中体现原文的语言特点。再比如,《牡丹亭》第三出,当杜宝文向春香询问小姐整天做什么时,春香回答说"绣了打绵";杜宝文又问"什么绵",春香一语双关"睡眠"。白之认为,由于运气好,英文单词里"nap"也有"绒毛"的意思,因此译者可以翻译成"What does she embroider?" "Fabrics with a nap." "What sort of nap?" — "A Catnap"[③]。

戏曲念白的翻译或许需要思考一些翻译原则,但戏曲曲文的翻译并不需

---

① 本文诗韵韵部均依刘渊《平水韵》,492.
② 句内韵在中国诗歌中比较少见。
③ CYRIL BIRCH. Translating and Transmuting Yuan and Ming Plays: Problems and Possibilities [J]. Literature East and West, 1970, 14(4):492.

要有过多束缚。白之认为,翻译戏曲曲文不需要制定什么翻译规则,他自己就属于"灵感"式翻译。他十分认同约翰·西阿第(John Ciardi, 1916—1986)的翻译理念,称赞他的《神曲》(The Purgatorio)译本是真正伟大的译本之一。西阿第在译本的《译者絮语》里写道:"译者的头脑中一定潜藏着某些翻译理论,但实际上我认为任何译文都是独一无二的。每个译本都有自己存在的原因,并依赖译者翻译时的所想和所感完成。在译者拿起笔前,他可能满脑子都是翻译理论,但当他拿起笔的那一刻,他开始通过灵感创作,尽管他的灵感都基于过去的创作积累以及对灵感的理论总结。"[①]通过引用西阿第的话,白之表达了他的戏曲翻译理念,即创造性的灵感翻译。这种翻译模式要求译者在翻译过程中激发和调动自己的灵感,以准确灵活地传递原文的语言信息。白之说的这种创造性灵感翻译在一些译者的翻译中就有所体现。例如,唐纳德·基恩(Donald Keene, 1922—2019)在翻译《汉宫秋》时就创造性地使用素体诗来翻译中国戏曲的曲文。下文为他对《汉宫秋》第一折《混江龙》的翻译:

  I see the rolled up blinds, the eyes that stare.
  料必他珠帘不挂,
  Toward Chao-yang palace; every step a world.
  望昭阳一步一天涯;
  On windless nights they jump at bamboo shadows
  疑了些无风竹影,
  and loathe their curtains that only moonbeams touch.
  恨了些有月窗纱。
  Our carriages moving past midst flutes and strings,
  他每见弦管声中巡玉辇,
  must seem some magic raft, rising to the stars.
  恰使似斗牛星畔盼浮槎。
  Who plays in secret plaintive melodies?

[①] DANTE ALIGHIERI. The Purgatorio [M]. trans by Ciardi, John. New York: New American Library, 1961: xxix.

是谁人偷弹一曲,写出嗟呀?
Do not too quickly tell her of my will.
莫便要忙传圣旨,报与他家。
Too sudden favors might upset her so,
我则怕乍蒙恩把不定心儿怕,
her broken notes would startle nesting birds,
怕惊起宫槐宿鸟,
and frighten crows atop the palace trees.①
庭树栖鸦。②

《混江龙》是一支戏曲的常用曲牌,几乎在每一个杂剧里都会出现,因为它通常排在元杂剧第一折《仙吕调·点绛唇》的后面。素体诗在英语诗歌创作中如此流行要归因于莎士比亚的戏剧创作。他在戏剧作品中大量使用素体诗创作人物对话,对后世作家有很大的影响。使用素体诗翻译的主要优势在于它能营造较强的诗意效果。如译文的第三行和第四行,素体诗的格律帮助译者通过调整"风"和"月"的位置体现了原文"无风"和"有月"的平行关系。这与英国诗人的创作习惯一致,他们喜欢在并列句中颠倒前后语序,如罗塞蒂(Dante Gabriel Rossetti, 1828—1882)的诗《女神》"三朵百合花在她的手中,她的长发里有七颗星星"。③基恩的抑扬格读起来十分流畅,且不乏有趣的变化,如译文第六行产生了一种在空中翱翔的音乐效果。相较之下,译文的最后一句则完全符合音律规则。尽管他使用了古英语"atop",但对害相思的皇帝而言,使用古英语反而显得恰到好处。

同样,白之在翻译戏曲曲文时,也遵循这种创造性的灵感翻译。例如,白之在翻译《牡丹亭》第十出曲词《步步娇》时,他的翻译是:

---

① CYRIL BIRCH. Anthology of Chinese Literature (Vol. 1) [M]. New York: Grove Press. 1965: 426-427.
② 马致远. 破幽梦孤雁汉宫秋 [A]. 元曲选 [C]. 明万历刻本: 382.
③ 原文是"She had three lilies in her hand, and the stars in her hair were seven."。

The spring a rippling thread　　袅晴丝吹来闲庭院,摇漾春如线。
of gossamer gleaming sinuous in the sun,
borne idly across the court.
Pausing to straighten,　　停半晌,整花钿。
the flower-heads of hair-ornaments.
I tremble to find that my mirror, 没揣菱花,偷人半面,迤逗的彩云偏。
stealing its half-glance at my hair
has thrown these gleaming clouds
into alarmed disarray.
Walking here in my chamber　　步香闺怎便把全身现! ①
how should I dare let others see my form!②

　　观察白之的译文,我们发现白之并没有按照逐句对应的方式进行翻译,甚至对原文每行的顺序也没有十分在意。第一行到第三行实际上对应原作的第二句和第一句,顺序颠倒;原文的第八句对应译文的第十行和第十一行。没有逐句翻译,韵律的对等也就无从谈起。实际上,白之的译文也确实没有实现韵律上的对等。他本可以选择采用韵律对等的方式进行翻译,例如:

Curling bright strands blow across this drowsy inner court
袅晴丝吹来闲庭院,
Undulation of Spring like a silk thread
摇漾春如线。
Pause a long moment
停半晌,
Straighten the flower-headed comb
整花细。

---

①　斜体部分表衬字,下同。汤显祖. 牡丹亭 [M]. 上海:古典文学出版社,1958:45.
②　CYRIL BIRCH. The Peony Pavilion [M]. Indiana University Press, 2002: 43.

Little *gu*es*s*ing *this* pa*t*terned *mi*r*r*or

没揣菱花，

Stealing a *glance* at my *face*

偷人半面，

Would *tease* my "*glea*ming *clouds*" *awry*!

迤逗的彩云偏。

Wa*l*king here *in* my *cha*mber

步香闺怎便把全身现！①

how could I *ever* sub*mit*

my whole *per*son to *view*!②

对比后发现，这一版译文明显更接近原文的措辞和语序，而且在韵律上也大致对等。但白之认为"不知何故，我不太喜欢它，因为它读起来很僵硬，缺少第一版的华丽之感"③。而且，白之也曾尝试按照唐纳德·基恩素体诗的方式进行翻译：

The sp*ring* a *ri*ppling th*rea*d of *goss*amer *glea*ming

袅晴丝吹来闲庭院，摇漾春如线。

*si*nuous *in* the *sun*light *of* the *cour*t.

I *pause* to ad*just* my *flower-head*ed *com*bs

停半晌，整花钿。

*on*ly to *find* the *mi*rror's *stolen glan*ces

没揣菱花，偷人半面，

have *lure*d my "*glea*ming *clou*ds" to *fall awry*!

迤逗的彩云偏。

---

① 汤显祖. 牡丹亭 [M]. 上海：古典文学出版社，1958：45.

② CYRIL BIRCH. Translating and Transmuting Yuan and Ming Plays: Problems and Possibilities [J]. Literature East and West, 1970, 14（4）：502−503.

③ Ibid. 502.

*Wa*lking here *in* my cha*mber, how* should *I*

步香闺怎便把全身现！①

ever ex*pose my*self to *common view*!②

  通过斜体标注的重音，我们可以看到，这一版采用了素体诗的方式翻译，每行都是五步抑扬格，但与第一版和第二版多变的节奏相比，显得有些沉闷和乏味，而这首《步步娇》描绘的是一位闺阁少女初次怀春的场面。白之评价说，莎士比亚可以用素体诗做到这一点，但他做不到，"为什么一定要用素体诗翻译呢？这样做不仅牺牲原文许多的亮点，包括'闲庭院'和'彩云'慵懒的音调，而且得到的只有强烈的音韵效果，这在英文诗随处可见"③。除了素体诗的翻译方式，白之还借鉴了杨富森（Richard F. S. Yang, 1918—2010）在《元曲五十首》（*Fifty Songs from the Yuan*）中的翻译方法，即采用音节对等的方式翻译：

Spring, sunlit thread of gossamer,	袅晴丝吹来闲庭院，
curls in idle court.	摇漾春如线。
Pause, adjust,	停半晌，
flowered comb.	整花钿。
And find mirror,	没揣菱花，
stealing glances,	偷人半面，
lures "gleaming clouds" awry.	迤逗的彩云偏。
I walk my room, for how dare I be seen!	步香闺怎便把全身现！④

  观察译文，我们看到每行译文的音节数都与原文每行的字数完美对等，但在内容上出现了不匹配的情况，如第二行译文明显无法对应原文第二句

---

① 汤显祖. 牡丹亭 [M]. 上海：古典文学出版社, 1958：45.
② CYRIL BIRCH. Translating and Transmuting Yuan and Ming Plays: Problems and Possibilities [J]. Literature East and West, 1970, 14(4): 503.
③ Ibid.
④ 汤显祖. 牡丹亭 [M]. 上海：古典文学出版社, 1958：45.

话。这种翻译方式未免给人方枘圆凿之感。白之也表示说:"恕我直言,这种翻译散曲的方式,我看不出有什么亮点。这样翻译的结果只是几乎毫无意义的电报文学,甚至连节奏都是错的。"①

因此,在尝试了多种翻译方式后,白之得出结论,即译者可以带着对原文的感受与理解,使用"音韵对应"而不用严格遵守原文的韵律。这种翻译方式不仅使阅读的效果更好,而且也更方便配以原曲的音乐。当然,译者要注意保留特殊"曲调"的音乐特点,如《梅花酒》的三叠句。施文林(Wayne Schlepp)在文章《元散曲中的格律》中也表达过类似看法:

> 考虑诗歌的音乐,在某种意义上,这可以让译者对诗歌的音律有更为广泛的理解和批评,并使我们意识到,一个熟悉音乐的作家可以自由地创作诗歌,其他只知曲调而没有听过原曲的人很难真正理解原作。旋律是一种自由流动的音乐模式,它对诗歌创作的要求非常复杂;但它其实并不难理解,也不用太在意它的复杂性就能够做到。旋律是一个完整的艺术体,创作者能够心领神会。因此,在创作时,创作者会将它的艺术结构牢记于心。在诗人娴熟的笔下,旋律的高潮迭起与文本融为一体。也许正是这一点,我们可以解释为什么有些措辞并不出彩的作品能够收获成功,而有些文采斐然的作品却最终沦为失败之作。②

此外,针对曲文中七字句的翻译③,白之提出了"音韵停顿"的翻译方法。这一点通过前文引用的译文就可以看到,如白之在翻译"袅晴丝吹来闲庭院"时,就采用了音韵停顿的方式,将译文拆成三行处理。白之这种"音韵停顿"的翻译理念部分源于柯润璞(James Irving Crump,1921—2002)的元杂剧翻译,如后者在翻译《潇湘雨》时:

---

① CYRIL BIRCH. Translating and Transmuting Yuan and Ming Plays: Problems and Possibilities [J]. Literature East and West, 1970, 14(4): 503-504.
② WAYNE SCHLEPP. Metrics in Yuan San-ch'u [A]. Chow Tse-Tsung, ed. Wen-lin [C]. Madison: University of Wisconsin Press, 1968: 103.
③ 这里的七字句指除衬字外的字数。

But papa,	爹爹呵,知他在何处沉浮?
I still don't know if you swam or drowned.	
Within the inches of my heart,	则我这一寸心怀千古恨,
dwell the sorrows of a thousand years	
and locked between my furrowed brows,	两条眉锁十分忧。①
Ten parts of every misery.②	

柯润璞的译文将原文三句话分别拆作两行,但我们发现每行译文的拆分点都恰到好处:原文第二句中的"心"和第三句中的"眉"本身就是意义停顿点,而柯润璞的译文也恰好在这两处形成节律的停顿,也即形成"句读"(caesura)。这种"音韵停顿"的翻译方式使翻译较长的曲文成为可能。

白之"音韵对应""音韵停顿"等翻译理念在理论上具备可行性:表演者可以配合原曲音乐,按照译文中标注的重音演唱。但在实践中,观众能否真的听懂这种形式的表演还有待进一步考证。为此,白之提出了折中方案——"译演结合",即译者和演员协同合作共同完成一场戏曲演出。译者需要首先按照"音韵对等"的翻译理念把译文翻译成可搭配原曲音乐表演的形式,演员则在此基础上用原曲的演唱方式演唱第一句和最后一句,将重音拖长,而中间的部分则由演员诵读,配以乐队低声演奏。白之的这一提议其实与宋代词人姜夔依曲填词的做法有些相似。卞赵如兰(Rulan Chao Pian,1922—2013)在《宋代音乐文献及其诠释》(Sonq Dynasty Musical Sources and Their Interpretation)中提出:"姜夔创作的词,曲先于词存在,并且十分灵活。词是为了曲的演奏而作,在与曲的结合过程中不断调整。"③白之提出的这种译者与演员合作的译演模式或许能产生不错的表演效果:不仅能让读者感受原曲的音乐,而且能让读者听得懂且听得津津有味。

---

① 康进之.李逵负荆 [A]. 酹江集 [M]. 明崇祯刻本: 627.

② CRUMP J. I. Chinese Theater in the Days of Kublai Khan [M]. Tucson: University of Arizona Press, 1980: 240.

③ RULAN CHAO PIAN. Sonq Dynasty Musical Sources and Their Interpretation [M]. Cambridge: Harvard University Press: 36-37.

结语

　　白之基于自身的戏曲翻译经验,结合英语世界的戏曲翻译现状,提出了三方面的戏曲翻译理念,即戏曲译者必备的助力与能力、脚注与韵律的灵活处理和念白与曲文的创造性翻译。他认为戏曲译者需要获得学术界不同学科的帮助,需要带着对中国戏曲的强烈兴趣从事中国戏曲翻译。在中国戏曲的具体翻译中,他认为应在译文中尽量减少脚注的使用,而尽可能多地还原原文的韵律效果。对于中国戏曲的念白和曲文,白之认为译者需要在翻译过程中充分调动自身的灵感,发挥自己的巧思,传达戏曲原文的语言魅力。念白的翻译可以采取口语化的翻译方式,寻找目的语中对等的语言表达。曲文的翻译可以遵循"音韵停顿""音韵对等"和"译演结合"的翻译理念。译者翻译出表演性较强的戏曲译本,演员则在此基础上根据观众的理解和接受能力,采取灵活的表演方式。白之的中国戏曲翻译理念无疑为国内学者的戏曲外译提供了积极而又宝贵的启示。

From "Script" to "Stage": American Sinologist Cyril Birch's Concepts on Translation of Chinese Traditional Drama

Wei Yuandong

Abstract: Cyril Birch has studied and translated a large number of Chinese literary works. Among them, his translations of Chinese traditional drama have become an important component of his academic achievements. On the basis of sorting out first-hand materials, this article analyzes Cyril Birch's translation concepts of Chinese traditional drama and finds that he attaches great importance to the interests and abilities of drama translators, emphasizes the collaborative efforts of drama translation and multiple disciplines, and advocates reducing the use of footnotes and showcasing the phonetic charm of lyrics as much as possible. In addition, he also creatively proposed translation methods including "itch and twitch" translation, phonological caesura, prosodic correspondence, and combination of translation and performance, which greatly enrich the theory and practice of Chinese drama translation.

Keywords: Cyril Birch, sinology, chinese traditional drama, concepts of translation

天主教士与中国戏曲的早期接触(续)

廖琳达

摘要: 明代中叶以后,欧洲传教士陆续进入中国。这些拥有较高文化修养的天主教士接触到了与西方戏剧完全不同的中国戏曲,在其文字里留下了记载。这是欧洲人直接接触中国戏曲的最早文献。本文搜集了张诚、钱德明、韩国英、宋君荣、奥尔塔等传教士的戏曲记述,结合当时戏曲状况做出判断分析,从而探究西方人早期的戏曲观照及其着眼点。

关键词: 天主教士 中国戏曲 文化接触 印象与观念

一、张诚的中西戏剧比较(1691)

清代康熙年间受法国国王路易十四派遣于1688年来中国的法国传教士张诚(Gerbillon Jean François,1654—1707),曾被康熙皇帝授予宫廷职务,为其讲授西方的天文学、哲学、数学、人体解剖学知识。张诚曾多次随同康熙出行,写下详细的旅行日记。1691年5月,他随康熙出长城古北口外参加蒙古各部多伦会盟大会。5月29日,康熙宴请喀尔喀人首领,席间先有高竿技表演,随后又表演了木偶戏,表演情况与欧洲的相像;31日又为前来谒见的流亡王爷及其家属演出了傀儡戏。返程中,6月7日行进60里,"晚上,在他(康熙)的大帐篷里演出喜剧,招待宫廷大臣和内务府官员。演出者是他的一

---

① 本文系北京外国语大学"双一流"建设重大标志性项目"中国戏曲海外传播:文献、翻译、研究"(项目编号:2020SYLZDXM036)的阶段性成果。

② 廖琳达,国家图书馆海外中国问题研究资料中心馆员,北京外国语大学国际中国文化研究院比较文学与跨文化研究专业博士。研究方向:海外中国戏剧研究。

群太监"[①]。9日仍行进60里:

> 晚上,皇帝为宫廷里的贵族们准备了喜剧,方式和前两天一样。他希望我参加,以便解说他们的喜剧与欧洲喜剧的对比。喜剧表演期间,他问了几个相关的问题。有三四个好演员,其他人都很平庸。
>
> 这些喜剧由音乐和简单的故事组成:有严肃的内容,也有有趣的内容,但严肃的占主导地位。此外,它们并不像我们自己的作品那样活泼、能够激起人们的激情;它们并不局限于表现单一的行动,或在一天中发生的事情。有的喜剧表现了不同的行动,这些行动发生在十年的时间里:他们把喜剧分成几个部分,代表不同的时间。它们几乎是一些杰出人物的生平,分为几个章节,其中还混合着传说。演员们的着装是中国古代的样式。他们没有说一句自由发挥的话,也没有说一句可能冒犯礼节的话。[②]

从张诚日记可以看出,清初康熙皇帝爱看戏,出巡时带着木偶戏班和太监剧团,晚上时常开宴演戏。康熙还是一位勤政的皇帝,即使坐轿子每天行进60里很辛苦,但他也离不开看戏。与拉达、利玛窦等人不同,张诚的身份是科学顾问,有责任对康熙进行中西文化比较的报告,因而他是从艺术欣赏与戏剧评论的角度写下的这段文字。这也是最早见到的一个西方学者对中西戏剧进行比较的议论。

张诚熟悉法国的新古典主义戏剧,熟悉当时统治欧洲戏剧舞台的"三一律"原则,也熟悉欧洲悲剧与喜剧的分类标准,因此他恰巧注意到了中国戏曲与欧洲戏剧不同的地方:表现手法唱念并行,故事发生的时间不受限制,剧情不集中在一件事上,像演主人公一生的传记,悲剧与喜剧杂糅而以悲剧风格为主。用"三一律"原则衡量中国戏曲,张诚比1735年出版《中华帝国全志》时,在《赵氏孤儿》序言里发表看法的杜赫德神父早了44年。我们也

---

① DU HALDE. Description géographique, historique, chronologique, politique, et physique, de l'empire de la Chine, et de la Tartarie chinoise[M]. Hare: Henri Scheurleer, 1736, Tome Quatrieme: 338.

② Ibid.339-340.

在这里看得到杜赫德序言内容的雏形。既然戏曲有这些"缺点",张诚自然得出"它们并不像我们自己的作品那样活泼、能够激起人们的激情"的结论。显然,他并不能理解戏曲的唱才真正是以情动人的,其打动人感情的效果甚至超出西方戏剧。例如,1930年美国戏剧理论家斯达克·扬(Stark Young,1881—1963)评论京剧大师梅兰芳的演出说:"我发现每逢感情激动得似乎需要歌唱,人物就唱起来,这从生物学的观点来看是正确的——因为我们情绪一旦激昂就会很自然地引吭高歌——依我看来,这是戏剧艺术高度发展中的一种正常而必然的现象。"[1]

张诚与克鲁士一样注意到了中国戏装的时代特点:清代戏曲演出穿的是古代服装——事实上是明代服装,因为满族统治者虽然改变了传统服饰,但戏曲服装仍沿袭了明代传统。我们知道,中国戏装的发展定型有一个过程,并且受到历史因素的制约与影响。从宋金墓葬壁画雕砖形象来看,宋金戏服都是稍作美化的现实生活服装。[2] 元杂剧戏装则是宋代样式掺杂蒙元服装——这一点从山西省洪洞县明应王庙元泰定元年(1324)忠都秀作场壁画可以看得很清楚。[3] 明代戏装在日常服饰基础上加工定型,到了清代沿袭不改,因而张诚捕捉到了戏曲服装的这一特点。直至今天,戏曲传统服饰还是以明代服装为主。

至于说中国戏曲"没有说一句自由发挥的话,也没有说一句可能冒犯礼节的话",是张诚误解了,因为他看的是太监为皇上演出的戏,自然有许多禁忌,而民间戏曲和宫廷戏曲演法并不相同。太监演戏毕竟不如专业剧团,所以张诚对演员表演不够满意。这也可以看出他对戏曲是有鉴赏水平的,他应该看了不少戏曲演出。

二、钱德明观赏圣节戏曲搭台(1751)

乾隆十六年(1751)应召赴北京供职内廷的法国耶稣会士钱德明

---

[1] 斯达克·扬. 梅兰芳 [J]. 梅邵武,译. 戏曲研究,1984(11):244-245.
[2] 廖奔,刘彦君. 中国戏曲发展史 [M]. 太原:山西教育出版社,2000(1):314.
[3] 同[2](2):109.

（Joseph-Marie Amiot, 1718—1793），学识渊博，精研满文、汉文，深得乾隆信任，共在北京居住了42年。他进京当年年底就难得一遇地看到了乾隆皇帝为生母崇庆皇太后钮祜禄氏六十大寿举办的宏大庆贺排场，并在他1752年12月10日写给阿拉特（Allart）神父的信里做了详细描述，其中当然也提到众多临时搭建的戏台等：

> 中国有一个古老的习俗，就是趾高气扬地庆祝皇帝诞辰60周年。在这位太后60岁生日之前几个月，首都的所有部司、宰辅和帝国高级官员都接到命令，要为举行这场最辉煌的仪式做准备。北京和邻近省份的所有画家、雕塑家、建筑师和木匠连续三个多月赶制每一件艺术品，许多其他种类的工匠也各有任务……装饰将从皇帝的一个游乐场——圆明园开始，到北京市中心的皇宫结束，大约四英里远……
>
> 河的两岸矗立着各种形状的建筑物，方形的、三角形的、多边形的、圆形的，里面都有全套的隔间。你往前走时，会看到有100种不同形状的其他建筑，结转成吸引你让你欲罢不能的风景。在河流拐弯变宽的地方建起用柱子支撑的木屋，按照中国工程师的设计，这个高出水面两英尺，那个高出水面三四英尺，甚至更高。这些房子大多是水上建筑，你可以沿着桥梁走进去。有的是独立的，有些是彼此相邻的，通过有顶回廊连接。廊子也是上述建房建桥的人建的。所有建筑都镀金绘彩，装饰得富丽堂皇。每一座建筑都有自己的特殊用途：这一个用于音乐演唱，那一个用于喜剧演出，大多设有华丽宝座和茶点，用来接待皇帝和他的母亲——假如他想让母亲停下来休息的话。
>
> 在城里，还有比我刚才描画的更加美丽的景致。从皇城西门一直到皇宫大门，遍布华丽的建筑，有壁龛、亭子、柱厅、画廊、戏台，里面摆有各种中国艺术品。所有这些都被用不同颜色的漂亮丝绸制成的节日花环和其他饰品装饰着，十分迷人；珠宝黄金在四面八方熠熠闪光，众多金属抛光镜使场景更加绚丽多彩……每一个部司都有一个自己建造和

装饰的建筑,每个省的总督、帝国宰辅和其他大人物也同样如此。①

　　从1713年康熙皇帝办六十大寿,到乾隆皇帝为母亲崇庆皇太后钮祜禄氏办六十、七十、八十大寿和为他自己办八十大寿,他们都用举国之力举行普天同庆的大型典礼。其中一项大的活动是在圆明园到皇宫之间的几十里道路上,搭满各省各部争相献送的乐台、戏台奏乐演戏。据钱德明说,乾隆第一次为母亲办寿时,最初的设计方案是太后从其居所畅春园乘龙舟进宫,但由于太后生日是阴历十一月二十五日,恰值数九寒天河道结冰,因此不得不放弃,临时改为乘轿起行。②鉴于这一次的失误,以后太后七十、八十大寿就再没有使用过河道方案。各次万寿盛典的盛况,反映在当时宫廷画工们画的《康熙万寿盛典图》《胪欢荟景图》《乾隆万寿盛典图》等长卷里。但是,这些图里画的都是道路两旁搭建各式彩台,与钱德明所描述的河道两岸搭台情形不符。直到2006年11月21日民间收藏的《崇庆皇太后万寿图》水墨纸本手卷在北京华辰拍卖有限公司的秋拍上亮相③,我们才看到了钱德明所描写的景致。图分两卷,卷下绘市廛街道,卷上所绘正是河岸两侧搭建戏台彩棚、仕女夹岸游赏的情景。我们从图中还可以看到长长的河面全部冰封,上面有许多人拉冰船滑行,旁边还站有许多看客。

　　清人赵翼《檐曝杂记》"庆典"条里描写崇庆皇太后六十大寿庆典的铺排场面,可与钱德明看到的情景相互印证:从清宫西华门到西直门外高梁桥的十余里之间,沿途都有布置得极其花团锦簇的园亭建筑和戏台,令人叹为观止:

　　　　皇太后寿辰在十一月二十五日。乾隆十六年届六十慈寿,中外臣僚纷集京师,举行大庆。自西华门至西直门外之高梁桥,十余里中,各有

---

① JOSEPH-MARIE AMIOT. Lettres édifiantes et curieuses, écrites des Missions étrangères, nouvelle édition, memoires de la Chine[Z]. 1811(13): 132,134-135.
② Ibid.133.
③ 北京华辰拍卖有限公司2006年秋拍第0675号《崇庆皇太后万寿图》水墨纸本手卷二卷,原题王石谷《康熙南巡图稿》,经故宫博物院研究员聂崇正正误。

分地,张设灯采,结撰楼阁。天街本广阔,两旁遂不见市廛。锦绣山河,金银宫阙,剪采为花,铺锦为屋,九华之灯,七宝之座,丹碧相映,不可名状。每数十步间一戏台,南腔北调,备四方之乐,伎僮妙伎,歌扇舞衫,后部未歇,前部已迎,左顾方惊,右盼复眩,游者如入蓬莱仙岛,在琼楼玉宇中,听【霓裳】曲,观《羽衣》舞也。其景物之工,亦有巧于点缀而不甚费者……真天下之奇观也。①

这可以说是当时世上最为豪华铺张的庆典场面,令钱德明大开眼界,因此他在笔札里不惜浓墨重彩地大肆渲染。钱德明没有详述演出内容。刚到中国的他此时应该对戏曲还不熟悉,而庆典演出强调的只是盛大氛围,演什么还在其次;再者,钱德明应该与当时在场的所有人一样,被宏大场面和目不暇接的新鲜玩意儿吸引了目光,看他的描述就知道,他无暇顾及看戏。这很令人遗憾,因为钱德明精通音乐,擅长吹奏横笛、弹羽管键琴,后来还对中国音乐史有深入研究。为了反驳欧洲某种"中国艺术和礼学成就都要归功于古埃及人"②的说法,他后来把康熙年间文渊阁大学士李光地的《古乐经传》一书翻译成法文,又写出了《中国古今音乐考》③,对欧洲音乐界产生了广泛而深远的影响。④ 如果他认真观看了戏曲演出,可能会留下更多珍贵的记载。

三、韩国英的戏曲社会学批评(1782)

1760年始在清宫担任机械师、画师、园艺师长达20年的法国耶稣会士韩国英(Pierre-Martial Cibot,1727—1780),从社会学角度观察戏曲生态,对中国压抑戏剧的社会观念与行为提出深刻的批评。韩国英在汉学研究方面

---

① 赵翼.檐曝杂记[M].上海:上海世纪出版有限公司,2012:14.

② 钱德明.中国古今音乐考[J].叶灯,译.艺苑(音乐版),1996(4):52-59.

③ JOSEPH-MARIE AMIOT. Mémoire de la Musique des Chinois tant anciers que modernes[M]. Paris: Nyon l'Aine, 1779.

④ 参见梅晓娟,孙来法.耶稣会士钱德明与《中国古今音乐考》[J].人民音乐,2008(9):88-89.

成绩卓著,写了大量观察中国社会的文章。他很留心北京生活的方方面面,包括艺术与民俗,与钱德明一起编纂了《耶稣会士北京论集》八册,并长期担任此书撰稿人。该书与《中华帝国全志》《耶稣会士中国书简集》并称为18世纪西方三大汉学名著。韩国英因而得以了解更多的戏曲文化,从而能发出针砭戏曲生态的特定声音。

韩国英曾经撰写了一篇《中国戏剧》的专论,从社会学角度观察戏曲状况,对之提出尖锐的批评。韩国英观察到中国正统社会文化对戏剧的压抑和鄙弃,指出:"自从戏剧进入家庭娱乐和宫廷庆典以来,流传的众多议论里,伟大的文人们只发表了关于戏剧的危险性及其对公共道德的有害影响的哲学评论……这种思维方式由来已久,历史上第一次提到戏剧,是赞扬一位商朝皇帝禁止了这种无谓的享乐。一个很好的例子是,周宣王曾防止官方以这种娱乐为道德行为……有一位皇帝因为太沉溺于戏剧,演员们也经常光顾他,弄得死后不能入葬。"[①]韩国英提到了商汤禁优、周宣王斥优的例子。他所说死无葬身之地的皇帝是五代时期的后唐庄宗李存勖。李存勖经常和优人一起演戏,最终国政被优人扰乱,死后尸体还被杂入乐器堆里焚化[②]。文人经常以之作为历史和政治教训挂在嘴边。中国的正统观念是极力贬斥倡优乱政的,传教士们感觉到了儒学社会的这种立场。利玛窦曾经说过,戏曲是"帝国的一大祸害"——他保持了与中国正统士大夫一致的观点。韩国英撰文是向欧洲介绍中国。他站在欧洲基点上观察与剖析中国文化,指出它与欧洲不同的地方。例如,文艺复兴以后的欧洲视小说戏剧为高尚艺术,中国以经史子集为儒学正宗的观念却长期压抑小说戏曲,视戏曲为"小道"。

韩国英认为,中国人对戏曲持贬斥态度,造成了三种社会恶果。首先,虽然大多数中国喜剧和悲剧是惩恶扬善的,但它们几乎没给作者带来什么荣耀。其次,中国人像对待妓院一样对待公共剧院,把它们限制在城郊开设,而且并非允许只是容忍。最后,只称颂那些为国捐躯的普通士兵,却不肯赞

[①] PIERRE-MARTIAL CIBOT. Mémoires concernant l'histoire, les sciences, les arts, les moeurs, les usages, etc. des Chinois, par les missionnaires de Pékin[M]. Paris: Nyon l'aîné, 1782(Ⅷ): 227.

[②] 参见旧五代史·唐书·庄宗纪[M]. 北京:中华书局,1976(2): 478.

誉有着高超技艺塑造出高难度舞台形象的优秀演员,极其过分。发自18世纪欧洲传教士的严厉谴责,确实令以戏曲传统为自豪的今人警醒与反思。当然,韩国英的立场也有他的偏颇之处。

　　作为启蒙主义思潮涌动时期的法国公民,韩国英及其文化环境对剧作家的尊重和对戏剧艺术的推崇,确实成为今天反观大清帝国现实的镜像。那些创作出"展示恶行的耻辱和褒扬美德"作品的中国剧作家,大多不能够像在欧洲普遍发生的那样从中得到荣誉,他们不能从"剧作家"头衔里获得任何好处,甚至不敢、不愿在自己的作品上署名。至于"把公共剧院和妓院一样限制在城市之外",清代北京戏园子和妓院都集中在正阳门(前门)外的大栅栏一带,确实体现了韩国英所感受到的对戏曲的轻视和歧视,但也不完全是这个原因。清代康熙以来京城之内不准开设戏园和妓院,因为城内只许八旗子弟居住,汉人不得入住,而皇室意欲以此抑制八旗子弟过于浪荡堕落。①但这种限制到了清廷后期随着时局动荡而土崩瓦解了。②

　　至于中国人只歌颂牺牲将士不赞美艺术,虽然应该纠偏——一个文明国家不能只重视民族英雄而轻视艺术,但这种权重考量在中国传统价值观中也有它的价值。韩国英没有真正深入中国的市井文化,他不知道明清文人连篇累牍地撰写了大量戏曲艺人传、"观花录"等文字,明代如潘之恒《曲艳品》《续艳品》《后艳品》之类,清代仅民国时期张次溪编纂的《清代燕都梨园史料》里就汇集了51种,著名的如《燕兰小谱》《日下看花记》《听春新咏》《莺花小谱》《金台残泪记》《长安看花记》《梦华琐簿》《菊部群英》等。这些文字大多带有狎邪色彩,透示出中国文人不端的一面。其中虽然也有对戏曲

---

　　① 清廷为了防止八旗子弟堕落,曾反复发出指令禁止在城里开戏园。如清延熙《台规》(清光绪十八年都察院刻本)卷二十五记载:"康熙十年又议准,京师内城不许开设戏馆,永行禁止。"嘉庆四年(1799)又下旨:"嗣因查禁不力……以致城内戏馆日渐增多。八旗子弟,征逐歌场,小号囊橐,习俗日流于浮荡,生计日见其拮据……其城内戏园,一概永远禁止。"

　　② 清代后期,一些商人开始勾结权贵在京城内违规开设戏园。如清李慈铭《荀学斋日记》丙集上载:"内城丁字街、什刹海等处,竟敢开设戏园,违禁演戏……内城效之者五六处。"见李德龙,俞冰主编. 历代日记丛抄[M]. 北京:学苑出版社,2006(99):333.

技艺的评判与赞美,例如,乾隆年间刊刻的李斗《扬州画舫录》卷五记录了乾隆年间扬州103位戏曲艺人,品评其艺术的文字就占了很大篇幅,但这种评论往往带有旧文人居高临下的心理状态,仍然给人以凌驾于戏曲艺人之上感。所以,韩国英所理解的那种纯艺术立场,在清朝是难以找到的。

　　韩国英这篇戏曲专论产生了一定影响,后来戴维斯(John F. Davis, 1795—1890,旧译德庇时)、巴赞(Antoine Bazin, 1799—1863)、小安培(Jean-Jacques Ampère, 1800—1864)、克莱因(Julius Leopold Klein, 1810—1876)、戈特沙尔(Rudolf von Gottschall, 1823—1909)、布罗齐(Antonio Paglicci-Brozzi,生卒年不详)等众多学者对之不断征引,他的一些观点被长期讨论。例如,商汤禁优说被视为中国戏曲源远流长的依据(尽管从巴赞开始认为古优表演不能等同于成熟戏剧而取唐朝戏曲成形说);又如,他说中国人把戏剧演员等同于娼妓作为艺人地位低下的证据被一再征引;再如,他关于北京城南戏园的说法引起西方人长期讨论中国有无正规剧院。

四、关于琉球与越南的戏曲札记(1719、1766)

　　从18世纪传教士谈论琉球和越南戏剧演出的两篇札记中,我们可以看到中国戏曲当时的辐射面。北京耶稣会士宋君荣神父依据1719年奉康熙皇帝命出使琉球的徐葆光回来写的出使记《中山传信录》,在笔札中描写了琉球演戏:

> 　　我忘记讲了,在天使于琉球居留期间,国王经常令人或在王宫中,或在别墅中,或在湖泊与运河中,招待他们。在这些盛宴中,有音乐、舞蹈和喜剧表演。人们也不放弃从中加入赞扬中国皇家、琉球王家和天使本人的诗句。王后、公主和贵夫人们要出席所有这些节目,而又不被人看到。这类宴会颇受中国人好评,他们视这些岛民为正直而又灵巧之辈。①

　　明万历七年(1579)出使琉球的谢杰在《琉球录撮要补遗》中记载,福建

---

　　① 郑德弟,吕一民. 耶稣会士中国书简集[J]. 沈坚,译. 郑州:大象出版社,2001:408.

戏班经常到琉球演出《姜诗跃鲤记》《王祥卧冰》《荆钗记》等剧目："居常所演戏文,则闽子弟为多,其宫眷喜闻华音,每作,辄从帘中窥之……惟《姜诗》《王祥》《荆钗》之属,则所常演。夷询知,咸啧啧羡华人之孝节云。"[①] 这说明明清时期琉球岛与中国保持着密切的戏曲往来。当时为明清属国的琉球官方语言文字即为汉语,琉球人穿汉服,写汉字,看的是用中文演的戏,听得懂,乐闻之。中国的宫廷演出有规定程式,开场转场有司礼者赞导,其间要念诗诵词来宣扬皇上恩德;琉球演出则既颂圣又颂王,还要歌颂大清来使。中国中上层女性是不在演出场所公开露面的,看戏则专设座席而垂帘遮挡;琉球也浸染了这种风俗。不过1879年日本将琉球国并入版图之后,琉球用汉语演戏的传统就中断了。

1766年,意大利耶稣会士奥尔塔(Père Nuntius de Horta)神父从印度洋西部的留尼汪岛给意大利某伯爵夫人写信,回答她关于越南(东京王国)风俗的好奇提问时,用厌恶之情描绘了那里的宴会演戏。他说:

> 席间常伴有戏曲表演,它们值得我向您做一简介。这是一种掺杂有人们所能听到的最可怕的音乐的娱乐。乐器是一些青铜或钢质盆,其音尖厉;还有一面水牛皮鼓,他们时而用脚击打,时而以类似意大利丑角使用的棍子敲打;最后还有笛子,其音与其说动人不如说凄凉。乐师们的嗓音与之大致相符。演员是些十二岁至十五岁的男童。其领班把他们从此省带到彼省,但到处被人视为渣滓。我说不清他们的戏剧是好是坏,也不知道他们有何规则。剧情似乎总是悲剧:我是根据演员们不断哭泣及戏文中的谋杀情节做此判断的。这些孩子的记忆力让我吃惊:他们把四十部至五十部戏文熟记于心,其中最短的通常也要演五小时。他们带着戏云游四方,若有人召唤便呈上戏单,等人一选定剧目就立即上演而不做任何别的准备。宴会进行到一半时分,一名伶人便来到各张桌前求点赏钱。宅中仆人也照此办理,并把所得赏钱给予主人。随后,人们当着宾客面给他们的仆人上饭菜。宴会结束的情景与开始时相对

---

① 参见谢杰. 琉球录撮要补遗[M]. 北京:国家图书馆出版社,2003(上):572–573.

应。宾客逐一夸奖主人的菜肴、礼貌和慷慨；主人则谦逊一番，向宾客深深鞠躬，请其原谅未能依其勋劳款待他们。[1]

由于越南当时也是中国的属国，官方语言为汉语，因而流行的戏剧样式也是中国戏曲，或是在戏曲影响下发展起来的越南噍剧和嘲剧。后者同样是歌舞唱念与表演结合的综合程式化艺术，情节取自中国古代故事，道德倾向是宣扬儒家美德，语言为汉越语（掺杂汉语的越语）。[2]奥尔塔此前在越南传教，写信之时也准备立即重返越南，他的记叙应该可信。从奥尔塔的描写来看，当时越南的戏曲演出十分兴盛，戏班跨省到处流动演出，童伶都能掌握四五十部戏文，可以让观众随心点戏，一演就是至少五个小时，伴奏乐器有锣（铜盆）、牛皮鼓和笛子，演出时声音嘈杂，唱戏嗓音也让人难以接受。这使他十分反感。

五、传教士较多接触到宴会喜剧的原因

传教士的描述中多次出现了两种现象：一是他们看到的几乎是宴会演戏；二是他们反复提到的都是喜剧（comedy），而很少谈及悲剧（tragedy，仅奥尔塔谈到相关内容）。

首先，为什么传教士看到的演出都是宴会戏？明末清初，人们看戏通常有两种方式：一种是普通民众在举办迎神赛会的神庙里观看公开演出，另一种是官府和富裕家庭在举行宴会时观看堂会演出。宗教原因使早期传教士不会到庙宇里去看戏，而耶稣会士从利玛窦开始奠定的结交中国士大夫的合儒策略则使他们常常出席宴会，因而他们都是在这种场合看

---

[1] 耶稣会士中国书简集 [M]. 2005（上卷）: 89-90. 奥尔塔此节文字与法国旅行家让迪（Barbinais Le Gentil）1728 年出版的《新环球旅行记》第二卷里的一段文字重复，恐有抄录。参见 BARBINAIS LE GENTIL. Nouveau Voyage Autour du Monde[M]. Amsterdam: P. Mortier, 1728(2):35-37.

[2] 参见廖奔. 越南戏剧札记 [J]. 中国戏剧, 2001（7）: 58-60; 周楼胜. 越南传统戏剧的中国渊源 [J]. 中国戏剧, 2019（4）: 86-87.

戏。[1]所以,门多萨《中华大帝国史》、曾德昭《大中国志》里描写戏曲演出就都放在"中国人的宴会"章里。明代中后期,随着社会风尚日趋奢靡,富裕人家终日沉湎于开宴品戏,传教士因而在这种场合下接触到戏曲。

其次,为什么传教士看到的只有喜剧没有悲剧(只是指西方概念里的区分)?因为中国人的宴会演出目的是吉庆热闹,主人点戏时早就把相应的剧目圈定好了,只挑喜剧上演,而不会点那些哭哭啼啼的悲剧,否则就会触犯禁忌。在宴会上点错戏是令人尴尬的失误,有时会带来很大的麻烦。例如,17世纪明清时人陈维崧(1625—1682)《贺新郎》词序说:"(宴会)首席决不可坐,要点戏,是一苦事。余常坐寿筵首席,见新戏有《寿春图》,名甚吉利,亟点之,不知其斩杀到底,终坐不安。其年云:亦常坐寿筵首席,见新戏有《寿荣华》,以为吉利,亟点之,不知其哭泣到底,满堂不乐。"[2]戏情和宴会气氛冲突,就会引起满座不快,甚至可能招致非议。但越南风俗好像不同,奥尔塔说到戏里有谋杀情节,"演员们不断哭泣"。

需要强调的是,中国戏曲本不分悲剧和喜剧。将二者截然分开是西方戏剧从古希腊继承而来的传统。中国戏曲通常都是悲喜交融的,一部戏可能前面是苦情悲剧,到结尾时就会变成大团圆的喜剧。因此本文上述所谓喜剧、悲剧,仅沿用了传教士的说法。另外,中国戏曲里丑角表演占很大比重。他们登场时表演的都是滑稽戏,也可以称作喜剧,而且几乎每部戏里都少不了丑角。

另外还要指出的是,明代万历年以后,恰是传奇折子戏盛行的时期。由于演出整本传奇需要的时间太长,宴会演戏大多是挑选单折戏来演,而由于上述原因惯常挑选的戏多数带有喜庆色彩。这一点从明代戏曲选本里的折子戏内容偏重也可以看出来。统计一下明代戏曲选出的题材,大多集中在

---

[1] 传教士从不参加中国人带有迷信崇拜成分的活动,每逢人邀请参加活动,总要先期考虑是否有此类成分以决定是否出席。例如,1599年元宵节南京吏部尚书王忠铭邀请利玛窦参观灯展,利玛窦考虑到"其中并没有迷信的痕迹,愉快地接受了"。(参见 MATTEO RICCI. China in the Sixteenth Century, Translated from the Latin by Louis J. Gallagher[M]. New York: Random House, 1953: 321.)

[2] 陈维崧. 迦陵词全集[M]. 续修四库全书. 上海:上海古籍出版社,2003(1724): 363-364.

"庆宴""游赏""分别""相会"等方面[1],表现世俗生活。这些社会风俗内容在欧洲是喜剧的题材,悲剧则只用于表现历史和英雄事迹,因而传教士自然就把它们称作喜剧了。

六、关于传教士关注的"点戏"

从利玛窦开始,凡是接触到戏曲演出的西方人都津津乐道于中国宴会演出中的"点戏"行为。在中国传教22年的葡萄牙耶稣会士曾德昭(Alvaro Semedo,1586—1658),在他1642年出版的《大中国志》里谈到中国人的宴会点戏:"他们的宴会延续时间很长,人们花很多时间进行交谈,通常习惯都有音乐和喜剧演出,喜剧任由客人挑选节目进行表演。"[2]1655年随荷兰东印度公司使团访问清朝的纽霍夫(Johannes Nieuhof,1618—1672),也在他的《荷兰东印度公司使团访华纪实》一书中说:"他们总是随身携带一个折子,上面写着他们演出的剧名。当任何人点了戏……"[3]戏还可以用来"点",这种习俗在欧洲闻所未闻,因而被西方人反复记录在案。

英国主教珀西(Thomas Percy,1729—1811)虽然没有到过中国,但对中国及其戏曲十分关心,并在其整理出版的《好逑传》第四卷附录的《1719年广州上演的一部中国戏的故事梗概》前言里详细描述说:"当宾客们刚入席时,四到五位主要的喜剧演员身着华丽的衣服进入大厅,一起磕头,额头触碰到地面。然后其中一人给主要宾客送上戏折,里面用金色的字写着五六十种剧目。他们已经将这些剧目熟记于心,随时可以进行表演。在一番礼貌性推让后,主要宾客会选择一个剧本,领头的喜剧演员将这个剧本给所有的宾客过目,看他们是否认可——如果客人中的任何一个人的名字与戏剧中角色

---

[1] 参见尤海燕. 明代折子戏研究[D]. 北京:首都师范大学,2009:58-65.

[2] ALVARZE SEMEDO. The History of that Great and Renowned Monarchy of China[M]. London: E. Tyler for Iohn Crook, 1655: 67.

[3] JOHANNES NIEUHOF. An Embassy from the East-India Company of the United Provinces, to the Grand Tartar Cham, Emperor of China[M]. London: John Macock, 1669: 167.

名相同或类似,那么该剧将被弃用并重新选择另一个。"①珀西的描写很具体,有理由推测他经常向到过中国的人询问戏曲演出情形,这些内容均从听闻中得来。类似的说法有很多,有时各自还都有些发挥,可能信息来自不同渠道。例如,意大利奥尔塔神父1766年给某伯爵夫人的信里说:"他们把四十至五十部戏文熟记于心,其中最短的通常也要演五小时。他们带着戏云游四方,若有人召唤便呈上戏单,等人一选定剧目就立即上演而不做任何别的准备。"1755年,为马若瑟《赵氏孤儿》译本出版单行本的法国人德弗洛特(Sorel Desflottes),特意写了《论中国戏剧》一文放在单行本里。其中也写到点戏的具体细节:"演员把戏折子呈给聘请他们来的主人。出于中国式的礼貌,主人把戏折交给他的客人,让他们选择爱看的戏,但客人会尽力推托。戏折子在客人手中转了一圈,最后又回到了主人的手里,于是他就点了自己看中的戏。"②与上述人的记载大多来自传闻不同,美国的卢公明(Justus Doolittle, 1824—1880)是直接生活在中国的传教士。他于1866年出版的《中国人的社会生活》中的内容来自自己的观察,里面讲道:"演员不知道他们将被要求演什么内容,直到多数观众已经聚拢了。雇赁戏班的晚宴主人通常会邀请嘉宾中的一位来点戏,从戏班能演的剧目中选一出特别的。演员们立即按照所选剧目的角色着装,开始演出。戏班通常能在几分钟里开始上演从两三出甚至上百出戏里点出的任何一出戏。"③这些屡屡不绝的记载证实了欧洲人对戏曲点戏习俗的关注。一个戏班子可以把几十上百出戏牢记在心里,以便让观众随意挑选剧目,点哪出戏就演哪出戏,几乎不用做准备即可登场,在欧洲人看来简直不可思议。因为欧洲剧团是排一部戏演一部戏,演员要记台词和

---

① THOMAS PERCY. The Argument or Story of a Chinese Play Acted at Canton in the Year M. DCC. XIX. [M]. Hau Kiou Choaan or The Pleasing History, London: Dodsley, 1761(4): 174.

② SOREL DES FLOTTES. Essai sur le théâtre chinois, Tchao-Chi-cou-eulh, Ou L'Orphelin de La Maison de Tchao, Tragédie Chinoise[M]. Kessinger Publishing, 2010: 15.

③ JUSTUS DOOLITTLE. Social Life of the Chinese:with some Account of their Religious, Goberamental, Educational, and Business Customs and Opinions[M]. London: Sampson Low, Son, & Marston, Milton House, Ludgate Hill, 1866(Ⅱ): 296-297.

排练，舞台要设计布景，角色要设计服装。而中国戏曲省略了这一切的戏前准备，在点戏后就可演出。

我们可以从明代小说里印证欧洲人看到的这种点戏习俗。《金瓶梅词话》第四十三回写西门庆家宴请乔五太太："下边鼓乐响动，戏子呈上戏文手本，乔五太太吩咐下来，教做《王月英元夜留鞋记》。"[①] 第六十四回写西门庆祭奠李瓶儿，宴请两个来吊唁的内相（太监）并为之演戏："子弟鼓板响动，递了关目揭帖，两位内相看了一回，拣了一段《刘智远白兔记》。"[②] 其中所说的"戏文手本""关目揭帖"就是戏班呈给客人用来点戏的戏单。戏由客人点，演出的剧目是海盐腔《留鞋记》和《白兔记》。明末佚名《梼杌闲评》第三回王尚书母亲生日宴有着更详细的描写："戏子叩头谢赏，才呈上戏单点戏。老太太点了本《玉杵记》，乃裴航蓝桥遇仙的故事……等戏做完，又找了两出。众女眷起身，王太太再三相留，复坐下，要戏单进来。一娘拿着单子到老太太面前。老太太道：'随他们中意的点几出罢。'女眷们都互相推让不肯点……王奶奶笑道：'不要推，我们一家点一出。'一娘要奉承奶奶欢喜，遂道：'小的告罪了，先点一出《玉簪上听琴》罢。'……又有个杨小娘，是王尚书的小夫人，说道：'大娘，我也点出《霞笺追赶》。'大娘笑道：'你来了这二年，没人赶你呀？我便点出《红梅上问状》，也是扬州的趣事。'一娘遂送出单子来。戏子一一做完，女客散了。"[③] 王老太太寿诞宴席，寿星亲自点了整本传奇《玉杵记》，演完又找了两出散戏，亲友告辞，王老太太挽留，要大家随便再点几出戏，于是各自点了《玉簪记·听琴》《霞笺记·追赶》《红梅记·问状》等，都是明代流行的传奇戏出。戏曲演出由于不用布景，戏曲服装系按生旦净丑各行当的衣箱准备，戏目更是演员自幼师承及苦学得来，因此得到了任人点戏的登场自由。

结语

除了零散探险者和旅游家，欧洲最早看到中国戏曲的是天主教来中国

---

① 兰陵笑笑生. 金瓶梅词话 [M]. 北京：作家出版社, 2010 (3): 890.
② 同①, 2010 (4): 1412.
③ 梼杌闲评 [M]. 北京：华夏出版社, 2013: 21-22.

传教的一批人。传教士来中国是为了宗教,神职的戒律也阻止他们深入世俗生活,但耶稣会士们都有着向欧洲总部和教皇说明中华文明是如何可以与欧洲相匹敌而只差上帝神示的强烈愿望,因而发现这个文明里也有戏剧是多么令他们欣慰。当然,作为以欧洲戏剧原则为准绳的"他者",面对有着不同审美特质的对象必然发生接受错位甚至生理龃龉,除非其能够对异质文明保持平等姿态和理解心境。

早期传教士尽管接触到戏曲,源源不断地向欧洲发回了有关报道,但出于观察的目的和动机,他们还仅停留在简单描述一种舞台现象上,其重点在于提示欧洲:中国有戏剧演出。当然,他们也会有简单的优劣评点与价值判断。首先,他们会赞叹戏曲表演的高度技巧性。例如,克鲁士说"演得生动逼真",拉达称赞"优美的演出""非常出色和自然""演出非常精彩""演得十分逼真"。其次,他们会赞美戏曲服装的高雅美丽。例如,克鲁士说"演员的戏装很漂亮",阿科斯塔说"演员们身着华丽的服装"。进而,他们还肯定戏曲内容有着强烈的道德意识。例如,阿科斯塔说戏曲"都是关于中国古代哲人和英雄的著名故事,主题都关乎道德";韩国英说"大多数中国喜剧和悲剧似乎都是为了展现恶行的耻辱和美德的魅力"。另外,他们还会从既定观念出发,用"三一律"的量尺来衡量并要求中国戏曲。例如,张诚说它"并不局限于表现单一的行动,或在一天中发生的事情"。对于中国戏曲音乐,西方人的感觉是彼此相去甚远的:有爱好的,例如,拉达说"他们的歌唱与乐器伴奏十分和谐,嗓音都非常美妙""有大量的动听音乐";更多是反感的,例如,利玛窦说它"只是嘈杂刺耳而已"。

传教士对戏曲的理解和把握,最初完全是从个体的接触中一点一点感悟出来的,而且是从自己接触到的内容一部分一部分感悟出来的,因而就像盲人摸象一样,其认识也是从个别到整体逐渐完善的。加上受到自身特定社会、文化和戏剧观念的制约,他们会从既定概念出发先入为主地观察与衡量对象,方枘圆凿是不可避免的。这是异质文化交流中的错接与错会现象,有着一定的启示意义。

The Early Account of Chinese Theatre by Catholic Priests II

Liao Linda

Abstract: After the middle of the Ming Dynasty, European missionaries began entering China. These highly educated priests saw Chinese theatre. Therefore, descriptions of Chinese theatre can be found in their writings, which are the earliest documents of European contact with Chinese theatre. The accounts of Chinese theatre from catholic priests Gerbillon Jean François, Joseph-Marie Amiot, Pierre-Martial Cibot, Antoine Gaubil, and Père Nuntius de Horta will be presented in this essay. Moreover, the status of Chinese theatre, the early Western impressions and views of Chinese theatre, the way Westerners observed Chinese theatre will be analyzed.

Keywords: catholic priests, chinese theatre, culture contact, impressions and views

京剧英译策略研究
——以 20 世纪《打渔杀家》英译本为例[①]

胡耀文[②]

摘要：本文重点考察了 20 世纪 30 年代至 50 年代《打渔杀家》三个英译本，厘清了杨宪益翻译所采用的底本。首先，分析了三个译本对戏曲因素的处理，由此得出以下结论：在戏曲翻译中，首先要选择好底本，走进他者文化视角，摆脱原文本和译文本关系必须一致的羁绊。其次，尊重戏曲是一门综合性艺术的客观事实，翻译时不仅要考虑到戏曲的文学性，还要顾及戏曲元素的译介。本文从行当角色、音乐性、念白唱词三方面分析三个英译本对《打渔杀家》戏曲元素的译介方式与特点，有助于理解戏曲在跨文化视角下的文化取向和翻译策略。

关键词：《打渔杀家》 英译 底本 戏曲因素

引言

《打渔杀家》又名《庆顶珠》，作者不详，原为秦腔，最早的记载出现于清嘉庆十四年到十五年间所著的《听春新咏》中。原来是花部，后来改为皮黄戏，更为精练紧凑，场次干净，不蔓不枝，戏当中的生旦净末性格分明，是一部重要的"水浒戏"。

目前已知《打渔杀家》一共有四个英译本，分别是姚克在 1936 年 5 月

[①] 本文系北京外国语大学"双一流"建设重大标志性项目"中国戏曲海外传播：文献、翻译、研究"（项目编号：2020SYLZDXM036）的阶段性成果。

[②] 胡耀文，北京外国语大学国际中国文化研究院比较文学与跨文化研究专业博士生。研究方向：海外中国戏剧研究、海外中国戏曲史研究。

第2卷第5期《天下》月刊(T'ien Hsia Monthly,1935—1941)上发表的译本《杀人的权利》(The Right to Kill);阿灵顿和艾克顿于1937年合译并在《中国戏剧精华》(Famous Chinese Plays)[①]中结集出版的《庆顶珠》(Ch'ing Ting Chu,又译作 The Lucky Pearl);20世纪50年代初期杨宪益、戴乃迭(Gladys Yang,1919—1999)合作翻译的《渔夫的复仇》(The Fisherman's Revenge)[②];最后一个译本是21世纪之后出版的《中国京剧百部经典英译系列》。本文聚焦20世纪三个译本,探讨三组译者在不同历史时期对同一剧目翻译时在选择底本、阐释思想和翻译策略方面的不同。为方便讨论分别称为姚本、阿本和杨本。

一、译者与中国戏剧翻译的因缘

姚克(1905—1991),原名志伊,字莘农,1931年毕业于苏州东吴大学文学系。1937年访英,1938年赴美国耶鲁大学戏剧学院进修,同年又受邀赴莫斯科参加苏联戏剧节。20世纪40年代初回国,担任圣约翰大学、复旦大学教授,并参加当时已经沦陷为"孤岛"的上海的进步戏剧界的演剧活动,从事编剧和导演工作。1948年迁居香港,从事剧本创作。20世纪30年代至40年代是姚克在中国剧坛的活跃期,除了躬身排场,他还积极地向世界介绍中国戏剧。1935—1936年,他以《天下》月刊为阵地,发表戏剧研究论文《元杂剧的主题与结构》(1935年11月第1卷第4期)、《昆曲的兴衰》(1936年1月第2卷第1期),翻译了《贩马记》(Madame Cassia)(1935年12月第1卷第5期),本文探讨的译本《庆顶珠》(The Right to Kill)则发表于1936年5月第2卷第5期。

阿灵顿(L. C. Arlington,1859—1942)曾任中国政府雇员,也是中国戏剧的研究者,此前独自出版过专著《中国戏剧》(The Chinese Drama)。这部专著全面地论述了中国戏剧的起源、角色、服装、化妆、舞台特征等。他

[①] L.C. ARLINGTON, HAROLD ACTON. Famous Chinese Plays[M]. Peiping:Henri Vetch,1937.

[②] YANG HISEN-YI and GLADYS YANG.The Fisherman's Revenge: A Peking Opera [M].Peking:Foreign Languages Press,1956.

的合作译者艾克顿（Harold Acton,1904—1994）曾经在北京大学教授文学，是一位醉心中国文化的诗人、学者，还根据自身经历创作了小说《牡丹与马驹》（Peonles and Ponies）、《一个审美者的回忆录》（Memoirs of an Aesthete）。1937年，上海字林报社出版了两人合译的《中国戏剧精华》。书中共译介了33部中国戏曲剧目，《打渔杀家》是其中为数不多的全译本剧目之一。

杨宪益（1915—2009）自幼受家庭影响，从小接受的就是中西并蓄的启蒙教育，长大以后对西方文明也很感兴趣。杨宪益的父亲杨毓璋精通诗词格律，对京剧尤为爱好，与被赞为"四海一人谭鑫培，声名卅载轰如雷"（梁启超语）的京剧生行谭派创始人谭鑫培过从甚密，经常在业余时间帮助谭鑫培修改京剧唱词[①]。杨宪益少年时师从魏汝舟，打下了坚实的古文基础。杨宪益与夫人戴乃迭早在1944年就开始从事中国戏剧翻译工作，翻译过郭沫若、阳翰生创作的戏剧，也曾经尝试用英语创作剧本。1952年年底，因为个人对中国古典文学的研究和翻译志趣，以及对当时外文出版社社长刘尊棋所提出的系统翻译中国传统文学的计划的认同，杨宪益受邀担任了外文出版社专家，便开始了中国古典戏曲翻译的职业生涯。其中《打渔杀家》被译作《渔夫的复仇》，在1956年由北京外文出版社出版。

二、《打渔杀家》的译介动机和底本考察

在三个译本中，姚克和阿克顿、艾克顿几乎同时翻译了《打渔杀家》，其译介的缘由就不得不提到梅兰芳分别于1930年访美和1935年访苏的巨大成功。在梅的两次出访中，他都选择了《打渔杀家》这一剧目，并在美国和苏联戏剧界收获了好评和热情。姚克和阿灵顿、艾克顿在梅兰芳出访后的短时间内翻译此剧，一方面，可能是因为该剧自身体现的激烈的戏剧冲突和矛盾，已经被证明能够被欧美观众接受和欣赏；另一方面，是因为该剧反映的复仇和反抗的主题和当时中国的社会局面相呼应。而杨宪益、戴乃迭翻译的《打渔杀家》是在20世纪50年代加入中国外文出版社后，系统地翻译中国传

---

① 辛红娟，马孝幸，吴迪龙. 杨宪益翻译研究[M]. 南京：南京大学出版社，2017：41.

统文学的成果之一。他们先后在 1955—1958 年翻译了《长生殿》、昆曲《十五贯》《白蛇传》和《关汉卿杂剧选》。

在这三个译本中,译者都没有自己介绍所采用的底本。在翻译时,三组译者都将京剧的"出"译为"Scene",其中姚本分为八出,阿本分为八出,杨本共分六出,其中每出又分为若干场,但是三者所采用的底本互不相同。根据目前掌握的资料,在三个译本出现之前,《打渔杀家》已经分别在 1925 年中华图书馆编辑部编辑的《戏考》第二册、1938 年录制的国乐唱片,以及 1948 年上海中央书店出版的《戏典》、1953 年中国戏曲研究院编辑出版的《京剧丛刊·第九集》中均有收录。三个译本的底本考察要分两种情况进行。

关于底本的选择,姚克语焉不详,但阿克顿和艾克顿在《中国戏曲之精华》的前言中进行了说明:"中国的戏曲剧本是不牢靠的,同一剧目的语言和对话在不同脚本中也会有很大的区别,以至于只有训练有素的人才能察觉出它们是同一出戏。"[①] 所以,阿克顿和艾克顿在选择翻译底本时,并没有选择剧本,而是按照演出本(the version as witnessed on the stage)进行翻译。

通过文本对读,本文认为,杨本的底本所采用的是 1953 年上海新文艺出版社出版的《京剧丛刊·第九集》中所收录的《打渔杀家》。杨本的《打渔杀家》全剧共分六出,该本中的"出"和《京剧丛刊》中的"场"完全对应。

1. 从对话和唱词上看

在杨本中的第二场,桂英一边唱西皮倒板,一边划船出场,她的唱词正是"摇动船儿似箭发,江水照得两眼花",而这两句唱词在之前《戏考》、国乐唱片中均未出现,在 1953 年的《京剧丛刊·第九集》中倒是出现了这两句唱词。《京剧丛刊》的整理和审定是由中国戏曲研究院编辑室牵头,在京剧名家的帮助下进行的。这两句唱词就是在这次审定中确立下来的。这样的改动,在当时就有人指出,这种演法已经很久没有人用了,但杨本就偏偏采用了这一句很久都没有听过的唱词,而且在其他唱词上,杨本都和《京剧丛刊》保持了高度的一致。试举例如下:

---

① L.C. ARLINGTON, HAROLD ACTON. Famous Chinese Plays[M].Peiping:Henri Vetch,1937: x.

例子一：

《戏考》：

李俊念：拳打南山猛虎①

《京剧丛刊》：

李俊念：拳打南山豹（第一场）②

杨本：

Li: With my fist I fell the leopard of the Southern Hill(Scene I)③

例子二：

《戏考》：

无

《京剧丛刊》：

桂英：摇动船儿似箭发（第二场）④

杨本：

KUEI-YING(off): Our boat speeds like an arrow as we row(Scene Ⅱ)⑤

例子三：

《戏考》：

桂英：海水茫茫白浪荡⑥

《京剧丛刊》：

桂英：江水照得两眼花（第二场）

杨本：

KUEI-YING(off): The river dazzles my eyes(Scene Ⅱ)⑦

---

① 《戏考》第二册，https://scripts.xikao.com/play/01002016。
② 京剧丛刊·第九集[M]. 上海：新文艺出版社，1953：1.
③ YANG HISEN-YI and GLADYS YANG. The Fisherman's Revenge: A Peking Opera [M].Peking:Foreign Languages Press,1956:11.
④ 京剧丛刊·第九集[M]. 上海：新文艺出版社，1953：2.
⑤ 同③ 11-12.
⑥ 同①.
⑦ 同③ 11-12.

例子四：

《戏考》：

桂英：青山绿水在河下①

《京剧丛刊》：

桂英：青山绿水难描画（第二场）②

杨本：

KUEI-YING(off): Green hills and azure stream defy descriptions. (Scene Ⅱ)③

2. 从情节删减/调整上看

在第三出结束之时，教师和师爷到萧恩家讨税，出发时间本是晚上。丁员外与萧恩家本一河之隔，但到萧恩家时已是早上，所以在时间上逻辑不通。《京剧丛刊》就在此处进行了修改，在原来的基础上加了几句念白，很自然过渡到第二天双方的冲突，而杨宪益翻译的译本则和《京剧丛刊》中完全对应。

原文：

大教师：徒弟们，今晚加点夜功，

　　　　吃得饱饱的，练得棒棒的，

　　　　明天早上和师傅过江讨渔税去！④

杨本：

Master: Tonight, boys, do some more exercises;

　　　　then have a good meal and practice hard.

---

① 《戏考》第二册，https://scripts.xikao.com/play/01002016。
② 京剧丛刊·第九集 [M]. 上海：新文艺出版社，1953：2.
③ YANG HISEN-YI and GLADYS YANG.The Fisherman's Revenge: A Peking Opera [M].Peking:Foreign Languages Press,1956:12.
④ 同② 49.

Tomorrow morning I'll take you with me across the river to ask for this fishing tax[①].

第二出明显的删减是在大教师和萧恩交手时。在传统的演法中大教师有一大段念白,展示自己所习得的十八般武艺、小十八般兵器,软硬功夫一节,本意是在讽刺。《京剧丛刊》的编辑们认为,此处念白过于冗长,如果处理不好容易喧宾夺主,所以在剧本中省去;但在文末指出,如果以后导演时能够解决此问题,此节可保留。从这里可以看出,《京剧丛刊》的目标读者其实是国内剧团和导演。与前文所举例子相似,该情节在杨本也被删去。

因此可以得出结论:杨宪益翻译时采用的底本是《京剧丛刊》。根据《杨宪益回忆录》的记载,杨宪益在20世纪50年代加入中国外文局从事翻译活动时,是很少有自主权的,在选择翻译文本和底本方面十分受限。

我俩实际只是受雇的翻译匠而已……我主要翻译中国古典文学作品,所以在选材面还算是幸运的。但有时候即使是古典诗歌的选择也要视其意识形态和政治内容而定,我们常常要为编辑们选出的诗和他们争论不休,经过长时间的商讨方能达成妥协。[②]

所以,与其说这是杨宪益所翻译的《打渔杀家》,倒不如说是以国家力量进行戏曲外译和传播的行为;而它的底本《京剧丛刊》的编写和出版,也是以国家行政力量对戏曲改革的重要组成部分。这部分将在下文谈到。

三、《打渔杀家》的主题阐释

姚克、阿灵顿和艾克顿在对《打渔杀家》进行翻译时,都注意到了剧中人物对中国传统儒家思想的"反叛"。围绕萧恩为了复仇所采取的暴力行动,

---

① YANG HISEN-YI and GLADYS YANG.The Fisherman's Revenge: A Peking Opera [M].Peking:Foreign Languages Press,1956:26.
② 杨宪益. 杨宪益自传 [M]. 薛鸿时,译. 北京:人民日报出版社,2010:225.

二者进行了独特的阐释。有趣的是,二者对萧恩暴力复仇的解读截然相反。

阿本在译后记中写道:

> 观众虽然主要同情年迈的渔夫和他的女儿,但作者并未在其困境上进行过度煽情,因此情节发展较快。这种绝望的结局是非儒家的,对社会的讽刺也在插科打诨中被冲淡了。①

与之相反的是,姚克恰恰认为,萧恩的反抗行为是能够用传统伦理解释并被接受的。首先,姚克在译本中为萧恩增加了许多内心独白:

> 他们否定了我有拒绝非法渔税的权利,否定了我有追求司法公正的权利,他们否定了我活得像个人的权利,那么我还有离开的权利,还有杀人的权利!②

经过被渔霸暴力讨税、被官差欺侮、屈辱受刑,甚至被逼过江赔礼后,萧恩的内心从开始的忍气吞声并且期待官府能主持正义,到因希望落空而走向了另一个极端——以暴制暴。这些细腻的心理独白为他最后的爆发做好了铺垫。

为了进一步说明萧恩的复仇符合中国社会伦理,姚克指出,在中国传统社会中,是以"家"而非个人为单位的,所以在一个人谋反或者有罪的情况下,全家因此获罪在传统社会中是很常见的。这就为萧恩将丁员外全家灭门的行为找到了伦理依据。

相较于姚克、阿灵顿、艾克顿的译本,在20世纪50年代出版的《京剧丛刊》及其英译本(即杨本),在主题阐释方面明显迥异于前两者。作为《水浒后传》的故事之一,《打渔杀家》的叙事从小人物命运的绝望之境转移到了农

---

① L.C. ARLINGTON, HAROLD ACTON.Famous Chinese Plays[M]. Peiping:Henri Vetch,1937:117.

② YAO HSIN-NUNG.The Right to Kill:An introduction[J] .T'ien Hsia Monthly, 1936:501.

民阶级和地主阶级之间对立—反抗的革命叙事之上。这一点在杨本的译后记中可以体现。时任文化部戏曲改进局副局长、艺术局副局长的马彦祥撰写的译后记鲜明地指出："这部剧描绘了十二世纪初梁山起义被封建统治者镇压后,农民和地主之间尖锐的矛盾冲突。"①这一主题和当时十七年戏改时期编写的《京剧丛刊》版本的《打渔杀家》的主题是相一致的。

《京剧丛刊》是由中国戏曲研究院编辑,经过审定的官方京剧剧本集,1953年12月始至1959年6月止,共出了五十集,编辑出版的目的是选择中国传统优秀的剧本整理出版,供各地的剧团和读者参考。②这一系列丛刊的出版不仅有效地抑制戏改中"乱禁、乱改、乱演"的普遍现象,遵循了毛泽东对旧文艺改造所提出的"剔除其封建性的糟粕,吸收其民主性的精华"的基本原则,而且在中华人民共和国成立之初,确立了政治权力对戏曲艺术实践的审定和干预力度。更重要的是,以《打渔杀家》为代表的"水浒戏"基本上突出了"替天行道"和"官逼民反"两大思想主题,与当时倡导的革命意识形态思想高度契合,在文艺作品中得出社会主义新中国的建立的合法性来自人民的结论。事实上,政权更迭对戏曲文本的影响在历史上早已出现过。

早在明朝洪武年(1368—1398)的南京,就有皇家主办的公共戏院"御勾栏"。朱棣无论是在做燕王时,还是后来的永乐皇帝,都是杂剧作者的积极赞助人。③我们所看到的元杂剧,除了曲选中见到的一些孤零的套曲外,多数是在明万历(1573—1619)年间以及之后才刊行的。多数剧本是从宦官的宫廷戏曲娱乐管理部门("钟鼓司")流传到我们手里……我们上文说到的杂剧在出现时在形式上的惊人的一致性,可能多多少少是因为杂剧在刊印之前都由宫廷有关部门最后审定通过的缘故。④

---

① MA YEN-HSIANG. About The Fisherman's Revenge. The Fisherman's Revenge[M]. Beingjing: Foreign Languages Press, 1956: 49.
② 马少波. 马少波文集·卷十二[M]. 北京:北京出版社,2008: 153.
③ 伊维德. 朱有敦的杂剧[M]. 张慧英,译. 北京:北京大学出版社,2009: 30.
④ Ibid.① 33.

戏曲的文本本身具有很强的开放性,演员可以根据需要随意改动剧本:可以改动唱词,变动次序,内容也可以更改(删减或者增加)。"戏剧是一种集体文学(collective literature)。作为脚本,戏剧文学对任何人来说都是公平的游戏。而戏剧作为表演形式,本质上属于公共资产,可供人在舞台上自由诠释和再度诠释"①。但当这种修改不是由演员或者剧作家自发形成,而是由权威力量主导,让审美原则让位于意识形态,就不可避免地会引发争论。1952年,吴祖光在《戏剧报》12月号上发表了《谈谈戏曲改革的几个实际问题》,明确指出《打渔杀家》中确定下来的一些唱法,事实上很少有人这么唱了,而且,打鱼的船儿应该是缓缓而行,绝不可能"似箭发"。再说常年在水中度生涯的女英雄桂英也不至于还没捕鱼先被"江水照得两眼花"了,并不合理。②在杨宪益的译本中,这一台词也被忠实地翻译。

四、戏曲因素译介策略

　　在戏曲翻译中,角色行当、曲牌套式、演出形式作为中国戏曲独有的元素在目标语中很难找到完全对等的翻译,因此在戏曲译本中,这些特殊的因素如何加以对接和呈现,是《打渔杀家》译本考察的重点。以下分别从角色行当、音乐、唱词念白三个部分,比较分析《打渔杀家》三个译本,考察不同译者对戏曲核心元素的处理。

1. 行当的译介

　　以生、旦、净、丑为主的行当是中国戏曲特有的表演体制;在英语戏剧中,人物多以人名或者是主角、配角等进行标注,而无行当这一对等的戏曲概念。所以在处理角色行当时,译者采用了三种不同的处理方式:以角色名字代替、以职业代替,或者以文本身份代替。

　　姚本:在整部剧之前,按照人物出场顺序介绍人物姓名、职业、年龄,在

---

① 奚如谷,杜磊. 版本与语言——中国古典戏曲翻译之思[J]. 文化遗产,2020(1):53.
② 吴祖光. 谈谈戏曲改革的几个实际问题[J]. 戏剧报,1952:12.

增译中,介绍部分人物性格、行当。

阿本:在整部剧之前,介绍人物姓名、人物关系和行当。角色名字在整出戏剧中完整出现。介绍人物暗含了文本角色(主角、配角)。

杨本:对行当角色不译,以角色名字和以社会身份(官职、行业)代之。在一出之内,若前文已提到该角色全名,则本出内皆省略名,以姓表示;人物介绍按照出场顺序进行。以下选取《打渔杀家》中的主要角色和三个译本的不同处理一一对照,进行对比说明:

表1 《打渔杀家》中主要角色和三个译本的不同处理

角色	姚克译本	阿灵顿&艾克顿译本	杨宪益译本
李俊	LI CHÜN	③ LI CHUN	Li-CHUN ①
社会身份	a retired volunteer	a swashbuckler	brave outlaws
行当	Bearded-role	Erh-hua-lien	
倪荣	NI YUNG	③ 同上	NI JUNG ②
社会身份	his friend, also a retired volunteer	a swashbuckler	brave outlaws
行当	Painted-face role	Erh-hua-lien	
萧恩	Hsien En	① HSIAO EN	HSIAO EN ③
社会身份	an old fisherman	a fisherman	an old fisherman
行当		Lao-sheng	
桂英	KUEI Ying	① KUEI-YING	KUEI-YING ④
人物关系	his daughter	his daughter,	his daughter
行当		Ching'i	
丁员外	Squire Ting	⑤ Ding Yuanwai	LANDLORD TING ⑤
社会身份	a retired courtier, influential in the gentry of Sanchakou	a retired official	the local despot
行当		Chou'-erh	

注:表格中数字代表在译文中出现的顺序。

在翻译行当出现不对等时,可以以人物名字、社会身份/人物关系、文本身份等作为替代翻译。阿本在处理人物顺序时,没有按照角色的出场顺序,而是按照英语世界中主角、配角的顺序进行,这样更加符合英语世界读者的习惯,这一点是本土译者不曾想到的。

2. 对戏剧音乐的考量

中国的戏曲艺术是一项融合了音乐、舞蹈、文学的综合性艺术。音乐是它不可分割的一部分,但是在翻译过程中,音乐部分常常被忽略,那么目的语读者所感受到的是中国戏曲和案头读物,而非表演艺术。这三个译本中,只有阿灵顿和艾克顿客观完整地向英语世界观众介绍了中国的舞台现实。《中国戏剧之精华》将9部戏曲的音乐唱段翻译成五线谱。在《打渔杀家》中,他们列举出了第六出中老生的"昨夜晚吃酒醉和衣而卧"的西皮慢板,这段简短的音乐以五线谱记谱,将唱词用中文标注在五线谱上,并加以注音。阿灵顿和艾克顿认为,中国戏曲如果"脱离了舞台表现就与我们的歌剧剧本一样,只有极少的中国戏曲堪称文学"。所以,两位译者更注重中国戏曲艺术的表演性而非文学性。他们虽然并不能完全称赞中国戏曲音乐,和当时西方普遍的看法一样,认为中国戏曲中的唱段和音乐过于吵闹、刺耳,但是他们为了客观、完整地展现中国戏曲艺术,将这出老生戏的经典唱段和表现演员水准的片段忠实地呈现给了西方读者,也就是说,将中国观众的欣赏习惯(听戏)和考量标准(演员的演唱水平)所构成的文化语境也介绍到了西方世界。

3.《打渔杀家》唱词和念白的翻译:散文化和口语化

中英两种语言的差异从很多方面来说,都无法还原京剧中的韵律。从结构上说,京剧唱词一般有固定的句式结构:一联两句,每句七字或十字。一句分三读。七字句2—2—3结构,十字句3—3—4结构。从音节上说,汉字一个字一个音节,而大部分英语单词有两个到多个音节。关于押韵,京剧韵分为十三辙。汉语发音较少,同韵字较多;英语发音较多,同韵词较少。所以,译者一般在处理京剧唱词和念白时,不太可能一韵到底。在翻译念唱词和念白时,三个译本一般采用散文化和口语化的策略,这就导致弱化了京剧诗与歌的成分。

例如:

原文：

李俊（西皮摇板）蟒袍玉带不愿挂，

倪荣（西皮摇板）愿在江湖访豪家。

1. 姚本：

Li CHÜN. Unwilling to accept from the Emperor the jade girdle and embroidered robe of office(Exit.)

NI YUN. (Completes the poem) We only desire to meet the heroes of the rivers and lakes[①].[②](Exit.)

2. 阿本：

LI CHUN (sings). I declined to wear the ceremonial robes and belt of jade (i.e: enter official life).

NI JUNG. I would rather join the braves of rivers and lakes (i.e. go about redressing wrongs, in Robin Hood style).[③]

3. 杨本：

Li: *I do not will to wear official robes and belts,*

Ni: *But roam the country to seek the gallant men.*[④]

注：原文为斜体。

该例选自第一场李俊和倪荣登场时的唱词，在唱词中，二人自报家门并交代了人物性格。可以看出，在三位译者的翻译中，姚克的翻译更接近话剧式的对话，阿灵顿和艾克顿则在翻译中标注出"唱"，而杨宪益采取将唱词用斜体字母标注的方式把唱词和念白区分。除此外，对唱词中的文化负载词

---

① YAO HSIN-NUNG.The Right to Kill:An introduction[J].T'ien Hsia Monthly,1936:427.

② Heroes of the rivers and lakes：中国谚语，指绿林好汉，译者注。

③ L.C. ARLINGTON, HAROLD ACTON. Famous Chinese Plays[M].Peiping:Henri Vetch,1937:102.

④ YANG HISEN-YI and GLADYS YANG.The Fisherman's Revenge: A Peking Opera [M].Peking:Foreign Languages Press,1956:11.

"蟒袍玉带""江湖豪家",姚克和阿灵顿、艾克顿采取翻译加注释和括号内解释的方式,意在使读者理解人物的身份和背景;而杨宪益的译本则更忠实于京剧风格,除台词翻译外,没有添加解释说明性文字,语言简易朴实,意思表达简练准确。

结论

通过考察20世纪30—50年代《打渔杀家》的三个译本,首先,我们要承认三个译本的译者为中国戏曲尤其是京剧英译做出了有益尝试,尤其是阿灵顿和艾克顿的翻译,不仅保存了《打渔杀家》的文本资料和历史照片,还是目前已知的首次在译本中翻译戏曲音乐的译本。

其次,通过分析三个译本,我们会发现,一部翻译作品质量的好坏,与选取的底本、采取的翻译策略、处理舞台语言和戏曲元素的方式有关。杨宪益依据的底本《京剧丛刊》的定位,是服务于熟悉中国传统戏曲的国内剧团和读者的,是戏曲剧本审定和演出的"一定之本",也为其他剧种提供借鉴。但这对域外读者来说并不熟悉,所以译者在进行翻译时,首先要进入他者的文化视角。戏曲是一门综合性的艺术,在翻译时需要顾及戏曲元素的译介。在目的语中无法实现翻译的完全对等时,三个译文提供了不同的处理方法,为实现跨文化戏剧交流提供了借鉴。

Research on the English Translation Strategy of Peking Opera Based on Three English Translations of Da Yu Sha Jia in 20th Century

Hu Yaowen

Abstract: Da Yu Sha Jia is a traditional Peking Opera. The paper takes its three English translations respectively by Yao Hsin-nung, AL. C. Arlington & Harold Acton and Yang Hsien-yi & Gladys Yang as research objects. It figures out that Yang Hsien-yi took the Jing Ju Cong Kan as the source text, which was collated and censored as an official edition in 1953 whose target readership was Chinese troupes and audiences. In cross-culture translation, the translators need to break through the rigid, full equivalence between the Chinese and English languages. Second, Chinese drama is a comprehensive art, it requires the translator to take its drama element as well as its literariness into account. The paper examines and analyzes the translation and characters of the types of roles in the drama, musical elements, libretto, and speaking part to help understand the strategy in cross-culture translation.

Keywords: *The Fisherman's Revenge*, English translation, Source text, Drama elements

《灰阑记》在西班牙语世界的传播与影响

陈彦喆[①]

摘要：西班牙语世界对《灰阑记》的了解，最迟可以追溯到1894年出版的《科学、文学、艺术百科辞典》，其中提及法国汉学家儒莲的《灰阑记》译本。目前已知的最早的《灰阑记》西班牙文译本收录于1941年在阿根廷出版的《亚洲戏剧珍品两部》。该译作继承此前法国、德国相关汉学研究成果，将李行道剧作的基本面貌呈现给西班牙语读者，后对西班牙剧坛创作产生一定影响。20世纪60年代，西班牙剧作家从《灰阑记》、布莱希特《高加索灰阑记》与圣经《所罗门以智行鞫》中汲取灵感，改编出了《小灰阑记》《卡塔赫纳灰阑记》。西班牙语世界对《灰阑记》的接受，是内在文化需求与外来作品渗透共同作用的结果。

关键词：《灰阑记》 西班牙 阿根廷 中国典籍外译

引言

元杂剧《包待制智勘灰阑记》（下文简称《灰阑记》）在世界各地的传播影响史悠久繁复。在欧洲，得益于法国来华耶稣会传教士马若瑟（Joseph Henri Marie de Prémare, 1666—1736）的推荐购寄，包含《灰阑记》的《元人百种》（*Youen-jin-pe-tchong*）在18世纪30年代入藏法国王家图书馆[②]。百年之后，法国汉学家儒莲（Stanislas Julien, 1797—1873）以严谨考究的态度将《灰

---

① 陈彦喆，北京外国语大学国际中国文化研究院博士研究生。研究方向：比较文学与跨文化研究。

② 李声凤. 中国戏曲在法国的翻译与接受（1789—1870）[M]. 北京：北京大学出版社，2015：35；谢辉. 法国国家图书馆早期入藏汉籍述略 [J]. 国际汉学，2021（1）：173-174.

阑记》从中文翻译为法文,于1832年在伦敦出版,为欧洲人了解该剧提供了良好基础[①]。此后,《灰阑记》在德国出现多种译本。例如,1876年德国作家沃尔海姆·达·丰塞卡(A. E. Wollheim da Fonseca, 1810—1884)德文本、1927年德国汉学家阿尔弗雷德·佛尔克(Alfred Forke, 又译福克, 1867—1944)德文本等[②]。此外还有多种改编本,其中以德国文人克拉邦德(Klabund, 1890—1928)的《灰阑记:改编自中国的五幕剧》(*Der Kreidekreis: Spiel in 5 Akten nach dem Chinesischen*)(1925),以及德国剧作家布莱希特(Bertolt Brecht, 1898—1956)的《高加索灰阑记》(*Der Kaukasische Kreidekreis*)(1944—1945)最具知名度与影响力[③]。对于《灰阑记》在英国、意大利、美国、日本等地的影响,学界已有一定研究[④]。

至于《灰阑记》在西班牙语世界的影响的情况,1983年,远浩一先生以《大洋彼岸有知音——中国文学作品在阿根廷》一文,对阿根廷出版的《亚洲戏剧珍品两部》(*Dos Joyas del Teatro Asiático, 1941*)收录的《灰阑记》译本做了精要介绍,但未详谈译本问世的背景及其影响[⑤]。除此之外,中外学界暂无对《灰阑记》在西班牙语世界流传情况的考述。因此,本文将以现有研究为基础,上下求索,探明《灰阑记》在西班牙语世界的传播历程,考察相关论著的诞生背景、内容形式及其影响,以期对《灰阑记》的跨文化影响研究做一定补充。

---

① 许光华. 法国汉学史[M]. 北京:学苑出版社, 2009: 110;李声凤. 从《灰阑记》译本看儒莲戏曲翻译的思路与问题[J]. 汉语言文学研究, 2013, 4(2): 76-82.

② WOLLHEIM DA FONSECA. Hoei-lan-ki. Der kreidekreis[M]. Leipzig: Philipp Reclam jun, 1876; MICHAEL S. BATTS. A History of Histories of German Literature: 1835-1914[M]. Montreal & Kingston, London, Buffalo: McGill-Queen's University Press, 1993: 286;卫茂平. 中国对德国文学影响史述[M]. 上海:上海外语教育出版社, 1996: 393;张西艳, 梁燕. 《灰阑记》在东西文化中的旅行[J]. 戏剧, 2021(3): 112-113.

③ 丛婷婷. 克拉邦德作品中的中国文学变迁研究[D]. 上海:上海外国语大学, 2021: 1-78;卫茂平. 中国对德国文学影响史述[M]. 上海:上海外语教育出版社, 1996: 392-396.

④ 张西艳, 梁燕. 《灰阑记》在东西文化中的旅行[J]. 戏剧, 2021(3): 109-113;李星星. "灰阑记"故事在东亚的出现及流传[J]. 文学研究, 2022, 8(2): 1-9.

⑤ 远浩一. 大洋彼岸有知音——中国文学作品在阿根廷[J]. 世界图书, 1983(11): 13.

一、西班牙语世界对《灰阑记》的早期介绍

西班牙语世界对《灰阑记》的认识,可以追溯到1894年出版的《科学、文学、艺术百科辞典》(Diccionario Enciclopédico de Ciencias, Literatura y Artes)。该书在"中国"词条下,介绍了戏曲选集《元人百种》、法国汉学家儒莲从中选译的《赵氏孤儿》《灰阑记》,以及法国汉学家巴赞(Antoine Pierre Louis Bazin,1799—1863)翻译的《中国戏剧》(Théatre Chinois)(含《㑇梅香》《合汗衫》《货郎旦》《窦娥冤》)[①]:

> 最著名的中国作品集名为《元人百种》(蒙古王朝的百部戏剧);我们知道的那些已被翻译至法语的作品大多出自它,例如儒莲的《中国孤儿》和《灰阑记》。尤其可以参考巴赞于1838年出版的《中国戏剧》,又名《蒙古皇帝统治时期作品选集》。[②]

当时,西班牙正值波旁王朝复辟时期,国王阿方索十二世(Alfonso XII,1857—1885)于1876年颁布新宪法确立议会制度。此后两大党派和平轮流执政近半个世纪,社会发展相对平稳,后世称作"白银时代"的文化繁荣期随之到来[③]。《科学、文学、艺术百科辞典》正是应这一时期西班牙大众的文化需求而生,其序言云:"在我们的民主社会,随着教育在各个阶层,哪怕最卑微平凡的阶层中顺利地普及发展,知晓一切的需求正变得日益迫切。"[④]在人文知识方面,该辞典主要参考了法国文学博士、荣誉军团骑士勋章获得者路易斯·格雷古瓦教授(Luis Grégoire)的著述[⑤]。作为一部西班牙语百科辞典,

---

① ANTOINE PIERRE LOUIS BAZIN. Théatre Chinois[M]. Paris: Imprimerie Royale, 1838: 1-409.

② VICTOR DESPLATS, LUIS GRÉGOIRE. Diccionario Enciclopédico de Ciencias, Literatura y Artes[M]. París: Garnier Hermanos, Libreros-Editores, 1894: 541.

③ 瓦尔特·L.伯尔奈克. 西班牙史[M]. 陈曦,译. 上海:上海文化出版社,2019:82-83.

④ VICTOR DESPLATS, LUIS GRÉGOIRE. Diccionario Enciclopédico de Ciencias, Literatura y Artes[M]. París: Garnier Hermanos, Libreros-Editores, 1894: V.

⑤ Ibid.portada.

《科学、文学、艺术百科辞典》的目标受众并不仅限于伊比利亚半岛的西班牙读者。编辑团队充满雄心地表示,该辞典是为西班牙、西班牙语美洲公众,乃至全世界的读者所作[①]。

然而,尽管在19世纪末《灰阑记》儒莲法译本的信息已通过百科辞典进入西班牙语读者视野,但并未在当时激起他们译介或改编该作品的兴趣。因此,这一采撷自法国的文化资讯最终还是隐入历史洪流,没有产生更多可以考证的文化影响。最早的《灰阑记》西班牙文译本在近半个世纪后才问世。通过对其影响来源的分析,可以再次看到儒莲法译本的影响,以及后起之秀德国汉学研究及文坛创作的重要推动作用。

二、《灰阑记》西班牙文译本的问世

1941年,西班牙埃斯帕萨-卡尔佩阿根廷分社,在布宜诺斯艾利斯出版《亚洲戏剧珍品两部》,其中收录的第二篇作品即为《灰阑记》,是已知最早的《灰阑记》西班牙文译本。该译本诞生的历史背景较为复杂,有必要先对出版社、发行地及译者略做介绍,以说明其跨地域、跨文化的生成与传播历程。推出《灰阑记》译本的埃斯帕萨-卡尔佩阿根廷分社,其母公司是著名的西班牙埃斯帕萨-卡尔佩出版社[②]。1936年,西班牙内战爆发,本土出版业随之遭遇重挫,知识分子大量流亡到阿根廷、智利、墨西哥等美洲国家[③]。内战爆发

---

① VICTOR DESPLATS, LUIS GRÉGOIRE. Diccionario Enciclopédico de Ciencias, Literatura y Artes[M]. París: Garnier Hermanos, Libreros-Editores, 1894: V-VI.

② 埃斯帕萨-卡尔佩出版社的前身是埃斯帕萨出版社(Editorial Espasa)与卡尔佩出版公司(CALPE),二者均在西班牙出版史上占有重要地位。1925年,埃斯帕萨与卡尔佩正式合并后积极拓展美洲业务,先后在阿根廷、墨西哥等地成立办事处。JUAN MIGUEL SÁNCHEZ VIGIL. Espasa: siglo y medio de historia de documentación editorial[J]. El Profesional de la Informacion, 2010, 19(1): 95-98; GUSTAVO SORÁ. El libro y la edición en Argentina [J]. Políticas de la Memoria, 2011, 11: 138; JUAN MIGUEL SÁNCHEZ VIGIL. Origen y desarrollo de la editorial Espasa-Calpe Mexicana (1927-1975) Editores Españoles en Argentina[J]. Investigación bibliotecológica, 2018, 32(77): 31.

③ CRISTINA SOMOLINOS MOLINA, SOFÍA GONZÁLEZ GÓMEZ. Editores Españoles en Argentina (1938-1955) [J]. Trama & Texturas, 2015: 11.

当年，由于马德里总部停摆，埃斯帕萨-卡尔佩阿根廷分社开始独立运作[①]。1937年，顺应口袋书兴起的潮流，分社推出"南方丛书"（Colección Austral）系列，致力于为大众提供主题多样、价格实惠的名著口袋书[②]。因美洲印刷成本低廉，1939年西班牙内战结束后，埃斯帕萨-卡尔佩出版社选择在阿根廷印刷图书，然后销往西班牙等地。其中，"南方丛书"系列因物美价廉而畅销西班牙语世界，在为出版社创造丰厚利润的同时，还成为"墨西哥与阿根廷的西班牙流亡者之间的文化纽带"，亦是"战后西班牙年轻大学生们学习的基础"[③]。

1941年，埃斯帕萨-卡尔佩阿根廷分社推出"南方丛书"系列第215部作品——《亚洲戏剧珍品两部》，其中收录《灰阑记》和一部公元4世纪的印度戏剧[④]。当时，美洲西班牙语文坛不少知名作家的"东方情结"或对出版社筹译该书起到一定促进作用。19世纪末到20世纪中叶，为实现神秘、唯美的艺术效果，不乏西班牙语文坛巨匠采用东方素材进行创作。尼加拉瓜诗人、拉丁美洲现代主义文学最高代表鲁文·达里奥（Rubén Darío, 1867—1916），智利诗人、诺贝尔文学奖得主巴布罗·聂鲁达（Pablo Neruda, 1904—1973），墨西哥诗人、诺贝尔文学奖得主奥克塔维奥·帕斯（Octavio Paz, 1914—1998）均多次在作品中运用中国元素[⑤]。在阿根廷，20世纪20—50年代，先锋文学盛行，诞生了"一代真正的文学大师"，其中就有善用中国元素进行创作的先锋文学代表豪尔赫·路易斯·博尔赫斯（Jorge Luis Borges, 1899—1986）[⑥]。如果说潜在的市场需求是出版社筹译亚洲戏剧选集

---

① GUSTAVO SORÁ. El libro y la edición en Argentina [J]. Políticas de la Memoria, 2011,11: 138; JUAN MIGUEL SÁNCHEZ VIGIL, MARÍA OLIVERA ZALDUA. La Colección Austral: 75 años de cultura en el bolsillo (1937–2012) [J]. Palabra Clave (La Plata), 2012,1(2): 31.

② JUAN MIGUEL SÁNCHEZ VIGIL, MARÍA OLIVERA ZALDUA. La Colección Austral: 75 años de cultura en el bolsillo (1937–2012) [J]. Palabra Clave (La Plata),2012,1(2): 32.

③ Ibid.35, 46.

④ LI HSING-TAO. Dos joyas del teatro asiático [M]. Cahn Alfredo,trad. Buenos Aires,México: Espasa-Calpe Argentina,1941.

⑤ 赵振江，滕威. 中外文学交流史：中国——西班语国家卷 [M]. 济南：山东教育出版社，2015：199-228.

⑥ 盛力. 阿根廷文学 [M]. 北京：外语教学与研究出版社，1999：153；赵振江，滕威. 中外文学交流史：中国——西班语国家卷 [M]. 济南：山东教育出版社，2015：186.

的商业动因,那么《灰阑记》在西方的知名度,则为其入选提供了助力。当时,《灰阑记》在西方已有儒莲法译本、丰赛卡德译本、佛尔克德译本等多种译本,且德国作家克拉邦德改编的《灰阑记》自1925年面世后一度引发热议,进一步激起西方文化圈对该剧的关注。该西班牙文《灰阑记》译本序言即谈到克拉邦德改编本,并肯定了它在欧洲舞台的巨大成功①。

埃斯帕萨-卡尔佩阿根廷分社推出的《灰阑记》西班牙文译本,由精通西班牙语、迁居阿根廷的瑞士知识分子阿尔弗莱多·卡恩②(Alfredo Cahn,1902—1975)综合法译本及德译本转译而来。卡恩自称在翻译《灰阑记》时参考了法国汉学家儒莲的法译本、德国作家丰赛卡基于儒莲法译本的德译本,以及德国汉学家佛尔克对照中文原作翻译的德译本③。尽管卡恩的《灰阑记》西班牙文译本并非从中文直接译出,但他充分继承了此前西方汉学家的翻译成果(尤其是德国汉学家佛尔克对照中文译出的版本),因此较为忠实地反映了原作的基本面貌。在序言中,卡恩介绍该剧作者"Li Hsing-tao"(即李行道)生活在元朝,剧中故事发生在11世纪,剧作原名"Pao ta-tschi tschi-kan hui-lan tchi tsa-tchi"(即《包待制智勘灰阑记杂剧》)④。在人物介绍页,卡恩准确转译了包拯(Pao Tscheng)、马均卿(Ma Tchun-tching)、张海棠(Tschang

---

① 卫茂平. 中国对德国文学影响史述[M]. 上海:上海外语教育出版社,1996:395;丛婷婷. 克拉邦德作品中的中国文学变迁研究[D]. 上海:上海外国语大学,2021:65;LI HSING-TAO. Dos joyas del teatro asiático [M]. Cahn Alfredo,trad. Buenos Aires,México: Espasa-Calpe Argentina,1941.

② 卡恩出生于苏黎世,16岁时尝试创作自传体小说,并因此结识斯蒂芬·茨威格等知名作家,约19岁时移居西班牙巴塞罗那,开始尝试将德语戏剧作品译介至西班牙。1924年,卡恩移居阿根廷,成为一名记者兼翻译。作为在瑞士出生、成长的知识分子,先天的德语、法语文化背景,以及成年后在西班牙语国家的工作生活经历,使卡恩具备将德法文化成果转译至西班牙语的能力,在阿根廷发挥德语/法语——西班牙语文化中间人的作用,其最大的翻译成就当属将奥地利作家斯蒂芬·茨威格的诸多作品译至西班牙语。此外,他还翻译过德国作家赫尔曼·黑塞、埃米尔·路德维希,瑞士剧作家弗里德里希·迪伦马特的作品。MARÍA ESTER VAZQUEZ. Stefan Zweig, Alfredo Cahn y la Traducción Perfecta [C]//Jornadas Universitarias de Literatura en Lengua Alemana. 2019,18: 348-349.

③ LI HSING-TAO. Dos joyas del teatro asiático [M]. Cahn Alfredo,trad. Buenos Aires,México: Espasa-Calpe Argentina,1941: prólogo.

④ Ibid.

Hai-tang）等角色的姓名并介绍了他们的身份,但未说明其"角色行当",即冲末、副末、正旦等[1],直接原因在于,译者参考的底本——无论是儒莲法译本,还是佛尔克德译本——均未提及相关戏曲术语。

在内容方面,与中文原作对照,译作已相当完整,宾白唱词俱全,但缺少对唱词调式与曲牌名的说明(如仙吕·赏花时、混江龙、油葫芦等),仅在唱词前括注"唱（canta）""唱道（cantando）",或后注"转调（transición）",或不做提示直接与宾白相连[2]。这种处理方式并非卡恩独创,而是受其所参考底本的直接影响:无论是儒莲法译本,还是佛尔克德译本,皆省去了唱词的曲牌名,转而通过括注"elle chante（法语,她唱）""Sie singt（德语,她唱）"等以做区分[3]。不过,尽管调式与曲牌名未得翻译,但儒、佛二人译本在宾白与唱词内容方面的完整度与准确度,使卡恩基于上述译本转译的西班牙语译文,已相当接近从中文直译所能得到的效果。举例而言,中文原作开篇,张母介绍女儿张海棠云[4]:

女儿唤作海棠,不要说她姿色尽有,聪明智慧,学得琴棋书画,吹弹歌舞,无不通晓。

卡恩译本对应句段中文回译作[5]:

我的女儿名叫海棠。她的美貌自不必夸。她是一个非常明智的女孩,会弹琴、下棋,学过书法与绘画之艺。她会吹奏管乐、弹拉弦乐,唱歌跳舞皆优美。

---

[1] LI HSING-TAO. Dos joyas del teatro asiático [M]. Cahn Alfredo,trad. Buenos Aires,México: Espasa-Calpe Argentina,1941: 85.

[2] Ibid.92, 98.

[3] LI XINGDAO. Hoeï-lan-ki, ou L'histoire du cercle de craie[M]. Stanislas Julien, trad. London: Oriental Translation Fund of Great Britain and Ireland, 1832: 7-12; LI HSING-TAO. Der Kreidekreis[M]. Alfred Forke,trad. Leipzig: Philipp Reclam jun,1927: 20-21.

[4] 王云绮,王茵. 元杂剧精选 [M]. 太原:山西古籍出版社,2005:77.

[5] LI HSING-TAO. Dos joyas del teatro asiático [M]. Cahn Alfredo, trad. Buenos Aires,México: Espasa-Calpe Argentina,1941: 86.

由此可见,译文基本完整传递了原文内容。当然,由于中西语言、文化之差异,为使译文流畅易懂,归化(domesticating)译法普遍存在,使译文纵然在文化上与原文基本对等,但在语义上并不全然一致[①]。除文化语汇外,在语言转换中,由于双方词语语义场不尽相同,细微的意义偏移现象不一而足。受篇幅所限,对于此类问题,须另撰专文论述解析。

卡恩所译《灰阑记》是已知最早且唯一的西班牙文《灰阑记》译本,其所译《亚洲戏剧珍品两部》一书,自1941年在阿根廷付梓并在阿根廷、墨西哥、西班牙三地发行之后,又于1944年和1947年两次在阿根廷重印,销往西班牙、墨西哥等地[②]。当时阿根廷出版社的平均单次印刷量为一万册,或可作为该书发行量之参考[③]。《亚洲戏剧珍品两部》自问世起便被陆续收录于多种图书目录,在欧美多国(西班牙、德国、加拿大、美国、墨西哥、哥伦比亚、阿根廷)均有藏本[④]。此外,书中所录西班牙文《灰阑记》译本还在20世纪60年代,为西班牙剧作家改编《灰阑记》贡献了灵感与素材。下文将对此予以说明。

---

① 例如"琴棋书画"之"琴",在中文语境多指"古琴",而译文的"cítara"虽然也是指西方文化中的古弦琴,但二者并非同一种乐器。又如"棋"在中国指围棋,而译文采用的"ajedrez"则是指象棋。

② LI HSING-TAO. Dos joyas del teatro asiático [M]. Cahn Alfredo, trad. Madrid: Espasa-Calpe Argentina,1944; LI HSING-TAO. Dos joyas del teatro asiático. Alfredo Cahn, trad. Buenos Aires, México: Espasa-Calpe,1947.

③ JUAN MIGUEL SÁNCHEZ VIGIL, MARÍA OLIVERA ZALDUA. La Colección Austral: 75 años de cultura en el bolsillo (1937-2012) [J]. Palabra Clave (La Plata),2012,1(2): 35.

④ Consejo Superior de Investigaciones Científicas. Cuadernos de literatura contemporánea[M]. Instituto Antonio de Nebrija, 1942, 1: 59; Library of Congress, American Library Association, et al. The National Union Catalog, Pre-1956 Imprints: A Cumulative Author List Representing Library of Congress Printed Cards and Titles Reported by Other American Libraries[M]. Mansell, 1968: 55; New York Public Library. Research Libraries. Dictionary Catalog of the Research Libraries of the New York Public Library, 1911-1971[M]. New York Public Library, et. al., 1979: 404; ([2023-01-20].https://www.worldcat.org/search?qt=worldcat_org_all&q=Dos+joyas+del+teatro+asia%CC%81tico.)

三、《灰阑记》对西班牙语剧坛创作的影响

在辨析《灰阑记》对西班牙语剧坛创作的影响之前，我们须预先阐明一个基本前提，即二母争子的情节自古存在于东西方民间故事中。关于该母题的起源与流变，学界主要有两种观点：一种观点认为，《旧约》中所罗门智判妓女争子案的故事（即《所罗门以智行鞠》），随犹太人的流散向世界各地传播，在南亚影响了佛典《贤愚经·檀腻羁品》中国王明辨二母争子的故事，后者又传入中国，直接或间接影响了《灰阑记》的创作①。另一种观点认为，该母题在世界各地皆有现实土壤，《旧约》《贤愚经》及中国东汉《风俗通义》中二母争子的故事各有独立起源，彼此并无实际影响，因此，《灰阑记》既可能取材于东汉《风俗通义》中黄霸智断姒娌争子的故事，也可能是受北魏慧觉翻译的《贤愚经·檀腻羁品》中国王判子故事或其他类似民间传说的影响②。不过，无论《灰阑记》的创作灵感源自何种材料，该剧在19世纪传至欧洲后，激发了西方人对自身传统典籍中相似故事的自觉，不乏作家糅合东西方文化素材改编出新的戏剧作品。例如，有研究指出，克拉邦德在《灰阑记：改编自中国的五幕剧》中将判案法官的身份改为王储，是为了呼应圣经中的所罗门王③。类似地，布莱希特亦表示自己兼从《灰阑记》与圣经所罗门断案故事中汲取灵感，创作出《高加索灰阑记》④。

布莱希特《高加索灰阑记》在推动西班牙剧作家关注、改编《灰阑记》一事上，发挥着重要作用。《高加索灰阑记》在20世纪40年代中期已然问世，但由于弗朗哥独裁前期（1939—1959）西班牙审查制度严格，该剧直到20世纪50年代中期才逐渐为西班牙人所知，在20世纪60年代进一步受到关注与讨论⑤。鉴

---

① 梁工. 所罗门断案故事在东西方的流变 [J]. 中州学刊, 2000（5）: 105.
② 李星星, 邓骏捷. 论《灰阑记》的故事母题及文本变异 [J]. 文学研究, 2017, 3（2）: 147-151；李星星. "灰阑记" 故事在东亚的出现及流传 [J]. 文学研究, 2022, 8（2）: 5；张西艳, 梁燕.《灰阑记》在东西文化中的旅行 [J]. 戏剧, 2021（3）: 108.
③ 丛婷婷. 克拉邦德作品中的中国文学变迁研究 [D]. 上海：上海外国语大学, 2021: 69.
④ 梁工. 圣经透镜中的《高加索灰阑记》[J]. 河南大学学报, 2014, 54（3）: 13.
⑤ AATONIO FERNÁNDEZ INSUELA. Sobre la recepción de Brecht en revistas culturales españolas de postguerra[J]. Anuario de Estudios Filológicos, 1993, 16: 123-138.

于卡恩《灰阑记》西班牙文译本在20世纪40年代已在西班牙两次发行,但直到20世纪60年代初才有西班牙剧作家改编此剧,可见其人对《灰阑记》产生兴趣,应是受到布莱希特《高加索灰阑记》刺激影响。不过,卡恩译本的存在,亦为西班牙剧作家直接从《灰阑记》中汲取灵感与素材提供了有利条件。例如,1962年,西班牙战后重要剧作家阿丰索·萨斯特雷[①](Alfonso Sastre,1926—2021)创作儿童戏剧《小灰阑记》(El circulito de tiza)。全剧分为三部分:首先,在引子中,作者采用"陌生化"的艺术手法,让导演来到台前,告诉观众他们将在剧中看见两段故事,第一段发生在遥远的中国,第二段发生在西班牙的大城市:二者都是有关"灰阑"的故事,后者是对前者的补充。其后剧情进入第一部分,一位老师在教室中教孩子们认识几何图形,用粉笔在黑板上画了一个圈,随即受粉笔圈启发,带孩子们排演了《灰阑记》中包公断案的情节。紧接着,剧情转入第二部分,演绎了两个西班牙小女孩争夺洋娃娃的故事:富家女孩洛丽塔(Lolita)随手扔掉一只价格不菲但已然破旧的洋娃娃,厨娘女儿巴卡(Paca)意外捡到后十分爱惜,恳求鞋匠将之修好,还倾己所有购买饰品装扮它。其后,洛丽塔受到母亲批评,离家寻找洋娃娃,在街上与巴卡发生冲突,路过的拾荒人充当"法官"调解,将娃娃置于粉笔绘出的圆圈中,规定谁能抢到便归谁。巴卡不忍洋娃娃被扯坏而落败,但"法官"判定更爱惜娃娃的巴卡理应得到它[②]。

萨斯特雷在剧中明确昭示李行道《灰阑记》、布莱希特《高加索灰阑记》,以及圣经中所罗门判案故事对其创作的直接影响。例如,在该剧第一部分,大幕首次拉开之时,二道幕上题写着卡恩所译西班牙文《灰阑记》中的最后一段台词,中文回译作"哦,先生,愿这灰阑记传扬四海,好让帝国之内无人不晓!(李行道:《灰阑记》,十三世纪)";随后,剧中老师向孩子们介绍他们即将排演的戏剧叫作《中国小灰阑记》,是一位名唤"阿丰索"(即阿丰索·萨

---

① 阿丰索·萨斯特雷,1926年出生于马德里,青年时代开始积极投身戏剧创作,西班牙"50年代一代"代表作家之一,作品以具备社会责任感与创新实验性见长,曾获西班牙国家戏剧奖、西班牙国家戏剧文学奖等。ALFONSO SASTRE. The abandoned doll and Young Billy Tell[M]. Pennsylvania: Estreno, 1996: viii.

② ALFONSO SASTRE. Obras completas[M]. Madrid: Aguilar, 1967, Tomo I: 1012-1052.

斯特雷)的剧作家受"一位非常聪明的中国人在距今至少七百年前所写的作品"启发而作,那位中国人"名唤李行道(Li Hsing Tao)"[①]。老师带孩子们演绎的《中国小灰阑记》主要脱胎于《灰阑记》第四折包公断案的部分,但萨斯特雷在角色、情节、台词等方面做了简化与喜剧化改编,使其整体风格明快、诙谐,更易于孩童理解与接受。而在该剧第二部分,转场时二道幕上题写着布莱希特《高加索灰阑记》中的最后一段台词,即"一切归善于对待的:孩子归慈爱的母亲,为了成材成器;车辆归好的车夫,开起来顺利;山谷归灌溉人,好让它开花结果(《高加索灰阑记》,布莱希特作)";随后上演的两个小女孩争夺洋娃娃的情节,在立意上明显沿用了布莱希特的观点,该剧亦在儿童歌队高唱"布莱希特先生曾说,一切归善于对待的……"中落幕[②]。此外,萨斯特雷还在第二部分的幕间戏中,两次借歌队之口提到圣经中的所罗门审判,并表示它"与著名的灰阑断案很像,民间故事总是十分相似的"、前者在欧洲就像后者在中国一样有名[③]。综上可见,萨斯特雷在《小灰阑记》中将取自古今东西的三种故事(即《所罗门以智行鞫》《灰阑记》《高加索灰阑记》)融会贯通,在剧情上层层递进,向孩子们传达应当爱惜善待物件的教育意旨。

《小灰阑记》是西班牙当代儿童戏剧史上的一部杰作,具有一定的世界性影响。该剧完整版最初收录于萨斯特雷在马德里出版的《作品全集》(*Obras completas, 1967*),很快传至古巴并在哈瓦那出版,后又在西班牙本土再版[④]。此外,自20世纪60年代末以来,该剧第二部分还被当作独立剧目收录于多部戏剧集,并在欧美多国舞台大量上演,在北欧各国、德国等尤受欢迎,还在意大利催生出新的改编版本,并在20世纪90年代于美国被译至英文出版[⑤]。

---

① ALFONSO SASTRE. Obras completas[M]. Madrid: Aguilar,1967,Tomo I: 1012−1014.
② Ibid.1027,1051.
③ Ibid.1034,1047.
④ ALFONSO SASTRE. El circulito chino[M]. La Habana: Editorial Gente Nueva,1970; ALFONSO SASTRE. Historia de una muñeca abandonada[M]. La Habana: Editorial Gente Nueva,1987; ALFONSO SASTRE. Teatro para niños[M]. Hondarribia: Hiru,2001: 7−68.
⑤ EVA FOREST, FELICIDAD ORQUÍN, ALFONSO SASTRE, et al. Teatro infantil[M]. Madrid: Anaya, 1969; ALFONSO SASTRE. Muñeca 88[M]. Hondarribia: Hiru, 1991: 5−6; ALFONSO SASTRE. The abandoned doll and Young Billy Tell[M]. Pennsylvania: Estreno, 1996: 1−40; ALFONSO SASTRE. Teatro para niños[M]. Hondarribia: Hiru, 2001: 7−8.

另一部与《灰阑记》有渊源的西班牙剧作,是现实主义剧作家何塞·玛丽亚·罗德里格斯·门德斯(José María Rodríguez Méndez, 1925—2009)改编的《卡塔赫纳灰阑记》(El cículo de tiza de Cartagena)。该剧于 1963 年在巴塞罗那上演,剧本于次年付梓[1]。当时,西班牙不同党群在制度与社会改革问题上各有主张,潜在的危机与冲突正在酝酿[2]。见此情形,忧心国家未来的罗德里格斯以 19 世纪 70 年代初发生的西班牙卡塔赫纳革命为背景,写出了《卡塔赫纳灰阑记》借古喻今。该剧讲述了以平民为主的进步派在卡塔赫纳发动革命,以暴力夺取州政权,资产阶级温和派则襄助州长夫人查丽多(Charito)出逃。仓皇之中,州长夫人只顾带上财宝、文件逃命,将刚分娩的儿子抛诸脑后,女仆罗西塔(Rocita)则在乱局中历尽艰难保护孩子。不久后,州长夫人在温和派保护下重返卡塔赫纳,并与女仆展开亲子之争。临时平民法官让二人在灰阑中角力,先被推出灰阑的一方将被枪决。女仆宁死也不愿将孩子交给护卫托管,而州长夫人求胜心切,反求法官允许女仆抱着孩子决斗。眼见总督夫人全然无视孩子安危,法官判决女仆才是合格的母亲。尽管进步派革命最终为政府所镇压,但女仆得以趁乱带着孩子离开。剧中,州长夫人与女仆的亲子之争、不同党群的政权之争,两条故事线齐头并进、形成对照。作者以"孩子"象征卡塔赫纳及西班牙,并借二母争子的情节,以法官之口表达对西班牙未来归属的寄望,即唯有将国家视若亲子的人民才能拯救它[3]。

罗德里格斯在该剧序言中承认布莱希特《高加索灰阑记》对其创作的影响,此外还在剧中提到西方圣经传统中的"所罗门的审判"[4]。至于元杂剧

---

[1] 罗德里格斯·门德斯是西班牙 20 世纪下半叶的重要剧作家之一,是"现实主义一代"的代表人物,1994 年获得国家戏剧文学奖,1996 年当选戏剧作家协会主席,作品以揭示、批判社会问题见长。JOHN P. GABRIELE. Diálogo con José María Rodríguez Méndez, cronista teatral [J]. Iberoamericana, 1997, 21(2): 75-76.

[2] 瓦尔特·L. 伯尔奈克. 西班牙史 [M]. 陈曦,译. 上海:上海文化出版社,2019:130-134.

[3] JOSé MARÍA RODRÍGUEZ MÉNDEZ. El Cículo de Tiza de Cartagena[M]. Barcelona: Editorial occitania, 1964: 11-51.

[4] Ibid.11, 48.

《灰阑记》对罗德里格斯创作的影响，则需要审慎辨析。一方面，罗德里格斯知道《高加索灰阑记》改编自"古老的中国传说"[1]。但另一方面，从改编成果来看，《卡塔赫纳灰阑记》与《高加索灰阑记》在叙事方面更为相近：首先，在角色设定上，《灰阑记》的主角是员外妾室，对头是员外正妻；而在布莱希特与罗德里格斯改编本中，主角均是总督或州长府女仆，对头是总督夫人或州长夫人。其次，在故事情节上，《灰阑记》主角是孩子生母，在朝廷命官的帮助下合理合法地夺回了亲生儿子；而布莱希特与罗德里格斯改编本中，对头才是孩子生母，她们均在战乱中只顾自己逃命，抛弃了亲生儿子，主角则是孩子养母，因爱子之心真挚，在临时平民法官的帮助下合乎情理地留住养子。最后，在作品主旨上，《灰阑记》得出"律意虽远，人情可推""亲者原来则是亲"的结论；而《高加索灰阑记》则更进一步，不以血缘定归属，而是"一切归善于对待的"，《卡塔赫纳灰阑记》亦取此立意[2]。综上可见，《卡塔赫纳灰阑记》主要受《高加索灰阑记》直接影响，仅在沿用"灰阑记"之名时显示出李行道作品的间接影响。由于政治影射问题，《卡塔赫纳灰阑记》问世后未能逃过被禁的命运，直至1975年独裁者弗朗哥去世后，才作为西班牙"现实主义一代"代表作家的剧作，逐渐受到学界关注与研究[3]。

结语

《灰阑记》在西班牙语世界的传播与影响历程，表面上呈现断裂的散点状：最早谈及《灰阑记》的《科学、文学、艺术百科辞典》与《灰阑记》西班牙

---

[1] JOSÉ MARÍA RODRÍGUEZ MÉNDEZ. El Cículo de Tiza de Cartagena[M]. Barcelona: Editorial occitania, 1964: 11.

[2] 王云绮，王茵. 元杂剧精选[M]. 太原：山西古籍出版社，2005：102；贝托尔特·布莱希特. 高加索灰阑记[M]. 张黎，译. 上海：上海译文出版社，2012：161.

[3] BERTA MUÑOZ CÁLIZ. Los expedientes de la censura teatral como fuente para la investigación del teatro español contemporáneo[J]. Teatro: Revista de Estudios Culturales / A Journal of Cultural Studies, 2008, 22: 30-31; ANTONIO FERNÁNDEZ INSUELA. Teatro realista español y teatro extranjero[J]. Archivum: Revista de la Facultad de Filología y Letras, 1977: 153-154; JERÓNIMO LÓPEZ MOZO. José María Rodríguez Méndez: el hombre y el escritor[J]. Pygmalion: Revista de Teatro General y Comparado, 2010, 1: 229.

文译本之间并无可考证的直接影响关系,而《灰阑记》西班牙文译本在20世纪40年代的三次发行也并未即刻影响西班牙语文坛创作,直至布莱希特《高加索灰阑记》在20世纪50年代中期后逐渐传入西班牙,西班牙剧作家才真正留意《灰阑记》,并于20世纪60年代初创作改编本如《小灰阑记》与《卡塔赫纳灰阑记》。但在深层上,现已发现的西班牙语世界中与《灰阑记》有关的作品,都处于儒莲《灰阑记》法译本的影响网络之中:《科学、文学、艺术百科辞典》介绍的是儒莲《灰阑记》法译本。卡恩《灰阑记》西班牙文译本提及儒莲法译本、丰赛卡德译本、佛尔克德译本和克拉邦德改编本,而后四者之间又有着连续的影响关系,其中儒莲法译本为丰赛卡德译本之底本,丰赛卡德译本又为克拉邦德改编《灰阑记》提供了基础,克拉邦德改编本的成功又推动德国汉学家佛尔克重译《灰阑记》,且佛尔克在翻译时亦曾参考前人儒莲及丰赛卡的译作。[①] 虽然卡恩《灰阑记》西班牙文译本主要受佛尔克德译本影响,但若追根溯源,该译本应是"儒莲—丰赛卡—克拉邦德—佛尔克"影响谱系下的又一产物。此后,德国剧作家布莱希特受克拉邦德改编本启发,综合圣经中所罗门断案的故事、《灰阑记》及佛尔克的汉学研究成果,改编《高加索灰阑记》[②]。正是该作品真正引起西班牙剧作家对《灰阑记》的关注:萨斯特雷兼采卡恩《灰阑记》西班牙文译本、布莱希特《高加索灰阑记》与圣经故事改编《小灰阑记》,罗德里格斯所编《卡塔赫纳灰阑记》受到《灰阑记》的影响则不明显,而是更多从《高加索灰阑记》与圣经故事中汲取灵感。不过,尽管《小灰阑记》与《卡塔赫纳灰阑记》受到的复合影响不尽相同,但二者的创作缘起均系于《高加索灰阑记》,因此在根本上亦处于"儒莲—丰赛卡—克拉邦

---

① DAVID HAWKES. Classical, Modern, and Humane: Essays in Chinese Literature[M]. JOHN MINFORD and SIU-KIT WONG, eds. Hong Kong: The Chinese University Press, 1989: 102; European university papers. Series 18: Comparative literature[M]. Suiza: H. Lang, 1970: 293; JAMES MACPHERSON RITCHIE. Brecht, Der Kaukasische Kreidekreis[M]. London: Edward Arnold, 1976: 10; LI HSING-TAO. Der Kreidekreis[M]. Alfred Forke.Leipzig: Philipp Reclam jun, 1927; 丛婷婷. 克拉邦德作品中的中国文学变迁研究 [D]. 上海:上海外国语大学,2021:67-78.

② 卫茂平. 中国对德国文学影响史述 [M]. 上海:上海外语教育出版社,1996: 396-398; 梁工. 所罗门断案故事在东西方的流变 [J]. 中州学刊,2000, 5:106.

德—佛尔克—布莱希特"一脉的谱系之下。

通过挖掘西班牙语世界中与《灰阑记》有关的著述之间的深层源流关系,可以看出,法国或德国译界、文坛的相关作品在西班牙人初识、翻译、改编《灰阑记》的各个阶段发挥着重要的中介作用。但需要指出的是,西班牙语世界逐渐认识并接受《灰阑记》,并非外来文化单向渗透的结果,而多以西班牙语世界自身的内在文化需求为前提:19世纪末,西班牙在民主化转型过程中积极兴办文化事业,出版各类读物以满足大众对知识的渴求,在借鉴法国百科全书成果之时带入对《灰阑记》的介绍。20世纪上半叶,美洲西班牙语文坛的"东方情结"在一定程度上推动了《灰阑记》等东方文学作品在当时的西班牙语文化中心阿根廷被转译至西班牙语。20世纪50年代中期,弗朗哥独裁政策的开明化转变使西班牙作家得以重新与西方文化圈连通,接触到《高加索灰阑记》等时代佳作,并根据自身创作需要将取自东西方文化的灵感熔于一炉,在不同戏剧分支中结出新的果实,进一步丰富国别文学与世界文学。

The Spreading and Influence of *The Chalk Circle* in the Spanish-speaking World

Chen Yanzhe

Abstract: The first introduction of *The Chalk Circle* to the Spanish-speaking world can be traced back to the *Diccionario Enciclopédico de Ciencias, Literaturay Artes* published in 1894, which mentioned the French version of *The Chalk Circle* translated by Stanislas Julien. The first Spanish version of *The Chalk Circle* is found in *Dos Joyas del Teatro Asiático*, published in Argentina in 1941. This version inherited the fruitful results of previous French and German sinology studies and faithfully presented the general contents of Li Xingdao's drama to the Spanish-speaking world, exerting later a certain influence on Spanish drama writing. In the 1960s, Spanish playwrights wrote *El Circulito de Tiza* and *El Círculo de Tiza de Cartagena*, drawing inspiration from *The Chalk Circle*, Bertolt Brecht's *The Caucasian Chalk Circle*, and "The Judgement of Solomon" of Bible. The acceptance of *The Chalk Circle* in the Spanish-speaking world is the result of a combination of the internal cultural needs and the influence of foreign works.

Keywords: *The Chalk Circle*, Spain, Argentina, translation of Chinese classics

经典翻译

中国戏曲的外在特征[1]

[美]阿道夫·爱德华·祖克 / 著
马旭苒[2] / 译

译者按：阿道夫·爱德华·祖克（Adolf Eduard Zucker, 1890—1970）是一位德裔美国汉学家，生前是美国马里兰大学（University of Maryland）比较文学教授，曾于20世纪20年代来到中国，在协和医学院担任英文教师。祖克与胡适、宋春舫等中国文化界人士交往密切，并在他们的影响下开始研究中国戏曲。1925年，美国利特尔·布朗出版社（Little, Brown and Company）出版了祖克的《中国戏剧》（The Chinese Theater）一书。本文译自该书的第六章。文中作者以自己数年间在北京观看戏曲演出的丰富经历，串联起他对中国戏曲外在特征的认识，为我们展现出百年前北京戏曲舞台的风貌。

外国人普遍觉得中国的戏院嘈杂、肮脏、沉闷，难以吸引人；中国人可不这么想，因为戏院总是人挤人。离戏院还有相当一段距离时，你就能听见可怕的鼓声、钹声和刺耳的弦乐声。步入戏院后，你会震惊地发现，中国人确实难以为事物赋予吸引力。就像你得穿过肮脏的厨房才能进入中餐馆，步入戏院时，也总要先路过一间洗衣房。在戏院的"门厅"里，四五个男人弯着腰，在热气腾腾的桶里洗毛巾。热毛巾可是中国戏院的必需品，你待会儿就知道它的用途了。一进门能看到剧场，这里布置得像个啤酒花园，观众都坐在小

---

[1] 本文系北京外国语大学2020年"双一流"建设重大标志性项目"中国戏曲海外传播：文献、翻译、研究"（项目编号：2020SYLZDXM036）的阶段性成果。

[2] 马旭苒，北京外国语大学国际中国文化研究院博士后研究人员。研究方向：中国戏曲海外传播。

桌子旁。所有座位都坐满了，只有站着的空间，但领座对此视而不见，径直把你带到某处。当其他观众似乎都在直勾勾地盯着你时，你被要求在一张桌子旁或者长条凳上坐下，面前摆着一个盘子，里面放着茶壶和西瓜子。刚一入座，这些东西就一股脑儿端上来了。

坐下来四下张望时，你会发现自己身在中国随处可见的大喊大叫、吃东西的人群中。人们很友善，但环境肮脏，散发着难闻的气味。每个人都乐于跟刚来的人聊天，或者递过来个"火儿"。慈祥的北京老人们右手盘着一对核桃，在那里转来转去，大概是为了保持手指写字的灵活性，或喝茶，或抽水烟——岁月爬上他们的面颊，让他们脸上泛着自然而然又无忧无虑的微笑。服务员不停地来回走动，推挤观众，叫卖着烟丝、糖果、水果之类的，把茶壶和热气腾腾的食物拿给需要的观众。最壮观的是扔毛巾的方式：一个服务员将毛巾紧紧包裹着扔给另一个服务员，投者站在戏院进门处，接者靠近舞台或人们需要擦手、擦脸的地方。扔的时候，他们瞄准目标，接的时候从没有闪失。这些湿漉漉、热气腾腾的毛巾似乎直冲着你的脸飞来——不必躲闪，总有服务员能伸手接住。戏迷们遭受的不过是蒸腾的雾气拂过面颊，不过谁也没指望可怜，毕竟根本没人在意。不少士兵可以免费进戏院——中国人用他们能想到的最差劲的词——"粗鲁"来形容这些人——这倒不是说戏院经理多么爱国，他觉得免费总比门被踹开强。女人们坐在廊座里吃吃喝喝，抽着水烟闲聊。观众对戏的关注，就跟我们在餐厅吃饭时对音乐的关注差不多。观众不是为了几小时的刺激而来，而是为了熬过沉重的一天。一个从法国留学回来的学生如是说："在欧洲，人们白天工作，晚上娱乐；在中国，人们白天娱乐，晚上睡觉。"

这位留学生觉得戏曲不大合他的口味，但他还是来了戏院，因为中国的社会生活实在平淡乏味，也没什么更有趣的事可做。在中国戏院里，我们所谓"享受"无从谈起。气温徘徊在冰点，冷风从蒙古国一路吹到北京，而你坐的凳子没有靠背，双脚只能搁在石板地上。这里没有取暖设施，也不通风，是观众的体温让剧场保持着一定的温度，维持大家欣赏表演的心情。不过，只有过惯西式生活的人才会觉得不适，因为，谢幕后——舞台上最后一个恶人得到了惩戒——观众里十有八九回家后一样是待在没有暖气、没有电灯、没有人陪伴的房间里，更没有什么戏曲演出能让灵魂短暂逃离现实。

北京是中国戏剧的中心。以戏曲而论，北京引领了全国的风尚。西方的新事物往往先流行于上海，之后才被北京接纳。例如，京沪都有的名为"新世界"的游乐场，剧院里男女可以坐在一起的包厢，当然还有最初从欧美引进的电影。不过，近些年，中国公司也在国内拍摄电影。在戏曲领域，北京的名伶常去上海演出，上海向北京学习。总的来说，戏曲的语言就是北京话，全国各地的演员都会说。4亿中国人大多爱看戏，但只有北京和几个通商口岸城市有正规的戏院，其他地区靠的是流动戏班。哪里有观众愿意花钱看戏，哪里就有戏班搭台演出。因此，首都北京这一政治中心可谓戏曲之都。

西德尼·甘博（Sidney David Gamble，1890—1968）先生最近公布的社会调查显示，北京的80万居民拥有22个普通戏院和8个戏棚，戏棚即顶部铺有席子的简易建筑物。此外，还有大约9家餐馆及会馆、寺庙等定期举行演出。按照惯例，大型婚礼、葬礼、宴会、慈善活动和其他庆祝活动等都有专业演员的身影；也有跃跃欲试的票友登台，在公众面前一展身手。不少寺庙、会馆、宫殿等大型建筑都配有简易舞台，或在大殿之内，或在室外。假如你住在餐馆或是寺庙附近，一定会感慨，中国人是多么爱看戏！

中国戏院的商业组织与伊丽莎白时代的英国相似。今天，西方是剧院经理说了算的，他全权负责选择剧目、确定演出方式，出钱令演员演出。这种做法是"真艺术"的敌人，伊丽莎白时代的英国和中国都不这么做。在中国，从策划到演出，戏班都拥有绝对的自由。戏院经理很像莎士比亚（William Shakespeare，1564—1616）时代的"剧院管家"，他请一个戏班来演出，但从不幻想干涉演员的艺术。中国人称戏院经理为"幕后"，管演员叫"台前"。分成时，幕后之人只能分三成，七成都归戏班班主，班主再给演员发薪水。这些戏班或演员组织颇有些民主气氛，因为演员们也有他们的行会组织。梨园行会在哈德门外面有一个寺庙[①]。和中国大多数行会组织一样，梨园行也有自己信奉的神灵。

在这座庙里，演员们祭拜三个神，确切地说，应该是神化的人。第一位

[①] 指精忠庙。——译者注。本文脚注均为译者注，后不再一一说明。

是战神关羽(岳飞)①。他是12世纪伟大的抗金英雄。有一出名剧展现了岳飞的品格：他受人诬陷遭到罢免，叛军开出极其诱人的条件，但他拒绝加入，始终忠于自己的君主。岳飞的母亲很高兴，就在他的背上刻了"精忠报国"四个字。后来皇帝恢复了岳飞的地位，并将他母亲刻的字题在军队的旗帜上。

第二位是前面章节提到过的唐代君王②。作为戏曲的创始人，在他创办的"梨园"即演员的学校当中，据说，他自己扮演过小丑的角色。丑行也因此享有特权：比如，化妆师傅要先给他化妆，别的演员都得等着；在后台，他可以坐别人的衣箱上。此外，丑行演员还负责给戏院后墙和后台的神像烧香。每场演出前后都要举行一个小小的仪式，以驱逐厄运。另一个给人留下深刻印象的是舞台后部或者两侧柱子上刻着的对联，一般都是描金的文字，阐述了演出的崇高道德目标。把这些对联的内容和舞台上演出的戏两相对比，人们常能想起明恩溥(Arthur Henderson Smith, 1845—1932)的名言：没有人比中国人更懂什么叫"合乎时宜"。

第三位是林梦君(Lin Ming-Ju)③，通常被描绘成一个小男孩。这位尊贵的年轻人是个梨园子弟，与他交友之人能在艺术上突飞猛进，大家逐渐意识到他是个神仙。和其他升仙之人一样，后来，他突然奇迹般地消失了。因为此神名字中的第二个字意思是"做梦"，演员们早上起床从不谈论他们的梦。

演员的宗教行为不只是烧香，还有每年花两天去妙峰山朝圣。当演员要承担不同寻常的任务时，比如要接受一个到上海演出的邀约，按惯例，他必须先征得母亲的同意，以示孝顺。我一再打听这个传统习俗，但没有得到确切的解释。可能这就是一个既成现实：要是不征得母亲的允许，演员会被人嘲笑。演出合约一般也是由母亲来签订，毕竟大部分收入都归她所有。如果是一位冉冉升起的剧坛新星，据说每场演出开价不到20元的话，母亲不会同意儿子签约。

---

① 此处应为岳飞，作者误以为岳飞和关羽是同一个人。
② 指唐明皇。
③ 根据作者的描述，译者推测Lin Ming-Ju可能是喜神，但中国关于喜神究竟是谁的传说有很多，未能查到准确对应的名字。

在封建社会较为民主的时期,中国的贫家子弟也能通过科举考试当上督抚——剧作家经常写这一类的故事,如果他们写得没错的话。然而,伶人、妓女及另外一两种遭人鄙视的行当,世代都被禁止参加科考。随着1907年[①]科举的废除和1912年"中华民国"的建立,这些资格问题自然不复存在了。如今,演员的社会地位正在迅速提高。1922年7月,一位山东高官之子,娶了女伶李凤云(Li Feng-yün)。李非但不以自己的身份为耻,还在婚礼当天做了几出戏庆祝。不过,她最后还是放弃了自己的职业生涯,专心当有钱人的妻子。女伶给富人做姨太太,在北京司空见惯。因此,给我讲这个故事的人以为,第一个被明媒正娶的女伶才了不起。在中国,这一类的进步也并不是多么稀奇的事。仅举一例,1919年,男女合校几乎一夜之间就实现了,反对之声寥寥。清朝时期,女伶被禁止登台演出,但自1912以来,女伶迅速增多,现如今,北京有11个剧场都有她们的身影。天津、上海等港口城市时兴男女合演;北京则囿于礼仪,仍不允许男女同台。

眼下有一种看法,认为一部戏曲总要演一周或一个月。其实,大概有十几部戏和一些折子戏可以单独演出,一场就能演完。一般来讲,日场演出从中午演到傍晚六点,夜场则从晚上七点持续到午夜。在日场或夜场快结束的时候,观众可能会发现,墨水写的红色报条从戏院两侧的栏杆上被取下来,另一些被替换上去,预告第二天的戏码。名角都是最后出场,而次等演员和冗长乏味的戏通常用来开场。这些穷苦的演员往往只是班主发善心留下来的,名角也经常接济他们。上海的戏曲演员每月签一次合同,北京则是按日付酬。有的人每天得奔走于好几家戏院,才能勉强维持一天20铜圆的微薄收入。

这种人当然只是"极"穷的少数。普通演员平均每天能挣1元,厉害点的能挣到5~10元。要是每场能挣25元,就是非常优秀的戏曲演员了。像梅兰芳(Mei Lan-fang)、杨小楼(Yang Hsiao-lou)等极少数名角,常规演出每场能收入100元;唱堂会或是在其他特殊场合表演,则挣得更多。

票价和戏院的类型有关,但更取决于演员。坤班或童伶的戏票便宜。

---

① 1905年(清光绪三十一年),清廷下诏废除科举制度。

进戏院的时候不要钱,票钱是由领座在观众入座时收的。在普通剧院里,人们可以花4角坐在舒适的桌子旁,或者花1元5角坐在包厢里。北京有两个西式剧院,跟中国传统戏院比,舞台离观众席较远,价格略高:甲等座8角,可容纳8人的包厢共9元。名角演出时,戏票会涨价。最穷的人也能花5铜圆去戏棚看戏。北京的戏院能容纳千人,上座也接近这个数字。

演员科班训练的过程极度艰苦:七年里,他们要接受唱、念、做、打各项训练,继而在一些与科班有联系的戏班里演出。在这漫长的坐科中,学徒要长期承担琐碎的任务,没有报酬,却有严厉的师父。坤伶则由一些私人教师培训。她们的培养方式不像男演员那么标准化。警方制定了严格的规定,防止坤伶沦为妓女。不过,据甘博先生说,有些戏院里也有妓女出没:她们表演、拉客。低档戏院与妓院之间似乎联系相当密切。

为了让读者了解北京各式各样的戏院,我只能从我五年来的笔记里,略挑出几次典型的娱乐活动。南城有个同乐园(Tung Lo Yuan),是典型的传统戏园子,女性不得入内,倒不是伦理道德的缘故,就是这地方实在守旧。座位与舞台垂直,说明人们是来听戏的,而不是来看戏的。我花24铜圆买了个楼座。平时这里的票价是18铜圆,但那天是韩世昌(Han Hsi-ch'ang)主演,就涨价了。在一系列展现凶杀、劫掠的剧目中,观众的情绪随着主人公的惊恐与哭泣跌宕起伏。接着,这一天的重头戏——一出复排的元代戏[①]上演了。

这部戏讲的是一个穷樵夫和他妻子的故事。[②]主人公对自己的工作没什么兴趣,日日沉迷于读书。他顾不上赚钱养家,于是妻子就跟一个铁匠跑了。后来,樵夫上京参加科举考试,并取得了优异的成绩。妻子得知丈夫中举,欢欣鼓舞。她倚着桌子睡着了,做了一个美妙的梦。梦的表现手段与我们在电影里惯用的一样,动作之间有个短暂的停顿。此时,鼓声响起,向观众暗示这是一个梦。梦中的情节和现实中的表演没有区别。一群男子给女主人公带来了凤冠霞帔和各式厚礼,背信弃义的妻子在梦中看到了这一切:她试穿新衣,向邻里炫耀,以收获的财富为荣。继而,她又回到入睡时的姿势,

---

① 本文作者在指称元代戏曲、元杂剧、元杂剧故事、元代声腔剧种时都使用了Yuan Drama 一词,未进行区分。

② 此处应为昆曲《烂柯山》,即朱买臣休妻的故事。

倚着餐桌。醒来后发现,一切都是一场梦。第四折时,丈夫身着官服,荣归故里。他往地上泼了一杯水,告诉妻子,只要能把水捡回来,就带她回去。成语"覆水难收"就是从这部戏里来的,寓意丈夫不能跟不忠的妻子破镜重圆。

一般情况下,一部戏不会一次全部演完,因为里面总有大段唱腔,让主演压力很大。有时,搬演全出戏——经常是在会馆和私人场合演出时——需要三四个演员轮流唱主角。按照惯例,这部复排的元代戏一般以单折演出,我看的就是第三折《痴梦》(*The Dream*)。在这一折里,韩世昌把妻子的喜悦、惊讶和自豪都表现得非常好。她穿了一件黑裙子,黑色就是穷人的颜色。但她的裙子是丝质的,而老百姓在生活中是穿棉布的。在中国传统音乐(昆腔)中,笛子是主奏乐器,曲调悠扬动听。对外国人来说,不同于许多现代音乐,昆腔(kuan-ch'ang)一点都不刺耳。

一天晚上,中国驻纽约总领事张祥麟(Chang Ziang-ling)先生邀我到号称"第一舞台"(First Theater)的欧式剧场看梅兰芳的戏。领座带我们到靠近舞台的两个好座位,让坐在那儿的叫花子起身给我俩让座。两个7角的座位,张先生最后共付了2元。他解释说,让叫花子先占着好座位,等待会儿给小费的客人到来,这是领座敲竹杠的手段。

当天的戏码是元杂剧《六月雪》(*Snow in June*),也就是前文介绍过的《窦娥冤》(*The Sufferings of Tou-E*)。① 梅兰芳给舞台带来了许多革新:舞台色彩缤纷,品位典雅,后部以画梅花、兰花的帷幔遮盖,暗喻着他的名字。刽子手身着深红彩裤,装饰着白色飘带,押着身穿淡蓝色长袍的犯人。刽子手以鲜艳的红色、黑色涂面。我觉得尽管这样处理完全背离了写实主义,却大大增强了观感。为了说明中国舞台上常见的桥段,我想引用法官对犯人说的话:"大胆!你这么小小年纪就杀了人?你应当被斩首,以后可不能再犯了"。在无辜的年轻犯人面前开这么个无力的玩笑,就跟莎士比亚悲剧里常见的双关语效果一样好。行刑后降了雪,纸片从舞台上方飞落。总而言之,这出戏的呈现讨人喜欢,梅兰芳的演技无与伦比。

在"新世界"剧场中可以看到不同以往的"新剧",那是从上海传到北京的

---

① 《六月雪》为京剧剧本,源于关汉卿的元杂剧《窦娥冤》,二者情节有出入,作者称《六月雪》,意即为元杂剧不甚严谨。

"蛔虫"。有天晚上,我去"新世界"看了那么一场。"新世界"游乐场是一座四层的混凝土建筑,入场费3角,里面有传统戏曲、"新剧"、说书、唱曲、电影、杂技杂耍、剑术表演等,能喝茶、吃中餐西餐,还能打台球、保龄球,玩哈哈镜,投币观看各种图片——甘博先生在《北京的社会调查》(Peking, A Social Survey)一书中说:"相当一部分图片粗制滥造,但没有一张称得上淫秽。"我此行的目标是"新剧",也就是中国人认定以西方形式呈现的戏剧表演。在拥挤的观众前面,演员们穿着欧式服装,或者说是邮购商店风格的衣服在表演。这出戏说的是白话,没有配乐,只在短暂的换场之间,由坐在大厅后面角落里的男子工业学校乐队演奏《约翰·布朗之躯》(John Brown's Body)之类的哀歌。

该剧讲述了一个女人把男人们引诱回自己家,并让她的同伙抢劫了这群男人的故事。女人身着红绸上衣和淡紫色裙子,在观众看来,她无疑很"西式",紧身胸衣显现出身体的轮廓,不像中国女人的束胸那么平坦。不过,这个角色是由一个用高音假声说话的男人扮演的。剧中有很多爱情段落,男人吻女人的手,还搂抱女人,这在中国舞台上很少见。大部分掌声都是冲着扮演恶棍的演员。有时恶人和受害者短暂离开舞台,当他"粗暴地"大步穿过舞台时,大衣领子向上卷起,帽子拉下来遮住眼睛。为了模仿欧洲演员的举止,男人和女性说话的时候总是脱掉外套,抱在胳膊上,露出全新的红色背带!每一幕都变换布景,室内的布景和有路灯的街景都模仿西方,但都粗制滥造。演出没完没了地进行着,动作极其缓慢,这真是对西方通俗戏剧最令人心碎的模仿。令人欣慰的是,这种戏剧不像在印度(至少是加尔各答和孟买)那样,发展过于迅速,淘汰了当地的本土戏剧。

戏曲舞台上几乎没有布景,唯一华丽的就是演员的服饰。服饰似乎也可以说是舞台上最真实的部分,因其基本符合历史,朝臣、县官、衙役、商人、医生、学生、祭司、僧尼、媒婆等人物的穿着都恰如其分,但通常比真实生活中精致不少。在北京最负盛名的梅兰芳剧团里,跑龙套的穿着和老百姓的棉袍颜色一样,不过他们的衣服都是丝绸做的。尊贵之人穿纯色绸褂,有紫的、黄的、橙的和红的。在普通士兵角色身上,观众能看到各个时期的服饰,有其历史真实性。但武将的服装则风格奇特,装饰性很强。中国舞台上的这些"开屏孔雀",以他们插着翎子的盔头、勾脸及亮闪闪的刺绣大靠,成为戏院里最亮丽的风景。武生穿的厚底靴为他们增高了三四英寸,让人联想起古罗马戏剧里喜剧演员穿的鞋。武将特有的那种眯眼神态,则是用一条丝带紧紧地勒着头,将眉毛挑起来实现的。

从武将在中国舞台上所受的追捧来看,戏曲剧目中必然包含着不少武打戏。武戏就是戏曲的两种主要类型之一,其情节很少,几乎都是杂技或者"打斗"。另一种主要类型是文戏,文戏和英语里的"Drama"一词含义基本相同。一般来说,在一场表演当中,文戏与武戏的剧目参半。西方人总是惊异于中国人不以悲剧、喜剧来划分戏曲。但是回想一下,西方对悲、喜的定义也是变化的。历史剧、喜剧、悲剧、田园剧等,《哈姆雷特》(Hamlet)里提到的所有分类几乎都能匹配上中国戏曲。中国人也有自己的滑稽剧,分别是闹戏和粉戏,二者都充满了滑稽的元素。

戏曲还可以根据音乐划分为昆曲(kuan-ch'ü)、二黄(er-huang)、西皮(hsi-p'i)和梆子(pan-tzu)。只有昆曲受到文人的关注,余者被认为只适合"下里巴人"。昆曲是中国本土剧种,主要伴奏乐器就是笛子。昆曲肇始自元代戏①,兴盛于明代,到清朝便衰落了。皇太后②去世时,昆曲已经完全过时了。在过去几十年中,为复兴昆曲,梨园界付出了卓有成效的努力,尤以梅兰芳为甚。二黄和西皮非常相似,都是清前期京剧形成之际从湖北传入北京的,也都使用胡琴(hu-ch'in)伴奏。胡琴是一种带有琴筒的弦乐器,赋予音乐独特的质感。二黄和西皮的音乐都很粗犷,梆子则有过之而无不及。梆子是从山西传入北京的,那里剽悍的蒙古族人比汉族人多。梆子的伴奏乐器中也有胡琴。不过,梆子得名于同名乐器,其风格也取决于这一乐器。演奏梆子时,一位乐队成员一手执硬木板,一手拿根硬木棒,击节而动。由此可见,梆子的音乐非常简单、原始。

除了上述乐器,舞台上的乐队还用了不少其他乐器。总的来说,各种音乐风格都能由这些乐器来演奏。一位中国艺术家还为我画了这些乐器的图。弦子(hsien-tzu)是一种有三根弦的班卓琴,琴鼓上蒙着蛇皮。月琴(yüeh-ch'in)有四根琴弦和一个木制琴身。除了笛子(ti-tzu),管乐器还有笙(shou)

---

① 在此,"元代戏"应指的是元至正年间发源于昆山的昆山腔,或称昆腔。
② 指慈禧太后。

和喇叭(la-pa)。笙有点像风笛；喇叭由黄铜制成,用在大将出场之时。打击乐器比管弦乐器多：手板(ch'iao-pan)是两个用线绳绑在一起的平板,由乐队的指挥者①用以打拍子；堂鼓(t'ang-ku)是战争场景中常用的铜鼓,锣和镲(ch'a)也多用于战争；板鼓(peng-ku)是木制实心鼓,用两根细鼓槌敲击,会发出刺耳的高音；还有一种名字就叫"鼓"(ku)的乐器,有点像我们的定音鼓,有皮革鼓面。以上只是戏曲音乐的概况。戏曲乐队的规模并不固定,使用的乐器也时常变化。北京舞台上的戏曲和西方早期的多种戏剧一样,以演唱来展现抒情、诗意的段落。

与欧洲中世纪舞台另一个惊人的相似之处,就是中国舞台也有固定的角色类型,其中最重要的四个称为"台柱",即正生(cheng-sheng)②、武生(wu-sheng)、青衣(ching-i)、花旦(hua-tan)。每个剧团都应该齐备这四个行当的好演员,因为一出戏的主角必然是四者之一。

正生是留着长胡子的长者,扮演皇帝、大将和老忠臣等。老忠臣通常是忍辱负重的人物。谭鑫培(T'an Shen-pei)就是正生。这位杰出的演员大概五年前去世了。他的唱腔悠扬婉转,念白吐字清晰,尺寸拿捏到位,演技十分精湛。谭鑫培创立了谭派。诸多谭派继承者令他声名远播,其中最有名的当数余叔岩(Yü Ssu-yen)和谭鑫培之子谭小培(T'an Hsiao-sheng)③。与正生有关的行当还有小生(hsiao-sheng)。小生包括年轻的军事将领或平民。平民一般是书生或恋人。年轻的军事将领叫雉尾生(ch'ü-fei-sheng)(头戴羽毛)；书生或恋人叫扇子生(shan-tze-sheng,手拿扇子)。当今,北京最有名的小生演员是朱素云(Chu Su-yung),人称"活周瑜",因为他经常演三国戏里的周瑜。梅兰芳为他的浪漫戏找了个非常满意的搭档,就是英俊的小生姜妙香(Chang Miao-shang)。这位将热心恋人演绎得淋漓尽致的年轻人,在演员中与众不同：他是北京汇文书院(Peking Methodist Academy)的学生④。中国人

---

① 乐队的指挥者指的是鼓师。
② 此处的"正生"主要指的就是老生。下文中,作者列举其他行当时再次提到老生,是因其对生行的分支概念较模糊。
③ 此处作者拼写有误,应为T'an Hsiao-pei。
④ 姜妙香没有读过汇文书院,但梅兰芳的另外一位搭档姚玉芙曾就读于汇文书院(参见包天笑等人回忆文章)。此处作者可能是将姚玉芙与姜妙香混淆了。

批评姜妙香的嗓音不好,还说他能取得现在的名声都是因为和顶尖演员梅兰芳演对手戏。

武生扮演的是军事英雄。演员要扮演好这个角色,必须熟练舞台的打斗艺术,这意味着要有出色的杂技技巧,在舞台上不仅要熟练运用刀枪把子,还要知道如何打拳。中国拳术与1900年的义和团(拳)运动毫无关系,后者因误会而得名。拳术由一系列快速、巧妙的组合构成,没有攻击性。我相信它曾经用于战斗,但现在已经化为姿势、动作的套路组合,成了一门艺术。

如果想看最绚烂多姿的戏,我不妨向您推荐杨小楼。他是北京最有名的武戏演员,近来身价直逼梅兰芳。杨小楼不仅以武功著称,嗓子也好,吐字清晰。游客看了他的戏,回到家乡就能跟亲友炫耀。杨小楼脸上涂着浓重的红蓝油彩,头上戴着长长的翎子,身穿色彩艳丽的服饰,脚踩厚底靴,以武将的姿态在台上昂首阔步,与穿着相似的武将战斗到底。两人都以闪电般的速度在舞台上旋转,而乐队则以声震屋宇的伴奏将气氛推向高潮。这真是令人振奋的奇观,没有欣赏经验的西方人也能感受到那种刺激。

青衣与花旦扮演的均为年轻女性。二者的区别在于,青衣常扮演诚实、朴素、哀伤的女子,以唱功见长;而花旦经常表演名声不佳的女人或喜剧中的丫鬟,需要高超的表演技巧。梅兰芳的过人之处就在于他兼演两个行当,打破了演员只能演一个行当的陈规,创造了更多自由空间。十多年来,他一直是最优秀的青衣和花旦。北京剧评人说,梅兰芳唱得像夜莺一样动听,容貌标致,舞姿优雅,用中国的比喻来说,他演戏就像水银泻地,无孔不入。另一位著名青衣是德霖(Teh Hing)[①]。他年过六旬,但不屑于演仙女踩着花园小径那类花旦角色。武旦是一个比较少见的行当,梅兰芳有时也演。

戏曲舞台上最棒的装扮和最自然的表演,当数由男演员扮演的老旦(lao-tan),也就是老妇人角色。那个头戴黑色发饰,脸上布满皱纹,一筹莫展,拄着雕花拐杖步履蹒跚,完美地诠释了老太太的演员,竟然是个男人,笔者总觉得难以置信。老旦戏里经常出现非常感人的片段:老太太以她嘶哑的声音哀叹,她失去了独子,那是她生命中唯一的依靠。其他行当还有老生、大净

---

① 即陈德霖(1862—1930),京剧青衣演员,作者忽略了他的姓氏。

（演邪恶的或诚实的男性，主要标志是涂面）和二花面（通常演强盗）。此外，还有不少其他角色，比如各式各样装扮滑稽的动物角色，能让人联想起莎士比亚的《仲夏夜之梦》(*Midsummer Night's Dream*)。

丑行是一个很重要的行当，丑角在舞台上的作用，和我们中世纪的戏剧差不多。中国剧评者说，一个演"丑"的要想成名十分困难。丑角演员在舞台上要即兴创作，可以临场借题发挥，但有时候，插科打诨也有风险，得拿捏观众的情绪。我记得一个相当成功的例子：在某出戏里，丈夫离家十年归来，妻儿身体健康，托老天爷的福，他还添了个一岁的儿子。他怒斥妻子不忠，嚷道："是哪一个把我弄得这么惨？"就在这时，丑角跳到了舞台边，用手指着前排满面红光的富商们，慢慢地扫过，口中叫道："是——他！"

读者可能会好奇，我怎么能对各个行当的"最佳"演员如数家珍。其实，这并非我个人的观点，而是老百姓投票选出来的。北京有家报纸每年都会组织各行当最佳演员投票，读者的投票结果在戏迷中也广受认可。虽然《北京日报》(*Peking Daily News*)①等报纸创办不过二十年，但不少报纸都有剧评人。他们"捧"男演员，更"捧"女演员，有时并不为艺术之故，说明中国人也不是不懂媒体经纪。大多数剧评是国立大学的学生为了赚点稿费而写。北京的剧评人中最负盛名者当属一个日本人，中文名叫"听花"(T'ing Hua)②。近二十年来，他全身心地投入戏曲中，收养了很多孤儿，送他们到科班去学戏。听花有二十多个这样的"养子"，其中一个在听花编辑的《顺天时报》(*Shun T'ien Shih Pao*)上已小有名气。即使有点水分，票选结果依然真实反映了大众的喜爱，尤其是旦角梅兰芳和武生杨小楼。

戏院的商业化在中国也是新鲜事物，在过去二十年中才规模化发展。此前，戏曲表演多是在神庙、田间地头、富人家中，最华贵的还搬演到了内廷。

---

① 20世纪初期，名为 *Peking Daily News* 的有中文报纸《京话日报》(1904—1906)和英文报纸《北京每日新闻》(1914—1917)，均与作者所引用的时间不符。译者推测，此处指中文报纸《北京日报》(*Peking Yih Pao*)，该报曾用 *Peking Daily News* 作为英文名。惜未能找到1922年6月28日《北京日报》，后文的报道为笔者按照意思回译。

② 辻听花(1868—1931)，原名辻武雄，号剑堂，日本人。清末侨居中国，曾担任《顺天时报》的编辑，评戏时笔名"听花"。

为了表明发生变化的时间,我想引述1922年6月28日《北京日报》上的一段文字。该文报道了北京5000名盲人在寺庙里开会之事。最后一段我逐字翻译过来:

商业领域的议题有,盲人协会商讨如何持续开展经营。过去,北京盲人主要的手艺就是卖唱和算命,但环境逐渐变化,现在到处都是戏院,民众教育让迷信无处遁形。今天,盲人的手艺普遍过时了,需要革新。

北京警察兴许是全世界最好的——面对首都迅速增加的剧场,他们已经制定了详尽的规定,足以维持良好的秩序。戏班演出都需要申领执照,每场演出交税5元;同时,要为维持秩序的警察预留一些座位,不得在过道上加座。新戏必须提前通过警方审查,而且每演必事先报备,不能演淫戏。戏院男女分座是一种东方特色,必然给西方人留下深刻的印象——西方人可能忘了,在莎士比亚的时代,女性观众也被限制在廊座里。北京警方规定,廊座里领座的和卖茶的必须是女性,而且廊座要有独立出口。禁止观众坐在舞台上的规定,让人想起伊丽莎白时代的礼仪。戏院里可以读到这样的规定:

如遇回戏或换戏,扔茶碗等寻衅滋事者将被逮捕,就近送入警局。

然而,戏院里几乎没有骚动,至少我从没见过观众争吵、打架。台上的演员禁止骂人,否则会被罚款。日场演出时间固定:冬春季节为中午十二点至下午五点,夏秋季节则到六点。夜场必须在午夜时结束。夜戏是北京的发明,比常规的日场收税多。对了,还有一项禁令是"禁止喝倒彩",鼓掌也不能过分。

有一回,我带着几个纽约友人去看梅兰芳的《贵妃醉酒》(*Yang Kuei-fei on a Spree*),一位友人惊呼:"要是这个戏能演,被禁的都是些什么戏!"热情的中国警察不但向我解释了禁戏的规定,还给我列了一串禁戏的名字。伤风败俗的戏当然不能演,裸戏也不能演——不过根本没见过什么裸戏演出,而且我觉得裸戏对中国观众也没有什么吸引力。有些禁戏倒是挺有意思。

有一出禁戏叫《双钉记》(*Ruse of the Nail*),讲一个女子因为爱上了别的男人,把自己的丈夫杀了。警方查不出男子暴毙的原因,上司要预审官查明真相,否则拿他斩首是问。回家后,预审官惆怅地向妻子诉苦,妻子问他有没有检查死者的头上被头发遮住的地方。预审官赶紧去看了受害人的后脑勺,发现有颗钉子在里面。长官得知后,下令逮捕预审官之妻,其妻供认,她曾在前夫的头上钉过钉子,又在上面重新编上了辫子。最终,两个女人都被处死了。这出戏被禁演,以免女人看后如法炮制,谋害亲夫!

还有一出禁戏叫《杀子报》(*Sha Tze Pao*),讲的是一个年轻女子爱上了一个和尚。一天,她的幼子撞见了这桩丑事。母亲怕儿子说出去,就把他杀了。姐姐怀疑母亲杀害弟弟,就告诉了弟弟的老师,老师又报告当局。结果,女子跟和尚都被处死了。该剧取材于四十年前发生在湖南的一件真事。姐姐晚年时有一次上剧院,恰逢《杀子报》正在上演。她受到的刺激,堪比杀人犯之子去参观杜莎夫人蜡像馆,结果震惊地看到父亲的罪行正被蜡像重演。当局禁演《杀子报》,因为"杀子"是写实的表演,母亲杀人碎尸后,将尸首装入酒坛,她脸上沾满了鲜血。中国舞台上固化的程式能给想象留下那么大空间。奇怪的是,人们偶尔还能在"惊悚"的戏里发现最令人反感的写实主义。我就见过上一个被打伤的人,在舞台上拖着血肉模糊之躯——那真是对现实令人作呕的模仿。中国人跟我们的中世纪先辈一样,热爱这种"恐怖"。

在诸多节日中,中国舞台上有演出节令戏的习俗。其中最有名的当数农历七月初七(一般也是公历七月)上演的《渡银河》(*Crossing the Milky Way*)。这是个古老的传说,有不同版本的演绎。在本书第一章中,笔者引用过威廉·斯坦顿(William Stanton),说唐朝的杨贵妃时就曾提及。七夕之时,北京的许多舞台上都能看到这个故事,梅兰芳的演绎尤为多姿多彩。

中秋佳节之际,梅兰芳还会演出另一部奇幻的神话戏《嫦娥奔月》(*Chang-O's Flight to the Moon*)。这一节令戏说明戏曲与民间神话联系紧密,让人不禁联想到,中世纪的复活节和圣诞节也是如此。《嫦娥奔月》的剧本是近几年新创的,说明中国戏曲没有衰落。加尔各答、孟买的剧院里充斥着对西方情节剧的糟糕模仿。与印度截然相反,北京的戏曲仍然是一种鲜活的群众艺术,从西方舞台上学习了一些外在特征,但总体上仍然忠于自己的天赋。

"京剧"还是"國劇":名字背后的玄机

[美]盖南希[①] / 著
徐洲洋[②] / 译

译者按:《"京剧"还是"國劇":名字背后的玄机》(Peking Opera as "National Opera" in Taiwan: What's in a Name?)原载于《亚洲戏剧杂志》(Asian Theatre Journal) 12卷,第1期(1995年,春季刊)的第85—103页。作者盖南希(Nancy A. Guy)现执教于加州大学圣地亚哥分校(UC SAN DIEGO),是一位民族音乐学家。她的研究领域主要包括中国大陆和中国台湾地区的音乐,欧洲和中国的歌剧及音乐与政治,音乐的生态批判研究等。作者曾在2005年出版专著《台湾的京剧与政治》(Peking Opera and Politics in Taiwan)。在本文中,作者从京剧在中国大陆和中国台湾地区所拥有的两种不同称谓的区别入手,深入挖掘了京剧在两岸的不同命名表象背后其深厚的历史、政治和文化动因。作者从京剧视角,探讨了中国台湾地区和大陆近半个世纪以来彼此关系转变的历史悸动,对我们更好地理解当下中国台湾地区和大陆之间的历史文化渊源和彼此之间的文化差异大有裨益。除此之外,作者在文章结尾还对京剧数量庞杂的不同英文译名进行了系统梳理,提出了京剧应该拥有比较规范和统一的英文译名的积极倡议。

1992年,为了准备京剧《画龙点睛》4月在中国台湾地区(以下简称中

[①] 盖南希(Nancy A. Guy,有学者曾译为南希·盖伊),美国加州大学圣地亚哥分校教授。研究方向:中国戏剧、音乐研究。

[②] 徐洲洋,北京外国语大学国际中国文化研究院比较文学与跨文化研究专业博士研究生。研究方向:比较文学、中外文学与文化研究。译者已获盖南希教授对该译文的授权发表许可,盖南希教授曾亲自对译文进行审阅并给予相应修改建议,在此表示感谢。

国台湾或台湾）的首映，由"空军"（译者注：中国台湾"空军"，下同）赞助支持的大鹏剧团（Dapeng Troupe）发布了演出的海报和宣传单，在这些海报和传单上"京"和"剧"两个字被特意凸显出来。其中"剧"字还是用中国大陆使用的简体字书写的，而不是中国台湾使用的繁体字。"京剧"，按字面意思的理解就是"首都的剧"，这是近四十多年来京剧（Peking opera）在中国大陆地区最常用的叫法。但是在中国台湾，京剧的标准叫法是"國劇"（国剧，National opera），意思是国家的戏剧。

在该剧表演开幕前的两周，对中国台湾现有的四家专职京剧团中的三家都提供资助的"国防部"（译者注：中国台湾"国防部"，下同）下令暂停了对带有"京剧"字样的相关宣传品的发放。一些报纸文章引述一位"国防部"官员的发言对此解释称，"京剧"是对岸中国大陆地区使用的名字。他指出，由"军方"组织运营的京剧团使用对岸大陆官方对京剧的叫法并不合适。但京剧演员们显然并不认同这个命令，对"国防部"的这种做法纷纷表示困惑和不满。近年来，随着两岸政策的调整，中国台湾和中国大陆之间的相互交流大大增加。许多中国台湾的京剧演员纷纷前往大陆向知名京剧表演艺术家拜师学艺。很多新创作的大陆京剧剧目也得以在中国台湾演出，这些剧目有些是通过正式授权委托的形式在中国台湾表演的，有的则是直接从大陆的京剧视频光盘中抄袭复制来的。事实上，这张有争议的海报上提到的这个京剧剧目，最近才在北京创作完成，并由大鹏剧团购得了其在中国台湾地区的演出权。人们不禁疑惑在当今两岸交流开放的大环境下，为什么还不能在中国台湾用"京剧"这个词呢？最终惹了"麻烦"的大鹏剧团不得不把海报上的"京"和"剧"二字替换为剧团名字里的"大"和"鹏"，算是暂时解决了这次的名字"危机"。

一、为一种艺术形式命名

在过去的一百年里，京剧（Peking opera）在中国官话中曾至少有六个不同的称呼。京剧最早被广泛使用的名字之一是"皮黄"，是根据京剧所使用的音乐来命名的。①

"皮黄"由"西皮"和"二黄"二词各取一字合并而来。西皮和二黄是京剧中使用的两个主要戏曲腔调的名称。随着"皮黄"在中国的流行,它获得了一个新的名字:"京戏",以便更好地呼应它的诞生地。京戏由意为首都北京的"京"和意为戏剧的"戏"两个汉字组成。1927年国民革命后,中华民国(ROC)首都迁至中国南部城市南京,北京因此更名为北平。为了呼应城市名称的变化,京剧的名字变成了"平剧",其中"平"取自"北平","剧"代表戏剧。第二次世界大战期间,由于日本的侵略,中国的首都曾多次迁移。日本败退后,经历了解放战争,直到1949年中华人民共和国成立以后,首都才又重新迁回北京。从那时起,"京剧"(Jingju)就一直是中国大陆官方对京剧(Peking opera)的标准叫法。然而,在中国台湾,"平剧"这个名字则一直沿用到20世纪60年代中期,直到"国剧"逐渐取而代之,成为京剧在中国台湾"官方"的标准叫法。

在国民党统治下,"京剧"一词成为禁忌出于多种原因。首先,使用"京剧"一词意味着承认北京是中国的首都。这一观点显然有悖于中国国民党的立场,因为他们一直声称自己才是中国的合法统治者。第二,这个词被视为共产主义的产物,因为在国民党政府被驱逐出大陆后,京剧这个名字才被广泛使用——正如迈克尔·舍恩哈尔斯(Michael Schoenhals)在其对当代中国政治的词汇重要性的研究中所指出的那样,"台北官员经常竭尽全力避免使用中国共产党所使用的术语"。②

中国台湾的学者、京剧表演者和政府官员关于京剧在中国台湾该用什么名字的争论持续了几十年,这场争论近年来有愈演愈烈之势。这一讨论在报纸、学术书籍和台湾最重要的"立法机构"——"立法院"上都进行过。因为给这种表演艺术形式命名的问题从来不是一个简单的名字问题;它是

---

① 根据杰出的京剧学者齐如山(1877—1962)的说法,"皮黄"这个名字最早出现在清末(1644—1911)的报纸上。他指出,在使用"皮黄"一词之前,京剧通常简称为"二黄"。参见齐如山.齐如山全集[M].台北:联经出版事业公司,1979:1650.

② SCHOENHALS, MICHAE. Doing Things with Words in Chinese Politics: Five Studies[M]. Berkeley:University of California Press,1992:2.

涉及中国台湾政治和文化身份的核心问题。京剧取名之争,主要是一场更为根本争论的外在表现。理查德·所罗门(Richard Solomon)观察到,在中国社会,政治冲突往往是围绕"词语"展开的,术语上的争论暗示了更深层次的分歧。[①]本文通过对京剧在台湾的历史发展背景的考察,探讨"中华民国"政府将京剧冠以"国剧"称谓的原因。

二、京剧,台湾和国民党的战略

京剧的诞生最早可以追溯到1790年,当时来自中国各地的京剧表演者纷纷涌入北京庆祝乾隆皇帝的80岁寿辰。从19世纪中期开始,皇室的喜爱提升了京剧的社会地位,这反过来又吸引了富人的支持和有天分的戏剧表演者的加入。到19世纪末,京剧在中国大陆的流行程度超过了其他300多种形式各异的传统中国戏剧。然而,由于中国台湾文化和政治发展的独特性,京剧在中国台湾受欢迎的程度从未像它在中国大陆其他省份那样高。

中国台湾与中国大陆相距约100英里,1683年,它在中国官方记录中被称为"边境地区"。[②]现在生活在中国台湾的大多数人是来自福建省南部的中国大陆人的后裔,他们大多在17世纪初到19世纪末来到中国台湾。在这一时期大部分时间里,朝廷禁止大陆居民移民到台湾。因此,来台湾的定居者通常都计划将该地作为他们的永久家园,因为返回大陆可能会遭到朝廷的迫害。[③]清政府直到1885年正式将台湾列为中国一个省,才开始认真管理该地。正是中国台湾第一任巡抚刘铭传从北京邀请了一个京剧的剧团来台,中国台湾才首次有了京剧的表演。[④]

中国台湾作为中国的一个省不到十年,就被迫割让给了日本,在日本殖

---

① SOLOMON, RICHARD H. Mao's Revolution and the Chinese Political Culture[M]. Berkeley: University of California Press, 1971:432.

② COPPER, JOHN F. Taiwan: Nation-State or Province? [M].Boulder: Westview Press, 1990:21.

③ Ibid.8.

④ 李浮生. 中华国剧史 [M]. 台北:国防部总政治作战部振兴国剧研究发展委员会,1969:181.

民统治初期,京剧在台湾受到了极大的欢迎。1909—1924年,大约有20个大陆京剧剧团曾来台演出,他们大部分来自上海地区。这种兴趣的激增可能是由于京剧这种艺术形式在中国台湾的新颖性,也可能是由于在殖民统治初期,它有助于满足台湾人重申其中国人身份的需要。然而,到了20世纪20年代中期,台湾人与京剧的蜜月期就基本结束了,他们的兴趣开始转向电影和其他地方戏剧表演。①张仁惠(Jang Ren-hui)在对台湾新近创作的京剧剧本研究中指出,这种人气的骤降"揭露了一个更为显而易见的真相,即京剧只能与台湾地区本土人维持一个非常脆弱的关系"。②1936年,就在日本入侵中国大陆之前,日本开始了一场包括强迫台湾人使用日语等旨在消灭中国文化的运动。中国传统形式的戏剧表演开始受到殖民当局的打压,取而代之的是日本话剧在台湾地位的提升。造成的后果就是京剧在台湾人生活中的地位变得更加岌岌可危。

　　第二次世界大战结束后,台湾得以回归中国,但这并没有激发中国台湾人对中国大陆事物的新兴趣。在中华民国统治台湾的早期,执政的国民党和台湾本土人之间的关系始终处于动荡不安之中。最初,中国台湾长期置于特别军事管制之下。国民党士兵和当地人民之间的关系也问题重重,因为很少有台湾本土人会说中国的官方语言——普通话。国民党士兵认为,在第二次世界大战期间,很多台湾人曾在日本军队中服役并参与了与中国人的作战,因此把他们视为叛徒,并认为在日本统治的50年里,台湾人早已被"劣质"的日本文化"玷污"。③国民党政府因为常年为内战所累,也无暇顾及台湾人的民生需求,并在很大程度上将台湾作为"反共"斗争的物资来源地。国民党从台湾地区征运大批的粮食来供给国民党军队;机器、

---

　　① 歌仔戏、南管戏、北管戏等都可以归入台湾地方戏剧的范畴。歌仔戏大约是在一百年前发展起来的,目前是这些戏剧形式中最受欢迎的,也是唯一被认为是台湾本土戏剧的戏剧形式。

　　② JANG REN-HUI.Traditional Chinese Theatre for Modernized Society: A Study of One 'New'Chinese Opera Script in Taiwan[M]. Ph.D.dissertation, Northwestern University, 1989:31.

　　③ COPPER, JOHN F. Taiwan: Nation-State or Province? [M].Boulder: Westview Press, 1990:26.

工具甚至建筑物中的金属建材都被剥离出来,运往大陆以满足内战所需。①

1947年年初,因国民党官员杀害了一名台湾男子,国民党政府与台湾本土人的关系受到了极大的破坏。双方的敌对行动一直在加剧,最终因这次事件所引发的众怒导致骚乱爆发,可能有多达2.8万台湾人在此次事件中丧生。②在台湾,凡在日本殖民者败退后来到台湾的中国人,无论他来自中国大陆哪个省份,都有一个共同的身份,即"外省人"。1947年的事件,在很大程度上造成了台湾地区本土人和外省人之间关系的巨大裂痕,至今这道裂痕仍未完全弥合。

中国台湾地区的人口由四个不同的民族群体组成:客家人,他们主要从广东省移民到台湾;闽南人,主要来自福建省南部;外省人,即1945年后移居台湾的大陆人及其后代;以及马来—波利尼西亚裔的非华裔原住民。在台湾有中国大陆血统的人中,客家人和闽南人都认为台湾是他们的祖籍,通常统称为"台湾人"或"台湾本土人"。台湾的本土人占台湾总人口的85%,其中约20%是客家人。另外12%的居民是外省人,而真正的台湾少数民族仅占台湾总人口不到2%的比例。外省人和台湾人的区别之所以持续存在,是因为在台湾,人们普遍认为一个人的籍贯不是由他的实际出生地所决定的,而是由其父辈传给孩子的。例如,一个在台湾出生的人如果其父亲的祖籍是湖南,他就会被认为是湖南人,尽管该人可能从未去过中国大陆。籍贯是居住在台湾大陆人的主要身份象征。这种身份通过无数方式得到加强。例如,在官方文件上列出自己的祖籍,以及让学生在每个学期开学时公开宣布自己的出生地。③因为在台湾出生并不意味着就是台湾人,即便最后一位战后来自大陆的移民去世后,在台湾,台湾人和外省人之间的这种身份区分

---

① COPPER, JOHN F. Taiwan: Nation-State or Province? [M].Boulder: Westview Press, 1990:26-27.

② ZICH, ARTHUR. Taiwan: The Other China Changes Course[M]. National Geographic 185 (Nov.) 2-33, 1993:13.

③ GATES HILL. Ethnicity and Social Class[J].In The Anthropology of Taiwanese Society, Emily Martin and Hill Gates, eds. Stanford: Stanford University Press, 1981:255.

还会继续下去。

在第二次世界大战结束后,在国民党大举移民台湾的动荡岁月里,京剧再次在台湾上演。为给"中华民国总统"蒋介石(Chiang Kai-shek)60岁生日庆生,曾进行了连续两天的京剧表演。[1]在国民党军队和台湾本土居民之间关系极度紧张的氛围下,主要是来自中国大陆地区的军官、士兵和官员,而非台湾的本土人为蒋介石庆生,京剧显然是首选的表演项目,因为国民党军人和官员对京剧的热爱众所周知。例如,在抗日战争期间,京剧演出活动经常会随着国民党政府的转移而到处迁移,因为这样可以帮助京剧在那些京剧传统尚未扎根的地区建立起根基。此外,当国民党战时首都迁至重庆时,寻求演出机会的京剧剧团也随着国民政府迁至该地区,并成立了京剧演唱社团,供军官和眷属消遣。[2]军队还出钱举办京剧表演来为士兵提供娱乐,鼓舞士气。[3]

1949年年底,已经驻扎在中国台湾的军事娱乐剧团成员和随着撤退军队新抵达台湾的京剧团演员们,共同组成了台湾京剧传统的基础。国民党政权败退台湾后,几家来台演出的私人京剧剧团选择了留在台湾。在那些发现已经无法返回大陆的京剧剧团中,有来自上海的"顾"京剧团(顾剧团),由才华横溢的青年女演员顾正秋领衔。从1947年年底在台北永乐戏院开幕算起,她的剧团连续演出了4年半之久,成为台湾京剧史上持续演出时间最长的私人剧团。由于经营困难,随着最后一个私人京剧团在1953年解散,台湾就再也没有一个全职的私人京剧团了。许多失业的男女演员被吸收到了军队的京剧团中。在私营剧团无法维持生计的时候,军队的京剧团反倒开始蓬勃发展起来。由军队资助的京剧团在规模和数量上开始继续增长,到1961年,"国防部"支持了7个剧团,平均每个剧团约有70名成员。为了确保未来京剧演员后继有人,"政府"还特别建立了学校来培训

---

[1] 庆祝演出于1946年10月30日至31日在台北举行。参见史焕章.中华国剧史[M].台北:台湾商务印书馆,1985:186-187.

[2] 马少波.中国京剧发展史[M].台北:商鼎文化出版社,1991:535.

[3] 史焕章.中华国剧史[M].台北:台湾商务印书馆,1985:194.

儿童成为未来的京剧表演者。①

人们肯定会有疑问，为什么国民党政权特别热衷于维持从大陆移植到台湾的那些传统？这些传统活动如果没有巨额的资金支持必然无法在台湾生存。京剧是如何超越其他传统戏剧形式，尤其是超越被普遍认为最受台湾人民喜爱的歌仔戏，而获得"政府独家赞助"，并被授予"国剧"的荣誉称号的？答案就在于作为流亡政府的国民党政权所推行的战略，就是要维护对台湾人的文化优势，要保持其作为中国"合法统治者"的地位，要为将来"光复"中国大陆做准备。

国民党的移民把来自中国大陆不同地区的戏剧形式带到了台湾，但戏剧表演者和潜在观众数量实在太少，导致这些传统戏剧根本无法维持生计。因为这些传统戏剧具有宣传价值，国民党政府并没有阻止各类戏曲的演出。作为设立"空军京剧团"和"京剧培训学校"这一决策的主要推动者，"空军"总司令王叔铭鼓励各种地方戏剧的演出，因为他相信，当士兵们听到来自祖国大陆家乡的乐音时，他们"反攻大陆"的决心就会增强。②

歌仔戏是迄今为止在台湾绝大多数民众眼中最受欢迎的戏剧形式。但直到最近，无论是财政还是其他方面，国民党政府几乎没有给予其任何资助。事实上，政府的一些政策一直在积极抑制台湾本土的传统文化内容。比如，不鼓励歌仔戏和其他台湾地方戏剧形式，这与政府意在消除台湾地区的独立身份意识的政策是一致的。国民党的主要策略之一就是贬低所有与台湾本土有关的东西。例如，在20世纪50年代，作为"节约运动"（economization movement）的一部分，"政府"试图禁止一直是庙会重要组成部分的歌仔戏表演。从1977年开始的好多年，几乎所有的歌仔戏从台湾的电视广播节目上消失了。当时的国民党"政府新闻办公室"颁布法令，每天只能为普通话

---

① 中国台湾地区空军于1955年9月开办了第一所学校，陆军于1963年开办，海军于1969年开办。1985年，国光学校成立，吸收了以前单独的"国防部"开办的学校。1968年，中国台湾地区的"教育部"接管了复兴学校的运营，于1957年创办该学校的私人投资者王振祖（Wang Zhenzu）当时已无财力维持其正常运营。

② 齐如山. 齐如山全集[M]. 台北：联经出版社，2016：1958.

以外的方言节目分配一小时的节目时间。①

国民党认为,他们对祖国大陆的"光复"取决于始终保持"国民"回到祖国大陆的愿望,京剧被认为是实现这一目标的强大力量。在国民党大规模败退到台湾的时候,京剧无疑是当时中国大陆最普遍的戏剧形式。京剧的声音唤起了人们对往事的怀旧和记忆,这反过来又会重申他们对中国大陆的身份认同,并延续他们回家的愿望。在国民党政权"统治"台湾的头几十年里,许多人认为,"光复"大陆是十分现实且有迫在眉睫的可能性的。因此保持与大陆心灵上的联系是至关重要的,京剧也有助于实现这一目标。

1965年,"国防部"举办了第一届年度艺术演出比赛,其资助的所有京剧团都参加了此次比赛,目的是提高演出水平,吸引更多公众对京剧的兴趣,并鼓励创作新剧本,所有这些都被视为对京剧传统活动的生存至关重要。此次比赛设立的"国剧"类别经常被认为是国民党政权在台湾资助的剧团中首次开始使用"国剧"这一称呼。②可以说,无论将京剧命名为"国剧"的理由是什么,更名主要是明确表明了国民党政府早期在台湾实行的政策,即通过赞助的方式,确保京剧的地位要远高于其他戏剧形式。

在与中华人民共和国争取国际承认的斗争中,中国国民党将自己描绘成中国传统文化的守护者,这反过来又支持了他们对中国大陆进行统治的主张。国民党选择京剧而不是本土歌仔戏,这清楚地表明,他们与中国大陆文化而不是与台湾的本土文化进行认同的愿望。

---

① TSAI TSUNG-TE. Taiwanese Opera: A Theatre Between Stability and Change[M].M.A. thesis,University of Maryland, 1993: 45.

② 20世纪20年代末,齐如山在北平组织了国剧研究会(国剧学会)(参见齐如山.齐如山全集 [M]. 台北: 联经出版社,2016: 2673.),由此创造了"国剧"这个名字。齐反复表示,他将"国剧"一词定义为包括中国本土的所有戏剧形式。然而,在他长达6000多页的著作中,他只在一篇文章中使用了这个词(参见国剧五大形式的兴衰 // 齐如山.齐如山全集 [M]. 台北: 联经出版社,2016: 1486-1516.),指的是除京剧以外的任何戏剧形式。在台湾,这个词最早于1955年由一个政府机构使用,当时应齐如山的要求,在"国立台湾艺术学院"成立了"国剧科"。从那时起,在"教育部"的各部门正式公文中开始使用"国剧"一词。

三、对"国剧"的再思考

在中国台湾执政40多年后,中国国民党的面貌已然发生了巨大变化。1949年将国民党带到台湾的许多政治和军事领导人已经退休或去世。到20世纪80年代,有大约70%的国民党党员是台湾的本土人。

近年来,中国台湾的民众对台湾地方历史和艺术的兴趣开始高涨。随着这一传统的重生,中国国民党将台湾视为"中国合法政府的临时所在地和中华传统宝库"的观点受到了挑战。[①]国民党要求"反攻大陆"的呼声逐渐消退,公众的注意力已经转向处理台湾的内部问题和如何发展与大陆的和平关系。

在中国台湾,更平等地支持台湾本土文化的呼声越来越高。一个明显的关注焦点就是,国民党政府对京剧和歌仔戏支持的差异。在1991年4月的一篇报纸文章中,台湾民族音乐学家许常惠(Hsu Tsang-Houei)认为,京剧有着辉煌的过去,但它的辉煌仅限于在不同的时间和地点,它不能代表所有的中国戏剧形式,正如"国剧"的名字所暗示的那样。据许常惠介绍,歌仔戏在台湾的观众规模是京剧的一百倍,歌仔戏的流行导致了大约有500个私人剧团的存在。可(国民党)政府仍然只支持四个京剧团和几所相关学校。在许常惠写这篇文章的年代,政府还没有这样的资金用于资助歌仔戏。他说,像京剧一样,地方戏剧也需要政府的保护和支持。最近,在增加对歌仔戏的支持方面迈出了第一步。1994年7月,"教育部"复兴戏剧学校开设了歌仔戏的相关课程。

对"国剧"的新定义被认为是必要的,以便平等对待台湾的各种戏剧形式。台湾"立法院教育委员会"的会议记录中,记载了许多有关支持京剧改名的日常论辩议题。这些议题在"立法委员"蔡碧煌(Tsai Pi-huang)的一段讲话中得到了很好的体现:

[①] GOLD, THOMAS B. Taiwan's Quest for Identity in the Shadow of China: Political Developments in Taiwan Since 1949[M].Steve Tsang, ed. Honolulu: University of Hawaii Press, 1993: 182.

"京剧"还是"國劇":名字背后的玄机

今天,要在中华民国推广各民族的戏剧样式,第一步就是取消"国剧"这个名称,将京剧(他使用"平剧"一词)与"国剧"等同起来,是在伤害其他戏剧形式……"国剧"这个名字已经不合适了。随着时代的变迁,连"共匪"这个词都不再使用了,为什么我们还不能把"国剧"改名呢? [1]

蔡的演讲涉及几个关键问题。首先,他表示,必须公平地支持多种不同的戏剧形式。这反映了人们对戏剧多样性支持的呼吁,强调最终要给予歌仔戏和其他形式地方戏剧的赞助和地位。其次,"国剧"这个名字曾被用于指代京剧,现在已经过时,不符合两岸关系性质发生变化的现状,两岸关系已不再被视为彼此敌对。无论如何,蔡和他所代表的人都认为,京剧继续使用"国剧"这个名称,使得所有其他戏剧形式都不可能得到平等的地位。

名字代表什么?显然,一个名字不仅是一个中性的名称或头衔。一个名字代表着那些有权力来规范术语的人的政治和意识形态取向。在一个冲突经常以术语争议形式出现的社会中,"国剧"一词的争论反映了台湾本土人民为自己的文化遗产应得到承认而进行的斗争。

后记:京剧(Peking Opera)还是京剧(Beijing Opera)?

在过去的一百年里,京剧在汉语中有不少于6种不同称谓,在英语中也至少有同样多的不同译法。英语中使用的名称包括 Peking Theatre、Capital Opera、Chinese Opera、Chinese Drama、Peking Opera 和 Beijing Opera。在最

---

[1] 1987年7月台湾解除戒严后,不再称共产党为"土匪"。例如,1988年8月5日,"经济部"宣布,来自大陆的商品不再称为"土货",而是"来自中国大陆的产品"或"来自中国共产党的产品"(参见 KINDERMANN, GOTTFRIED-KARL. Neither Communism Nor Separatism——Problem Structures of the New Reform Policies on Taiwan with Special Regard to Taiwan-Main land Relations: A European Perspective[C] // In Political and Social Changes in Taiwan and Mainland China, King-yuh Chang, ed. Taipei: Institute of International Relations, National Chengchi University,1989: 18)。引文摘自台湾"立法院教育委员会"第八十八届会议第十二次会议记录,1991: 362.

近的出版物中，最常见的术语是 Peking Opera 和 Beijing Opera。我选择使用 Peking Opera 这个名字，因为我相信它是最固定的术语，并已成为该戏剧类型的标准英文翻译名称。

  Peking Opera 一词的使用比 Beijing Opera 早大约 20 年。Peking Opera 出现在20世纪50年代出版的几本书的书名中。[①]20世纪60年代和70年代，对英语语言研究的数量不断增加，包括哈尔森（Halson,1966）、皮安（Pian,1971,1975）、麦克拉斯（Mackerras,1972,1975）、多尔比（Dolby,1976）和霍华德（Howard,1978）。在英语语言研究主题上，他们的作品最具有影响力。他们都使用 Peking Opera 的名称。"文革"样板戏剧本的官方翻译将这一类型称为"Revolutionary（革命）Peking Opera"。音乐中最重要的参考工具书《新格罗夫音乐与音乐家词典》（*New Grove Dictionary of Music and Musicians*）[②]、《哈佛音乐词典》（*Harvard Dictionary of Music*）[③]及其继任者《新哈佛音乐词典》（*The New Harvard Dictionary of Music*）[④]都使用 Peking Opera 一词。Peking Opera 也是几个重要参考书目的注释和主题标题中使用的名称，包括布兰登（Brandon）的《亚洲戏剧：研究指南和基础参考书目》（*Asian Theatre: A Study Guide and Annotated Bibliography*）和利伯曼（Lieberman）的《中国音乐：注释参考书目》（*Chinese Music: An Annotated Bibliography*）。洛佩兹（Lopez）在他的《中国戏剧：评论、批评和剧本的英译之注解书目索引》（*Chinese Drama: An Annotated Bibliography of Commentary, Criticism, and Plays in English Translation*）中使用了 Beijing Opera 作为主题的标题。很难理解洛佩兹为什么选择这个术语，因为对 Beijing Opera 类别中的 49 个条目

[①] 参阅 ALLEY, REWI.Peking Opera: An Introduction Through Pictures by Eva Siao and Text by Rewi Alley[M]. Peking:New World Press,1957; CHEN LIN-JUI. The Peking Opera[M]. Shanghai: China Reconstructs, 1956.

[②] 参阅 SADIE, STANLEY (ed.).The New Grove Dictionary of Music and Musicians[M]. New York: Macmillan, 1980.

[③] 参阅 APEL, WILLI (ed.). Harvard Dictionary of Music[M]. Cambridge: Belknap Press of Harvard University Press,1972.

[④] 参阅 RANDEL, DON MICHAEL (ed.), The New Harvard Dictionary of Music[M]. Cambridge: Belknap Press of Har-vard University Press, 1986.

的检索表明,只有3个条目在标题或注释中使用了 Beijing Opera,而31个条目使用了 Peking Opera。本文通过使用 Peking Opera,与前几代用英语出版的作家们保持了一致。

  Beijing Opera 是该戏剧类型的英文名称列表中最新的一个。它最早的出现时间是1979年和1980年。① 这个词来自对这种戏剧类型的起源地"北京"的拼音拼法的借用。在使用 Beijing Opera 这个词时,学者们努力与中国大陆目前对北京地名的拼法保持一致。然而,综观最近的中国大陆出版物,即使地名拼写为 Beijing,也可能保留 Peking Opera 的名称。例如,中国官方英文周刊《北京周报》(*The Beijing Review*)上发表的文章使用了 Peking Opera。这表明,尽管地名是 Beijing,但 Peking Opera 代表了该剧种的名称。② 新世界出版社出版的几本书(将出版地列为 Beijing)使用了 Peking Opera 一词,例如《京剧与梅兰芳》(*Peking Opera and Mei Lanfang*)③ 和《京剧故事集》(*Tales from the Peking Opera*)。④《中国文学》(*Chinese Literature*)杂志刊载 Peking Opera,而其发行人的地址标记为 Beijing。在几篇报道大陆京剧团最近在台湾演出的文章中,一个来自北京的剧团的名字被写为"北京(Beijing)京剧(Peking Opera)团"。⑤ 最后,北京出版的英文报纸《中国日报》(*China Daily*)中也用了 Peking Opera。⑥ 这些例子都支持 Peking Opera 一词

---

  ① 参阅 HU JINMING and LIU XUETAO.(胡金明,刘雪涛),Traditional Beijing Opera Returns to the State[J]. China Reconstructs 28 (December), 1979: 34−41; WICHMANN, ELIZABETH. First U.S. Woman in Beijing Opera[J]. China Reconstructs 29(Sept.), 1980:50−55.

  ② 参阅 ZHANG HUIMIN GUAN. Excels in Peking Opera. Beijing Review[J]. (Aug.21−27, 1989: 29−30; Zhang Zuomin.)Peking-Euro Opera Acclaimed in Italy[J]. Beijing Review (Mar.14−20), 1994:37.

  ③ 参阅 WU ZUGUANG, HUANG ZUOLIN, and MEI SHAOWU. Peking Opera and Mei Lanfang: A Guide to China's Traditional Theatre and the Art of Its Great Master[J]. Beijing: New World Press, 1980.

  ④ 参阅 HUANG SHANG. Tales from Peking Opera[M].Beijing: New World Press, 1985.

  ⑤ 参阅 United States Government. Daily Discusses Cross-Strait Cultural Exchange[N]. Foreign Broadcast Information Service: Daily Report, China, 1993a:69.

  ⑥ 参阅 KANG GUOWEI and YANG YAN. Leading a Peking Opera Revival[N]. China Daily, July 5. 1994.

为该剧种的标准英文译名的做法,并独立于北京地名拼写的变化。

戏剧剧种的英语译名不一致性让非专业人士感到困惑,尤其在按关键字进行在线检索的时代。如果剧种的英语名称始终受到中文名称或罗马拼音变化的影响,那么其在英语学术文献中将几乎没有连续性。正如本研究的前文所示,中国社会的政治冲突通常通过术语辩论的方式来解决,因此,随着意识形态或权力关系的转变,名字也会发生变化。为了保持学术的连续性,我建议我们将一个固定英文译名作为某一戏剧剧种的标准英语表达术语,而不受中文名称或罗马拼音在未来发生任何变化的影响。

如何把角色吊在舞台上?
——元杂剧断想①

[英]大卫·霍克斯②/著
杜　磊③/译

译者按： 元杂剧的舞台表演与文本之间的关系始终是元杂剧研究的一个重要方面。本文中，霍克斯以"吊科"为切入点，剖析了《金钱记》与《罗李郎》两部作品中的相关情节。霍克斯认为，与古希腊戏剧中的"机械降神"一样，元代的戏剧舞台表演很可能具备这种创造独特剧场悬吊效果的戏剧资源，而非简单地在舞台上或其他物体上模仿起吊动作。由此，霍克斯进一步探讨了表演与文本之间的内在联系，兼及《合汗衫》《蓝采和》《摩合罗》《勘头巾》等剧，对我们理解元杂剧的创作主题、创作年代、元明版本之间的差异，以及元杂剧的舞台艺术与剧场等问题提出了新的见解。

如何把角色吊在舞台上？从我第一次观察到这个问题时起，它就一直

---

① 1969 年，霍克斯在塞尼加利亚举办的第 21 届国际汉学大会（21st International Congress of Chinese Studies）上宣读了本文。1971 年，本文以 Reflections on Some Yuan Tsa-Chü 为名刊登于《泰东》（*Asia Major*）第 16 卷第 1 期。译者据此译出，原文无摘要，由译者补充。译者感谢闵福德（John Minford）教授授权翻译本文。本文为教育部中华传统文化专项课题（A 类）重点项目（尼山世界儒学中心/中国孔子基金会课题基金项目）："《赵氏孤儿》海外传播与中外戏剧交流（1731—2022）研究"（项目批号：23JDTCA086）的阶段性成果，并受中央高校基本科研业务费专项资金资助。

② 大卫·霍克斯（David Hawkes, 1923—2009）系英国著名汉学家，曾任牛津大学教授。霍克斯的代表译作有《红楼梦》《楚辞·南方之歌——中国古代诗歌选》《杜诗初阶》等，对中华文化走向世界作出了很大贡献。对于元杂剧，其研究依然体现出了不俗的见解。

③ 杜磊，文学博士，浙江大学外国语学院副研究员，硕士研究生导师。研究方向：中国戏曲外译与中外戏曲交流互鉴。

困扰着我。在一次阅读元杂剧时，我发现有三部剧的科介表示角色要被吊起再放下。并且，在其中两部中，受到这种虐待的还不是一个可有可无的丑角或杂技演员，而是一位主要的男演员——正末——他还不得不在这种情况下唱一个或多个唱段。在其中一部里，正末还不止一次被吊起——在该剧不同部分，他被吊起来两次。

我的第一个例子是《金钱记》（2号①）。剧名中的"金钱"是唐朝皇帝御赐给长安府尹王辅作为纪念，并由他传给女儿柳眉儿作为吉祥符佩戴的五十枚开元通宝。柳眉儿与侍女被其父派往九龙池赏牡丹。这次外出很难得，柳眉儿在人群中看到了年轻诗人韩飞卿，对他一见倾心。为了表达她的爱意，她怎么也想不出比把传家宝扔在地上让他捡起来更好的方式了。韩是一个前途无量的年轻人，刚刚通过殿试，与诗人贺知章、李白相熟。他在九龙池里遇见柳眉儿时，刚和贺知章一起喝了酒，醉醺醺地尾随柳眉儿到了她家，跌跌撞撞地闯进了王家的后花园。随后，他被一个仆人抓了起来，受到愤怒的王父当面质问。王父听不懂他的话，命人把他捆起来："张千，与我吊将起来。等他酒醒呵，慢慢地问他，也未迟哩（做吊科）。"

这时，贺知章赶来，看到韩飞卿："苦也，苦也，可怎生将兄弟吊在那里？"他继续向王辅解释说，这就是在殿试上答题颇显才气、受到皇帝赞许的韩飞卿。王府尹说："则他便是韩飞卿？张千，快放他下来。"

后来，韩飞卿上门做了王家的门馆先生，时不时给柳眉儿的半傻弟弟上课。除无法见到柳眉儿外，一切都很顺当，直到他的雇主王府尹来找他喝酒时，从他的一本书中发现了五十枚开元通宝。这一次，他对仆人下的命令更加明确："张千，与我将这厮高高吊将起来！"在这个紧要关头，贺知章又一次救了他年轻的朋友，并为韩飞卿和柳眉儿牵线搭桥。第四折中，诗人李白前来撮合，促成了这对年轻夫妇的姻缘。

---

① 本文使用的编号来自 HU, WILLIAM C., JAMES I. Crump. A Bibliography of Yüan Drama [J].Occasional Papers, No. 1. Center for Chinese Studies. Ann Arbor: Michigan University Press, 1962. 其中，《元曲选》剧本的编号是1~100，隋树森《元曲选外编》是101~162。另外，我认为《金钱记》中的"钱"一定是专门铸造的金币，而非通常意义上的"钱"，否则在第三幕中，王府尹不会一眼认出这是自己的财产。

第二个例子是《陈州粜米》(3号),大判官包拯(这些剧中通常称包待制)被两个在驿亭内欢饮的恶棍吊在了外面①。在这部戏的一幅明代木刻插图中,一个人被从手腕吊起,脚趾离地约五英尺高,非常夸张②,但此类插图纯属想象,与实际演出关系不大。

这部戏中,权臣刘衙内安排自己的儿子和女婿担任赈灾专员,负责为遭受饥荒的陈州城发放赈灾粮。他们以各种手段欺压和残害当地百姓,以双倍于法定的价格粜米,缺斤少两,最后还杀害了一名敢于抗议的老人。公正的法官包拯前往陈州调查。他派仆人张千先行一步,自己则跟在后面微服私访,不想与两个恶棍的姘妇巧遇。包拯帮助妇人将不听话的驴子笼好,并陪同她前去幽会,见到了这位腐败的赈灾专员。不承想,因为将她们赏给自己的酒肉给了驴子,包拯得罪了二人,被吊在驿亭旁的槐树上。这时,张千赶至酒馆,遇到了这两个恶棍,自吹自擂又自命不凡地向他们保证,一定会把他们从主人包拯手中救出来:"包待制是坐的包待制,我是立的包待制,都在我身上。"可就在这时,张千瞥见了正被吊在树上的主人。在这一段被吊在树上的唱段中,包拯描述了张千看到自己时的惊愕表情:"唬的来面色如金纸,手脚似风颠。"

第三个例子是我非常感兴趣的《罗李郎》(90号)。苏文顺与孟仓士是一对穷书生,两人丧偶并各自抚养一个年幼的孩子。苏文顺的女儿名叫定奴,孟仓士的儿子则唤作汤哥。为了进京赶考,二人将儿女卖给家境殷实、做纺织生意的义兄罗李郎,质当些盘缠。罗李郎给了他们钱银,并坚持将一双儿女视如己出。这样过了二十年,他们还和罗李郎生活在一起。罗李郎做主将汤哥和定奴匹配完婚,两人还诞下一子,名受春。此时,汤哥已成了不折不扣的败家子,年迈的罗李郎总是在帮他付酒钱、还赌债。一天,罗李郎的仆人侯兴告诉汤哥,他并非罗李郎的亲生骨肉,并怂恿汤哥上京城寻找亲生父亲。随后,侯兴又向罗李郎谎称汤哥是从别人那里打听到自己身世的。罗李郎派侯兴追回汤哥,侯兴不但没有催促汤哥回去,还给了他两块伪银,以图祸害汤哥。回来后,侯兴告诉罗李郎汤哥已死。罗李郎烧纸钱祭奠汤哥,侯兴

---

① 接官厅——译者注。
② 影印图见顾肇仓选注.元人杂剧选[M].北京:人民文学出版社,1956:507.

却假装被汤哥附体,发出"死去的"汤哥的嗓音,授意罗李郎将一半财产和刚刚"守寡"的定奴分给自己。在接二连三的打击下,本就年事已高的罗李郎感到身体不适,侯兴趁机击倒罗李郎,攫夺了他的财产,掳走了定奴和受春。罗李郎醒来后恍然大悟,意识到自己被骗,决定动身寻找汤哥。之后,罗李郎在重修相国寺的囚犯堆里找到了汤哥,并尽力给汤哥买了甲头(监工)一职。与此同时,已经做了大官的苏文顺买了一个小男孩为自己执痰盂,而这个男孩正是他的外孙受春。银痰盂遗失后,受春被吊起来拷问,汤哥见状想要救儿子,却被苏文顺当作共犯也吊了起来。听到养子和养孙的哭喊求救,罗李郎感到十分揪心。他找到苏文顺的仆人,想要花钱为他们赎身。仆人带他见到了苏文顺本人,众人终得相认。最后,汤哥给自己早已认不出来的生父磕头。此时,那个恶毒的仆人侯兴也因盗马被抓。苏家大团圆,年迈的罗李郎则被无情地撂在一旁。

我发现,严敦易对这出戏的阐释令人难以信服。首先,按惯常,他说这不是元代的戏,而是明初的戏。他接着又说,这出戏暗中抨击了元代流行的高利贷和奴役欠债人子女用以偿息的罪恶行径,这就有点违背了他刚才的立场。他甚至在几乎没有任何证据的情况下暗示老李并非中国人。他认为,从这些"事实"来看,在长达二十年的缺位中,两位亲生父亲连打听子女的消息都做不到的无情行为是完全可以理解的,而两个子女对老李冷漠不认,以及老李在剧终时的沮丧和不幸则是他应得的。

在我看来,剧本是不支持这种阐释的。首先,罗李郎从最开始借钱给两个"义弟"的时候,就坚持认为,朋友之间不必拘于借条字据那套繁文缛节,他会代表他俩,视如己出地抚养两个孩子。所以,整出剧的要点在于,罗李郎倾其所有,极其善良、耐心地替别人照顾孩子。另外,根据剧本也不难断定,罗李郎死后,这两个孩子将顺理成章地成为他的继承人。因此,我只能将这出剧看作是对大团圆结局的惯例——实际上是对与中国人孝道相连的整个信仰与实践系统的巧妙嘲讽。只因不是血亲,罗李郎二十年的慈爱和抚育都付诸东流;只因有血缘关系,对被抛弃的孩子来说,生父长达二十年的冷漠、缺席和无情都可一笔勾销。何以至此?只因剧作家设想观众需要的是一个让骨肉分离的亲人重聚的圆满结局——"大团圆"这个惯例。

对于观众而言,这肯定是一部有问题的剧。罗李郎毕竟是正末,是观众被邀请与之发生共鸣的演唱者和主人公:他珍爱两个孩子,对他们万般慈爱,为他们经历了种种磨难,最终换来的却是孩子冰冷的背影。罗李郎的确是色目人,也是一个放高利贷的人。作者对他的态度和莎士比亚对夏洛克的态度一样暧昧不清。夏洛克也是一个放高利贷的外乡人,但比罗李郎显然少了人情味。

臧懋循认为,《罗李郎》与《合汗衫》系同一作者,这很可能是错误的。持这种观点的理由,主要是这两部剧全名均包含"相国寺"[①],也就是故事结尾的那个寺庙。严敦易对此持反对意见。他认为,一位剧作家如果已经写了一部关于破碎的家庭在相国寺大团圆的戏,就不太可能再写一部主题"近乎重复的东西"[②],但其理由并无说服力。《罗李郎》并非《合汗衫》的复制品。事实上,它犀利地嘲讽了《合汗衫》所代表的一切。虽然不排除《合汗衫》的作者(不论其真名究竟是张国宝、张国宾还是张酷贫[③])对传统团圆故事感到厌倦、故意颠覆自己作品的可能性,但我认为,更有可能的是一位富有幽默感的匿名作家决定针对《合汗衫》写一部戏仿之作(send-up)——就像费尔丁(Henry Fielding)写《约瑟夫·安德鲁斯》(*Joseph Andrews*)意在戏仿理查逊(Samuel Richardson)那部情感之作《帕梅拉》(*Pamela*)一样。而在全名中使用"相国寺",并将其作为结局场景,乃是作者故意为之,为的就是向观众表明其创作意图。

元杂剧的剧情主要是通过对话,也就是宾白来实现的。相比曲词,宾白受时代变化的影响更大。通过宾白的调整,剧情可能(实际上确实会)发生巨大的变化,所以我想说的是,我声称看到的《罗李郎》的种种微妙之处,很可能是戏剧的制作者与演员引入的,而非剧作家本意。我将暂时搁置这一猜想,重新回到本文的主题——剧场悬吊(theatrical up-stringings)——究竟它们是如何实现的?

---

① 全名分别为《相国寺公子合汗衫》和《罗李郎大闹相国寺》。
② 严敦易. 元剧斟疑(下)[M]. 北京:中华书局,1960:414.
③ 《元曲选》《太和正音谱》和天一阁旧藏明抄本《录鬼簿》中的名字不尽相同。

我想立即表示的是，我认为，首先，演员通过双手背在身后，站在地上、桌子上或舞台其他物体上模仿起吊是不太可能的。毫无疑问，尽管有时出于戏剧制作的迫切要求，必须以这种方式来表现悬吊，就像伊丽莎白时代《罗密欧与朱丽叶》的某些演出一定曾让朱丽叶失去了她的阳台一样。元代剧作家刻意、反复地采用了如此具体、醒目的方法来固定一个人。并且，他们对台词的设计还表明，在部分场景中，这个被吊起来的人还不应被别人看到，要到后来才会被舞台上的演员发现。这意味着，元代戏剧肯定存在着制造这种特殊戏剧效果的资源，就像古典希腊戏剧中存在着制作"机械降神"（deus ex machina）[①]的资源一样，或者就像17世纪欧洲剧场中存在着用于展现阿波罗和他的缪斯在云中显灵，以及类似的神灵现身和神化资源那样。

关于元代戏剧舞台的资料极其稀少。其中最重要的是《蓝采和》（159号），剧中的主角由男性主演（正末）饰演，实际上表现的是一位在洛阳游乐区拥有自己剧团和剧场的正末。严敦易提出了许多理由证明《蓝采和》是一部元代以后的剧作——其中一些理由，比如声称它不可能是元代剧作，因为元代没有关于演员的剧作，在我看来很不充分。

关于严敦易对《蓝采和》历史价值的贬低，我之所以不予采信，有两方面的原因。首先，我们没有理由断定元代灭亡必然伴随着戏园的大规模拆除、戏班解散，或新的舞台演出和戏剧制作方法的引入。因此，即使《蓝采和》是一部明初的戏，它仍然包含关于元代剧场布置的有效证据。其次，我们从《蓝采和》中获得的信息与我们从两个无可争议的早期资料中获知的信息是相符的：其一是杜仁杰的套曲，描述庄稼汉进城看戏的《耍孩儿·庄家不识勾阑》[②]；其二是山西赵城广胜寺的一幅壁画，描绘的是正在舞台上演出的戏班，并刻有"泰定元年"（1324）的字样。此外，壁画上的幔帐、帘幕等都与《蓝采和》情节相似，而横跨整个台口帷幔上的文字与《蓝采和》第一折中广告性质

[①] 拉丁语 Deus ex machina（英译：God from the machine），指的是用舞台机关送出来参与剧情进展的神仙。

[②] 隋树森编. 全元散曲 [M]. 北京：中华书局，1964：31-32.

的旗、牌吻合。①

启功在一篇1955年收录于《文学遗产增刊》的论文中坚称②,在这幅横额题文"忠都秀"的壁画中,舞台中央的正末由女子扮演,其理由有二:一是夏伯和《青楼集》所举"元代女伶多用秀字作艺名"③;二是这位正末所穿的男子右大襟的绯袍里露出了女子的左大襟衬衣。不论这些理由是否让人觉得有说服力,由女性扮演正末角色并非罕见:京剧中气质阴柔的小生很可能就是这种做法的遗风;就像女低音奥菲欧(Orfeo)④,欧洲歌剧中的男主角曾一度是阉伶歌手。

然而,蓝采和无疑是男性。他的妻子出演旦角(两人都有演唱),两个堂弟出演净角,他的孩子在需要时大概也会登台表演。元代剧场对儿童角色非常宽容。这无疑是因为元代戏班通常属于家族事务,儿童角色自然就由家中的孩子们来扮演,而西方职业演员对此却十分惧怕与憎恶。

《蓝采和》、杜仁杰的套曲《耍孩儿·庄家不识勾阑》都指涉了元代剧场的"坐"及其内部结构。作为金朝著名文学家元好问(1190—1257)的好友,杜仁杰描写的内容自然是元代最初期的情况。以下是这篇套曲的原文:

> 风调雨顺民安乐,都不似俺庄家快活。桑蚕五谷十分收,官司无甚差科。当村许下还心愿,来到城中买些纸火。正打街头过,见吊个花碌碌纸榜,不似那答儿闹穰穰人多。
>
> 【六煞】见一个人手撑着椽做的门,高声的叫"请、请",道迟来的满了无处停坐。说道:前截儿院本《调风月》,背后么末敷演《刘耍和》。高声叫:赶散易得,难得的妆哈。
>
> 【五煞】要了二百钱放过咱,入得门上个木坡,见层层叠叠团圞坐。

---

① 参见麻国钧."招子""旗""牌""看板"与"题目""正名"——东亚古典戏剧的商演广告[J].戏剧,2020(6).——译者注。

② 启功.论元代杂剧的扮演问题[J].文学遗产增刊(第一辑),北京:中华书局,1955:286-296.

③ 除了《青楼集》中列出的条目,还有许多其他的例证。

④ 出自格鲁克(Gluck)的三幕歌剧《奥菲欧与尤丽狄茜》(*Orfeo ed Euridice*)与理查·施特劳斯(Richard Strauss)的三幕歌剧《玫瑰骑士》(*Rosenkavalier*)。

抬头觑是个钟楼模样,往下觑却是人旋窝。见几个妇女向台儿上坐,又不是迎神赛社,不住的擂鼓筛锣。

【四煞】一个女孩儿转了几遭,不多时引出一伙,中间里一个央人货,裹着枚皂头巾顶门上插一管笔,满脸石灰更着些黑道儿抹。知他待是如何过?浑身上下,则穿领花布直裰。

【三煞】念了会诗共词,说了会赋与歌,无差错。唇天口地无高下,巧语花言记许多。临绝末,道了低头撮脚,爨罢将么拨。

【二煞】一个妆做张太公,他改做小二哥,行行行说向城中过。见个年少的妇女向帘儿下立,那老子用意铺谋待取做老婆。教小二哥相说合,但要的豆谷米麦,问甚布绢纱罗。

【一煞】教太公往前那不敢往后那,抬左脚不敢抬右脚,翻来复去由他一个。太公心下实焦燥,把一个皮棒槌则一下打做两半个。我则道脑袋天灵破,则道兴词告状,划地大笑呵呵。

【尾】则被一胞尿,爆的我没奈何。刚捱刚忍更待看些儿个,枉被这驴颓笑杀我。

这里,庄稼汉注意到的女性乐师"向台儿上坐"的位置,很可能就是《蓝采和》中提到的"乐床"。在《蓝采和》中,讨嫌的道士趁排演间隙径直走进梁园,坐在舞台边的座位上,随后便被很客气地要求离开,因为这是乐师的座位:"这个先生,你去那神楼上或腰棚上看去。这里是妇人做排场的,不是你坐处。"①

至此,我认为,可以解决《蓝采和》中一处表面上鲜被注意的矛盾。在第二折中,蓝采和被召唤到衙门私下表演。蓝采和气愤地拒绝,称今天是他生日,他的戏班至少有二十人,任何一个都能代替他去②;然而,在其他地方,我们只听说和他一起演出的是他的直系亲属。除在剧中扮演净角外,他的两个堂弟还负责悬挂旗牌、招徕看客,以及演出前的舞台准备工作。在戏班中,

---

① 隋树森. 元曲选外编 [M]. 北京:中华书局,1959:972. 这里的"神楼"两字分别对应英国的"gods"与法国剧场中的"paradis(法语)"。

② (正末云)我正是养家二十口,独自落便宜。——译者注。

净仅次于正末和旦,是最重要的演员类型。净角既要负责宾白,还要熟练处理戏班事务,在某种程度上必须是一个团队中最富技艺、最有门路的成员。那么,如果蓝采和的戏班子真如他自己讲的那么庞大,这些烦琐的任务为何还要主演来干呢?我认为答案是,第二折提到的大多数人其实是乐队成员,即坐在"乐床"上的女性乐师。当舞台需要更多人时,乐队成员客串(stand-ins)是很自然的事。至于乐师们为什么在扮演信差、侍从之类的舞台编外角色之后,会在众目睽睽之下坐在那里,其原因并非如一些学者所提出的那样——"乐床"是一个半开放的化妆室[①],而是她们重新回到了自己在乐队中的位置。杜仁杰笔下的老农尽管不懂"乐床"这个术语,但依然勾勒出了一幅有人占据其位的清晰画面。

杜仁杰的套曲和《蓝采和》似乎都表明,金元时期,大都市的剧场通常都很大,且结构相当坚固。尽管无法完全排除其发生倒塌,甚至造成人员伤亡的可能性,但我们完全有理由设想,那是一个被建造得十分结实的舞台,其上层结构坚固,可承受相当重量。

我前面提到了早期元杂剧的宾白的问题。必须指出的是,在有角色被吊起来的三部戏中,有两部在唱段中完全没有对此提及,唯一例外的是《金钱记》。在《金钱记》第四折的【得胜令】中,正末韩飞卿在准岳父向自己奉酒、祝贺良缘后,唱了这么一段:

> 你也忒不得官高,动不动将咱吊。我也赌不得心高,早两遭儿折下腰。

那么,这些剧中的宾白究竟有多可靠呢?现存的三十部元代版本的杂剧中,除了唱词,剧本只保留了唱角的宾白,其他角色只简要说明了一下某人说了点什么,或此处有对话或需要做点什么,即使主演的话也经常被删节甚至完全省略。因此,若要看到完整的对话,必须转向明代版本,而其中没有一个早于1588年。

---

① 冯沅君. 古剧说汇 [M]. 上海:商务印书馆,1947:43-44.

如果比较那些元明两代都有版本留存的剧本,我们会发现两者之间有着非常显著的差异。例如,比较《魔合罗》(79号)元代版本与《元曲选》版本,即使从元代版本所能提供的那些被删节过的对话也可以推断出,两个版本差异巨大,这种差异甚至影响到了情节。

《魔合罗》讲述了一个年轻的商人在算命先生的建议下外出经商的故事。他在返乡途中病倒了,暂居在一处破庙内。他请求同样借宿在庙里的魔合罗(泥塑玩偶)小贩给妻子带信。可这封信被李德昌歹毒的堂弟李文道截获。李文道到庙里毒死了李德昌,攫夺了他的财物,并试图占有他的妻子刘玉娘。遭拒后,李文道反诬玉娘谋害亲夫。

在《元曲选》版本第二折的结尾,刘玉娘因谋害亲夫被一个不知名的地方官(孤)判处有罪。之后的第三折一开始便引入了一个新角色——新到任的河南府尹、女真族人完颜氏。他回顾了案情并确认了宣判。这时,这部剧最重要的角色,六案都孔目张鼎(与剧前半段的小商人李德昌为同一人扮演)上场[①],欲为妇人申冤。因张鼎对案情审理的批评,女真族府尹限定他三日之内找到真凶,否则就处决他。故事余下部分讲的是张鼎如何巧妙侦破了案件。可如果我们检视该剧的元代版本,就会发现其中根本没有女真族府尹这个角色,自始至终都是第二折中出现的那位不具名的地方执法官在负责审案。这位女真族府尹首次亮相,并自我介绍的完整场景首次出现于《勘头巾》(39号)中,与《魔合罗》中的一字不差。《勘头巾》也是一部关于某人被冤枉犯下谋杀罪,但最终被吏员张鼎机智所救的戏。可以说,《勘头巾》是另一部关于张鼎的戏。

臧懋循在其被反复援引的书信和序言中,似乎承认了自己在编纂剧本时的某种自由和任意性[②]。对于熟悉元代戏曲文献,特别是上述文献的人来说,发现问题时的第一反应,可能会觉得臧懋循应对《魔合罗》中绝大部分宾白负责,并且,这部分文本是他从《勘头巾》中简单引入的结果。但这一结论

---

① 古时州县衙门中吏、户、礼、兵、刑、工六房的吏员。总其事者称六案孔目。——译者注。

② 寄谢在杭书. 见臧懋循. 负苞堂集 [M]. 上海:上海古典文学出版社,1958:92;臧晋叔编. 元曲选 [M]. 北京:中华书局,1958:序言 55.

是完全错误的。通过仔细对比《魔合罗》在《元曲选》中的版本与其他明代版本,我们就会发现,文本几乎完全相同。针对臧懋循的批评屡见不鲜,但大多缺乏依据。尽管臧懋循的"勘误"和"润色"可能产生误导,但这些改动的范围与性质却不难核实,全盘否定臧所有的文本远非学术之道。而对宾白的否定尤其如此,这是因为臧懋循干预的往往是曲词部分。幸好吉川幸次郎(Kijiro Yoshikawa)和岩城秀夫(Hideo Iwaki)做了一些澄清工作。[①]事实上,包括臧懋循的版本在内,几乎所有晚明版本最终都源自御戏监保存的宫廷版本。如果明代文本中的对白与其元代原版相比存在很大的差异,那么这种差异与其说是16世纪和17世纪的编纂者造成的,倒不如说是再早一两百年的明代宫廷演员造成的。

我最近发现了一个证据确凿的事实:杂剧现存的宾白包含明代宫廷演员引入的元素。《黄花峪》(156号)一剧中[②],有一个场景发生在乡村客栈里,是一场打斗。打到最后,客栈老板独自一人站在舞台上。在退场前,他对观众说道:"走将这几个人来,酒也卖不成,整嚷了这一日。收了铺儿,往钟鼓司学行金斗去来。"[③]在另一个上下文中,孙楷第已经确凿地证明了"钟鼓司"和"御戏监"为同一机构的不同名称——即明代宫廷掌管戏剧娱乐的部门。其所在地就是现今北海以西的中国国家图书馆。[④]

虽然流行趋势早已转向南方戏文,但宫廷仍然持续赞助杂剧。尽管我们读到的明末元杂剧文本大体上代表了明代前期宫廷演员的表演版本,但考虑到中国戏剧的保守性,加之明代宫廷口味更具保守性,我认为宫廷演员对元代传统只做了很小的突破创新,比如引入一些时事热点类笑话,上述就是一个例子。

一旦我们走出书斋,来到剧场,就必须意识到,在不同的制作中,任何剧

---

① 吉川幸次郎.元杂剧研究[M].(『元雜劇研究』),东京:岩波书店,1948:45-47;岩城秀夫.元刊杂剧古今三十种之流传[J].(『元刊古今雜劇30種の流伝』),中国文学会(第14号),1961:80.

② 这出蹩脚的剧目显然是演员们用其他杂剧片段拼凑而成,在这种情况下,当然就谈不上作品的发表时期。

③ 隋树森.元曲选外编[M].北京:中华书局,1959:938.

④ 孙楷第.也是园古今杂剧考[M].上海:上海杂志出版社,1953:99-103.

本的表演版本都会有所不同。如果像莎士比亚戏剧的现代制作尚且如此，那就更不用说更早的中国戏剧制作了。我们没有任何理由认为《魔合罗》这样的戏剧在表演中的创新一定是由明代演员引入的。这些创新同样可能是由元代戏班引入的，并在随后演出中保留了下来。由明代宫廷演员进行表演，并在晚明版本中被保存的那个《魔合罗》版本，除细枝末节外，可能代表的是一个比元代版本更早的版本——这种情况虽看起来极不可能，但也并非完全不可能。我们根本没有办法知道事实如何，可能永远也不会知道。

正如岩城秀夫等学者合理推测的那样，元代公开印刷的这三十部戏剧文本很可能是作为节目单（programme note）使用的，有点类似于发给现代昆曲观众的那种包含唱词的说明书，或者唱片封套上的歌词。① 郑骞在《校订元刊杂剧三十种》序言中曾断言"欲欣赏真正元剧，欲知元剧的本来面目，非读此书不可"②。显然，其学术热情盖过了常识。我们发现一个早期文本时的学术满足感不应使我们忽视一个可能性，即这可能是一个质量很糟糕的文本。实际上，我们对元代戏剧的了解几乎应完全归功于明代编辑，尤其是臧懋循。在仅凭元代版本所做的一份描述中，关于戏剧的内容，很可能微乎其微。

回到我最初提的问题上，我发现没有什么确切的证据可以支撑我回答这个问题，但同时也没有发现什么证据能打消这种想法，即上述戏剧中的"悬吊"情节曾出现于这些戏元代表演版本中，并非明代宫廷演员引入的创新的结果。它代表了一种元代戏剧能够安排，并渴望加以利用的舞台效果，类似于18世纪和19世纪欧洲舞台上的进出活板门（trapdoor）。

余论

在撰写本文的过程中，我又读到了一部把角色悬吊起来的早期元杂剧。在《黄鹤楼》（150号）第四折中，张飞因刘封放任其父刘备只身过江会见周

---

① 岩城秀夫. 元刊杂剧古今三十种之流传[M].（『元刊古今雜劇30種の流伝』），中国文学会（第14号），1961：78-79.

② 郑骞校订. 校订元刊杂剧三十种[M]. 台北：世界书局，1962：1.

瑜而将刘封捆绑起来,吊在一棵柳树上。刘备回来后,"过了一阵子",听到义子的求救,问张飞何故。"吊"的行动不仅在宾白中有提及,而且在张飞的两段唱词中也有明确表示。在第一段中,他唱道:

……点手儿旁边唤公吏,你与我麻绳子绑者柳树上,高高的吊起,直等的俺哥哥无事来家,恁时索放了你。

第二段,张飞对刘备唱道:

……因此上将他在柳树梢头,着他便吊望着你。

在接下来的对话中,刘封抗议道:"三叔,我又不曾欠粮草,怎生吊起我来?"这里提及的是当时一种广为人知的做法,即将拖欠租金或税赋的农民吊起来,直到他们的家人付清所欠钱银。

很难相信在这个场景的演出中,没有使用某种装置来绑住扮演刘封的演员,并将他从舞台上吊起来。

日本的京剧演出与演员[1]

[日]滨一卫/著
杨雯雯[2]/译

译者按：滨一卫(1909—1984)，九州大学名誉教授，日本的中国文学研究学者，专业为中国戏剧。1933年毕业于京都大学，1934—1936年留学北京，寄宿周作人家。著有《北平的中国戏》《浅谈中国戏剧》。他留学北京之时，搜集了大量民国时期与京剧相关的书籍、戏单、唱片等。去世后，日本九州大学附属图书馆特设"滨文库"收藏滨一卫生前收集到的中国戏剧研究资料。田仲一成评价滨一卫"考究两国之间的民间曲艺的交流，很有特色。贡献极大"。《日本的京剧演出与演员》(日本における京劇—その演目と俳優)原文首次刊载在《中国文学论集4》，1975年5月25日，第8—18页，主要记录了从日本大正八年(1919)到大正十五年(1926)赴日的京剧演出，并对具体的演出剧目与演员生平进行了简要介绍。

前言

大正八年，梅兰芳在日本东京演出，这是京剧首次在日本上演。铃木豹轩先生曾说过，"梅剧是最早进入我国的中国剧"（铃木《品梅记第65页》）。能乐评论家坂元雪鸟也曾说："横滨、长崎等地不提，（梅剧）是首次在东京大

---

[1] 本文为北京外国语大学"双一流"建设重大标志性项目"中国戏曲海外传播：文献、翻译与研究"（项目编号：2020SYLZDXM036）的阶段性成果；河北省社会科学基金"新中国成立之前的日著中国戏曲史研究"（项目编号：HB23WW005）的阶段性成果。

[2] 杨雯雯，北京外国语大学国际中国文化研究院比较文学与跨文化研究专业博士研究生，燕山大学外国语学院助理研究员。研究方向：海外中国戏剧研究。

剧场演出的中国戏剧。"(《新演艺》大正八年六月号)。因此,在明治年间京剧并不曾上演。但是正如坂元氏所说,曾有侨民的演出。据春柳社等人的记录,留学生们的表演也有。但是这些都是面向中国人的,面向日本人的公演始于大正八年。以下我将按照演出顺序列出演出剧目和演员名。当然由于资料不足的原因会有不少遗漏,我想只能期待今后补遗了。

一、梅兰芳(大正八年五月)

梅氏在东京帝国剧场初演是在大正八年五月。他说:"我从很久以前就抱着这样的愿望,那就是把中国的古典戏曲介绍到国外,了解外国观众对(中国古典戏曲)的观感。因此我满心欢喜地接受了这次邀请。稍做准备之后,我率剧团来到了日本。"(梅兰芳《戏剧散论》243页)梅氏还说,"经费全部由我自己募集"(梅兰芳《东游记333页》),可见其目的并非营利,而是要打响中国古典艺术传播的第一炮。因此,这次在帝国剧场的演出可谓意气风发、不同寻常。事实上,梅氏在这之后又以1930年访美、1935年访苏而打响了第二炮和第三炮。

帝国剧场的第一场演出剧目是本朝的二十四孝(先代幸四郎的横藏、先代勘弥的慈悲藏)。第二场是现代剧《五月的早晨》(女优剧)。第三场是阿拉伯古典剧《咒》(幸四郎、勘弥、女优们)。第四场是中国戏。第五场是新曲《娘狮子》。我们可以看出,梅氏是以承担五场剧目中的其中一场的形式来进行演出的。如果以梅氏小小的旅行剧团来演出全部剧目的话,恐会有些单调。因此,为呈现给观众比较充实的观感,这种安排肯定是很合理的。

演出剧目

《天女散花》 齐如山作。伽蓝受如来之命,派天女在维摩处将花瓣散开以祛病魔。此戏以美丽的舞蹈为中心。天女(梅兰芳)、伽蓝(赵醉秋)、维摩诘(高庆奎)、文珠师利(贯大元)。

《贵妃醉酒》 弦索调源于地方戏《醉杨妃》。(杨贵妃)在百花亭等待玄宗,但玄宗去了梅妃处。贵妃在两位力士的侍候下于御花园饮酒,现出种种娇态。这出也是舞蹈的要素偏多。杨贵妃(梅兰芳)、裴力士(姜妙香)、高力士(高庆奎)。

《牡丹亭》 出自明朝汤显祖的《牡丹亭》第十出——昆曲《游园惊梦》。杜丽娘闲游庭院,在梦中见到了年轻秀才柳梦梅。杜丽娘(梅兰芳)、春香(姚玉芙)、睡魔神(贯大元)、柳梦梅(姜妙香)、花神(高庆奎)、老夫人(赵醉秋)。

《黛玉葬花》 出自清朝曹雪芹的《红楼梦》第二十七回下半之"埋香冢黛玉泣残红"处。贾宝玉(姜妙香)、茗烟(贯大元)、林黛玉(梅兰芳)、紫鹃(姚玉芙)、袭人(赵醉秋)。

《御碑亭》 出自清朝《庐夜雨传奇》。妻子在御碑亭避雨,王有道得知当时亭中还有柳生春便将妻子休弃。之后得知是一场误会,二人又破镜重圆。梅先生说这出戏在日本最受欢迎(梅兰芳《戏剧散论》)。王有道(高庆奎)、孟月华(梅兰芳)、王淑英(姚玉芙)、孟德禄(赵醉秋)、柳生春(姜妙香)、孟明时(贯大元)、孟夫人(董玉林)、申嵩(高连奎)、赵众贤(何喜春)、姚文奎(李玉芝)。

《千金一笑》 出自《红楼梦》第三十一回上半、《撕扇子作千金一笑》这一章,又名《晴雯撕扇》。宝玉(姜妙香)、晴雯(梅兰芳)、袭人(姚玉芙)。

《武家坡》 出自《龙凤金钗传》中征东全传的故事。平贵时隔十八年立功回乡,与王宝川在武家坡会面。薛平贵(贯大元)、王宝川(梅兰芳)。

《游龙戏凤》 出自《缀白裘》第十一集、卷三、梆子腔《戏凤》,正德《游龙宝卷》。明武宗游大同时被李凤姐的美貌吸引,遂纳其为妃。又名梅龙镇。正德皇帝(高庆奎)、李凤姐(梅兰芳)。

《奇双会》 吹腔(与昆曲相似)。襄城县令赵冲的妻子桂枝听到牢房的哭声,发现竟是父亲无罪被冤入狱。因此,向巡按使请愿特赦,巡按使竟是多年未见的弟弟。禁卒(赵醉秋)、李奇(高庆奎)、丫鬟(董玉林)、李桂枝(梅兰芳)、阮公(高连奎)、赵冲(姜妙香)、李保童(姚玉芙)、胡巡抚(贯大元)。

《思凡》 出自明朝无名氏的《孽海记》。昆曲。赵氏法名色空,因向往俗世,遂脱掉袈裟下了山。赵色空(梅兰芳)。

《西厢记》 出自昆曲《拷红》、西厢记第四本第二折。老夫人叫来红娘,因莺莺和张珙之事责备她,红娘却反斥老夫人毁约。张珙(姜妙香)、红娘(梅兰芳)、莺莺(姚玉芙)、老夫人(高庆奎)。

《嫦娥奔月》 出自《淮南子》《搜神记》,是天界的故事。嫦娥偷吃了后羿所炼之药,飞升到月宫成了广寒仙子。齐如山作。后羿(高庆奎)、嫦娥(梅兰芳)、吴刚(贯大元)、仙姑(姚玉芙)、仙姑(姜妙香)。

《苏三起解》 出自《警世通言》第二十四回。妓女苏三(玉堂春)蒙冤被逮捕押解至太原,向途中护送之人哭诉自己的不幸。又名女起解。解差(赵醉秋)、苏三(梅兰芳)、狱吏(贯大元)。

《虹霓关》 据说出自《隋唐演义》,但并未在书中找到。虹霓关的守将辛文礼被王伯当射杀。文礼之妻东方氏将王伯当生擒,却慕其英俊的外表与之结婚。辛文礼(赵醉秋)、辛夫人(梅兰芳)、丫鬟(姚玉芙)、秦琼(贯大元)、王伯当(姜妙香)。

以上是在帝国剧场的演出剧目。根据宣传画报等,可知《天女散花》是从五月一日演到五日,《御碑亭》是六日、七日、八日,《黛玉葬花》是九日、十日,《虹霓关》是十一日,《贵妃醉酒》是十二日。其他剧目何时上演并不清楚。在神户上演的剧目也不详,大阪的演出是五月十九日、二十日两天,地点在大阪中央公会堂。十九日的演出剧目第一场是《思凡》,第二场是《空城计》,第三场是《御碑亭》。二十日第一场是《琴挑》,第二场是《乌龙院》,第三场是《天女散花》。

《空城计》 出自《三国演义》第九十五回,孔明以空城计退敌。

《琴挑》 出自明朝高濂的《玉簪记》第十六出《寄弄》。潘必正拜访尼姑陈妙常,二人弹琴互诉衷肠。陈妙常(梅兰芳)、潘必正(姜妙香)。

《乌龙院》 出自《水浒传》第二十一回《宋江怒杀阎婆惜》、第二十三出《杀惜》。讲的是宋江、阎婆惜、张文远的事情。宋江(贯大元)、阎婆惜(赵醉秋),梅先生每天演第一场和第三场。第一天的《空城计》中的孔明、《御碑亭》中的王有道很有可能是贯大元所演。

演员

梅兰芳(青衣、花衫) 原籍江苏泰州,祖父梅巧龄是有名的男旦,伯父雨田是著名琴师。梅兰芳8岁入行、11岁第一次登台演出,20岁就已进名伶之列。皮黄的师父是吴凌仙。作为四大名旦之首力压他人。因其美丽清秀的容貌、圆润甜美的声音,成为不世出的男旦。创作古装剧、复兴昆曲。在日本侵略中国的时候,蓄须退隐传为一段佳话。晚年担任了全国人大代表等多个要职。1894年生。

姚玉芙,江苏人,8岁开始跟随贾丽川学习老生,后师从梅兰芳扮演青衣。唱腔优美,是一名配角。1896年生。

高庆奎(老生),高四保(丑)之子,11岁跟随贾丽川,杂糅各派所长。拥有一副无与伦比的嗓子,晚年因嗓疾退隐舞台之后去世。访日之后赴沪演出,取得成功,之后地位也随之提升,长期占据头牌位置。1890年生。

姜妙香(小生),河北河间人。昆旦姜丽云之子,以青衣出名,但是在18岁的冬天咯血,遂转为小生,受过陆杏林、冯蕙林的指导。梅兰芳不可缺少的配角,其缺点是仍然没有摆脱旦角的唱腔。1897年生。

贯大元(老生),贯紫林(武旦)之子,师从余叔岩和贾丽川。在富连成科班诞生之际,与梅兰芳一起被捧作头牌。长期与梅氏配戏,晚年甘于二流。1897年生。

赵醉秋(丑),他好像什么都演,例如《天女散花》的伽蓝(净)、《牡丹亭》的老夫人(老旦)、《黛玉葬花》的袭人(花旦),但是在《女起解》一出中饰演了禁卒(丑)。

董玉林(旦),一直在演旦角,例如《御碑亭》的孟夫人(老旦)、《奇双会》的丫鬟(旦)。

何喜春(青衣),北京人,何二格(丑)的弟弟,富连成出身,中途改为青衣,配角。

李玉芝(不详)。

胡琴:茹来乡。

鼓师:何斌奎。

这时的演出分为三种。第一种是《御碑亭》这种传统剧目,第二种是《思凡》这种当时梅先生在北京致力于复兴的昆曲,第三种是像《千金一笑》这种由梅兰芳创作的古装剧。他将自己所擅长的剧目全部搬上舞台,以寻求日本观众的批评,结果却受到了热烈的欢迎。在演艺团队方面,虽然姜、高、贯、姚四人在重要的角色上给予了支持,但还是感觉很薄弱。什么都让下面的人去做,我觉得他们也很可怜。

二、赵碧云（大正八年八月）

大正八年八月一日,借日支合同大演艺会这一契机,京剧在大阪浪花座上演,也许是看到了梅氏一行的成功吧。日支合同中的日本一方,长呗有长呗芳村伊十郎、杵屋六左卫门、三味线杵屋寒玉。另外还有常磐津的兼太夫、都太夫、左喜太夫、三味线岸泽仲助、岸泽式部。这些杰出演员作为赵碧云的陪衬,可以说阵容豪华。头天的演出依次是《常磐津廓八景》《长呗筑摩川》《常磐津染久松土手场》《长呗二人椀久》《常磐津式三番曳》《长呗连狮子》《常磐津关之扉》《长呗劝进账》《湖中美》。日方的剧目每天都相差不大,京剧则每天有所不同。据松竹关西演剧杂志记载,此次继大阪演出之后,在神户中央剧院也进行了演出。

演出剧目

第一天 《湖中美》 出自正德《游龙宝卷》。讲的是明正德皇帝在游西湖时与一名叫邓宝珠的美人对歌的故事。正德皇帝（唐维初）、邓宝珠（赵碧云）。

第二天 《王允献貂蝉》 出自《三国演义》第八回。元无名氏《连环计》。明·王济《连环计》。京剧《连环计》等。讲的是汉献帝时的奸臣董卓、忠臣王允以及歌姬貂蝉的故事。董卓（冯满顺）、王允（谢宝池）、貂蝉（赵碧云）。

第三天 《唐明皇游月宫》 出自唐朝白居易的《长恨歌》及清朝洪昇的《长生殿》第五十出。讲的是失去贵妃之后陷入追思情感中的唐明皇,在方士的指引下来到了天上的广寒宫与贵妃相会的故事。唐明皇（唐维初）、方士（谢宝池）、贵妃（赵碧云）。

第四天 《金莲戏叔》 出自《水浒传》第二十三回及明朝沈璟的《义侠记·戏叔》。讲的是武松之兄武大郎的妻子金莲诱惑同住的武松,被拒绝之后反而向武大郎恶人先告状的故事。武松（谢宝池）、金莲（赵碧云）。

第五天 《气宣王》 讲的是汉宣帝因苗妃一族陷于危险之中,被贤明的皇后苏氏和其兄弟救下,天下重归太平的故事。苏氏(赵碧云)。

此戏班从八月十六日起,在东京的吾妻座连演了十五天,也是像梅兰芳在帝国剧场演出的那样,在歌舞伎座承担了三场演出中的一场。即第一场是《平家女护岛》,第二场是中国女优剧,第三场是《乳房梗》。歌舞伎的演员是歌门、头牌菊右卫门这样的中流演艺者,特意将大阪的福园写了出来。这十五天的演出剧目有五种,具体内容虽然不清楚,但是在东京朝日新闻的剧评中可以看到《金莲戏叔》《武松打虎》,可以想象大概就是在大阪上演的那五种。评论中用了"稀有"一词,似乎确实很少见。

演员

赵碧云,在五十年北平戏剧资料、民国十年五月一日这一处,我们可以看到中和园演出的崇雅坤社中的一系列名字,是一个没有什么名气的、处于中等地位的戏班。即使是这样一个戏班,(赵碧云)的名字也并未出现在里面。下面是记录的名字。

绿芙蓉、刘彩凤、小蝶仔(以上是女演员)。

谢宝池、陈一文、唐维初、邓福贵、郭月渡、谢福、徐安、冯顺滨、赵国强(以上为男演员)。

三、梅兰芳(大正十三年十月)

这次是为了纪念帝国剧场改造而进行的公演。第一场是《史剧神风》,第二场是《净琉璃红叶宴卫士白张》,第三场是《两国巷谈》,第四场是《中国戏》。再有就是为祝贺大仓男米寿,上演了净琉璃源氏十二段,因此正是由于有祝寿与纪念改建这两件大事,梅兰芳才特别出演吧。狂言的安排和大正八年一样,也是四场演出中京剧承担其中一场。

十月二十日 《麻姑献寿》 齐如山作。出自清《调元乐传奇》。讲的是天界的事情,在西王母寿辰之际,麻姑奉上百花酒向其祝寿,是古装剧。麻姑(梅兰芳)、西王母(姚玉芙)。

十月二十一日 《廉锦枫》 齐如山作。出自《镜花缘》第十三回,上半出为《美人入海遭罗网》。讲的是孝女廉锦枫为母入海取海参。一天,她被邻国渔夫用渔网抓住,正当被卖之时,为林之洋所救,为报恩将一枚巨珠送给林之洋。廉锦枫(梅兰芳)、林之洋(李春林)。

十月二十二日 《红线传》 齐如山作。出自唐朝杨巨源的《红线传》及明朝梁辰鱼的《红线女杂剧》。讲的是薛嵩受到田承嗣的攻击,侍女红线去田的寝室盗走金盒,使田承嗣大惊。薛嵩(未定)、红线(梅兰芳)、田承嗣(霍仲三)、赵通(未定)、李固(未定)。

十月二十三日 《醉杨妃》 大正八年曾上演。杨贵妃(梅兰芳)、裴力士(姜妙香)、高力士(罗文奎)。

十月二十五日 《麻姑献寿》 十月二十日曾上演。

十月二十六日 《奇双会》 大正八年曾上演。李桂枝(梅兰芳)、李奇(乔玉林)、赵冲(未定)、保童(姚玉芙)。

十月二十七日 《审头刺汤》 出自明朝李玉的《一捧雪》。讲的是莫怀古向明代奸相严嵩进献了一个叫一捧雪的赝品玉杯,此事被汤勤揭穿之后,戚继光以忠仆莫成的首级替代了莫怀古。故事围绕这个首级展开,最后汤勤在卧室被雪艳刺杀。雪艳(梅兰芳)、陆炳(未定)、汤勤(罗文奎)、戚继光(札金奎)。

十月二十八日 《醉贵妃》 前面已演。

十月二十九日 《虹霓关》 大正八年曾上演。辛文礼(霍仲三)、东方氏(梅兰芳)、王伯当(姜妙香)、侍女(姚玉芙)、秦琼(札金奎)、家将(罗文奎)。

十月三十日 与二十二日相同。

十月三十一日 与二十一日相同。

十一月一日 与二十七日相同。

十一月二日 《御碑亭》 大正八年曾上演。王有道(未定)、孟月华(梅兰芳)、王淑英(姚玉芙)、杨生春(姜妙香)、孟德禄(罗文奎)、孟父(札金奎)、孟母(孙肤庭)、申嵩(陈少之)。

十一月三日 与二十九日同。

十一月四日 《黛玉葬花》 大正八年曾上演。贾宝玉(姜妙香)、林黛玉(梅兰芳)、茗烟(罗文奎)、袭人(姚玉芙)。

演员

梅兰芳(青衣、花衫),姜妙香(小生),姚玉芙(青衣) 以上皆在大正八年演出过。

陈喜星(老生),有时候"星"也写作"兴"。富连成科班出身,师从时慧宝(老生)。刚出道嗓音并不清亮,到了40岁左右嗓音清亮起来。梅先生将他作为老生魁首带了过来,这个时候他的嗓子应该是不太好的。1900年生。

朱湘泉(武生),朱桂芳之兄,武旦朱文英的长子,福寿科班出身。中流武生。

朱桂芳(武旦),武打动作于勇猛中含有柔媚。扮相很漂亮,规定动作也很美。唱腔低回,台词清晰,和姚玉芙一样一直都在梅剧团。1893年生。

札金奎(老生),师从张春彦、鲍吉祥,属于二流角色。

孙甫庭(老旦),有时候也写作"亭"。名旦孙怡云的儿子,龚云甫的弟子,在20世纪三四十年代成了北京老旦中的前辈,是一个不好也不坏的角色。1905年生。

罗文奎(丑),青衣罗巧福之子,丑罗百岁的弟弟。

霍仲三(净),这个时候他只是刚开始在文明园唱戏的水平。

韩金福(小生),那时他是一个很有前途的年轻人。

贾多才(丑),长得有些胖,可以发出奇怪的声音,表演通俗、滑稽。

朱斌仙(丑),9岁入庆社科班,16岁出班,从老生转为丑。十几年后成了一流的丑角。

董玉林(旦),上回曾演出过。

李春林(老生)、陈少之(老生)、乔玉林(昆曲老生)、张蕊香(花旦)、孙少山(老生)。

胡弓:徐兰元,鼓:何斌奎。

这次的演出剧目没有昆曲;但是因为有乔玉林,所以在东京之外的地方应该也上演过昆曲。这次虽然不像上次演出那样目的明确,但是这次的演出既有上次之后的新作,也有上次比较受欢迎的曲目。我认为这是比较稳妥的做法。在演员方面虽然没有高庆奎和贯大元,但是起用了陈喜星等人。老生阵容虽然看起来比较薄弱,但是有朱桂芳、孙甫庭、贾多才、朱斌仙等人,因此配角阵容也很强,或者可以说这次的阵容更强一些。

四、绿牡丹(大正十四年七月)

和以前京剧在帝国剧场演出的形式相同,这次也是让绿牡丹分担几场中的一场来进行演出。这次共有五场,第一场为女优剧,中国戏作为第二场,连演了十三天。除了东京,还在宝塚、福冈、长崎、京都进行了演出。除了《风尘三侠》是他自己的新作之外,其他全部都是传统的京剧,以花旦为中心,甚至还演了武旦和青衣。由于《黄鹤楼》中并没有男旦角色,因此他反串了周瑜一角。

演出剧目

第一天 《风尘三侠》 出自唐代小说《虬髯客传》及明朝张凤翼的《红拂记》、明朝冯梦龙的《女丈夫》等。罗瘿公的《风尘三侠》是为程砚秋所作的剧本,黄玉麟的剧本大同小异。从李靖渡江见到杨素这一处开始,到虬髯客去国、红拂舞剑相送处终。

第二天 《穆天王》 出自《杨家将演义》第三十六回及《昭代萧韶》。穆桂英生擒杨宗保之后与其成亲。宗保之父杨延昭去营救宗保,结果也被穆桂英挑下马。

第三天 《鸿鸾禧》 出自《古今小说》之《金玉奴棒打薄情郎》及《今古奇观》第三十二回。秀才莫稽与乞丐团头金玉奴成亲。通过科举考试之后在赴任途中,后悔结亲将金玉奴推入河中。稽后来相亲的对象也是金玉奴,被金玉奴用鞭子责打,之后二人重归于好。之所以题目叫作《鸿鸾禧》,是因为在戏开头出现了鸿鸾星君。

第四天 《黄金台》 出自《打花鼓》及明代张伯起的《灌园记》和明代冯梦龙的《新灌园》。齐潜王宠信邹妃和太监伊立;伊立诬陷世子田法章调戏邹妃,正要去抓捕。

《打花鼓》讲的是某公子出游遇见一对打花鼓的夫妇,然后与其说唱逗弄。《吹腔》原来叫《弋腔》，是今天黄玉麟上演的节目。

第五天 《虹霓关》 大正八年梅兰芳曾出演。

第六天 《花田错》 一名《花田八错》。应该是出自《水浒传》桃花村的故事。侍女春兰为刘员外的女儿玉燕在花田祭上选婿，选定之后员外派家仆去请，家仆却误将别人带回，从而引起了一系列事端。

第七天 《宝莲灯》 出自元杂剧《沉香太子劈华山》及《沈香宝卷》。罗州府尹刘彦昌有原配之子沉香与续弦王英之子秋儿两个儿子。沈香在学堂误将人杀死，二人本想共同承担罪责，王英却让自己的儿子将罪名揽下。

第八天 《乌龙院》 一名《坐楼杀惜》，出自《水浒传》第二十一回之《宋江怒杀阎婆惜》。《水浒记》第二十三出之《杀惜》。讲的是宋江、阎婆惜、张文远的故事。

第九天 《探阴山》《汾河湾》《探阴山》出自《七侠五义》第三十四、第三十五回的《换骨脱胎》。柳金蝉被李保杀死之后，尸体被放在了颜慎敏的家门口。最后包拯将此案查明。

《汾河湾》 大正八年梅兰芳曾出演。

第十天 《空城计》 大正八年梅兰芳曾出演。

《浣花溪》 西川节度使崔宁有妻鱼氏、妾任蓉卿，部将在浣花溪谋反之时，任遇事不惊、从容镇定，在平反过程中发挥了很大作用。之后其在众将的帮助下将夫人取而代之。

第十一天 《打渔杀家》 应该是出自《水浒后传》中《太湖收渔税》。梁山英雄萧恩在归顺后做了渔夫。由于当地的恶霸要收渔税，从而引起了一场暴动。

第十二天 《游龙戏凤》 大正八年梅兰芳曾出演。

第十三天 《黄鹤楼》 出自《三国演义》四十五回及元杂剧《刘玄德醉走黄鹤楼》。周瑜在黄鹤楼设宴，刘备与赵云出席。双方因荆州之事争论不休，之后刘、赵二人使计策摆脱了危机。

演员

绿牡丹（青衣、花衫） 也就是黄玉麟，父亲是前清知事，像绿牡丹这样的艺名在当时还很少见。据说是戚艳冰的父亲将戚艳冰的艺名"绿牡丹"让给了黄。黄师从戚艳冰。其1920年在上海演出之后声名大噪。1923年本打算在帝国剧场演出,但是由于日本大地震所以将时间推迟。1924年在北京入王瑶卿门下。

由于戏班里都是上海的演员,所以并没有相关资料,只有记录的名字。

赛三胜(文武老生)、筱鸿声(正工老生)、程桐春(小丑)、小李长胜(花脸)、张鑫卿(小生)、沈玉山(花脸)、刘燕庭(老生)、小狸猫(小丑)、黄寿麟(老生)。

琴师:张葵祥,鼓师:张国珍。

五、十三旦(大正十五年四月)

从四月二十六日开始,共有七十余名男女演员在大阪辨天座连演四天。从演出剧目上看是京剧独立演出,六点开演,第三天昼夜演了两次。票价分为四元、三元、二元、一元。

演出剧目

第一天 《狸猫换太子》 出自元代无名氏的《抱妆盒》及明代姚茂良的《金丸记》和《三侠五义》第一回至四十二回。由上海的文武老生常春恒等人初演。题目的意思是,宋真宗的妃子李妃生了一只狸猫,实际是刘妃偷换了李妃所生的皇子。应该说这是围绕李刘二妃之事进行叙述的包公的长篇传记。

第二天 第一天演出的续篇。

第三天白天 《查头关》。汉朝太子刘唐建奉太后之命来到尤家关。那儿的女将尤春风乞以身事,索要封赏,二人之间渐生爱意。

《越虎城》 一部东征史剧。

《武家坡》 大正八年梅兰芳曾出演。

《馒头庵》 出自《红楼梦》第十五、十六回。秦钟与宝玉扶兄长的灵柩至馒头庵,遇尼智能;秦钟与其私会。后被秦钟之父发觉,二人最终自杀。

第三天晚上 《花木兰代父从军》。古有《木兰辞》及明代的徐渭作《四声猿》之一《雌木兰》。梅氏所演剧本为齐如山所作。

第四天 《梁武帝》 上海女演员碧云霞初演。梁武帝之妃孟瑞云被郗皇后毒杀,后来在墓中生下太子。

十三旦这一戏班于五月二十八日还在大阪松竹座演了《天女散花》;当时电影《吾之子》七卷也正上映,但是这一月内的事情不详。

《天女散花》 大正八年梅兰芳曾出演。

演员

十三旦,关于她的演出,在大阪朝日新闻大正十五年四月二十七日,有一篇署名黑根生的题为《中国女演员首次来日演出》的报道,但是正如前所述,已经有赵碧云来日演出过。还有"如此大量流失的外国人,恐怕是史无前例的。此外,他们在遭遇国奉战争时,将一些戏班成员和他们的新服装留在了北京"这样类似的报道,看来是有什么难处。而且她们与接下来小杨月楼来演的日期重合,也很不可思议。

不清楚与梆子戏中名为十三旦的女演员是否有关系,十三旦姓刘名昭容,开始是梆子花旦,后来成为京剧演员。宣统年间在汉口,民国时在北京、太原等地常年演出,其全盛时代的十年间一直与名角恩晓峰(其女恩佩贤是十三旦的徒弟)配戏,被称为"贞艳亲王"。她来日本时28岁,数年之后在北京去世。1894年生。

戏班成员为杨国泉、麒麟仙、胡满堂、张永喜、马俊舫、镜芙、荣魏青、张素卿、李玉安、菊农。

六、小杨月楼(大正十五年四月)

从四月二十八日到三十日的三天,在东京歌舞伎座演出。这次并不是与歌舞伎一起演,而是只演出京剧。

第一天 《三国志冀州城》 出自《三国演义》第六十四回。马超攻下冀城之后,进攻历城,大败之后欲返回冀城,不仅没能进城,妻儿也被人杀死。

《四郎探母》 出自《杨家将演义》第四十一回。杨四郎被辽国俘获之后成为驸马。弟弟六郎重新成为宋帅,与母亲一同出征;四郎于是前去探望母亲。演了四郎探母中坐宫、盗令、出关、见母、回令几折。

《金刀阵》 既叫《西游记》,也叫《征西演义》。讲的是取经之后,孙悟空帮助南极仙翁大破金刀阵的故事。

《花木兰从军》 大正十五年十三旦曾演出。

第二天 《花蝴蝶》 出自《七侠五义》第六十六、六十七回。大盗花蝴蝶姜永志羞辱妇女,在鸳鸯楼被包拯的部下抓捕。

《南天门》 尚书曹正邦归乡途中于广华山遭遇大雪,只剩下玉女一人存活,忠仆曹福也被冻死。曹福死后被封为南天门土地。出自弹词《后倭袍》。

《蟠桃会》 王母设蟠桃宴却没有邀请孙悟空;悟空得知此事之后大怒,偷桃盗丹,天界一片骚乱。

《狸猫换太子》 大正十五年十三旦曾出演。

《白蛇传金山寺》 出自清初的《雷峰塔传奇》。许仙在入金山寺参拜之时,由于法海知道许仙之妻白氏为白蛇的化身,于是并没有让许仙回去。白氏因此水淹金山寺。

每天最后的演出剧目是小杨月楼的场。除《狸猫换太子》之外都是京剧,但是演出具有活泼的海派风格。

演员

小杨月楼,与武生名角杨月楼的关系不明。在民国十年以前一直作为老生活跃在舞台之上,变声之后开始扮演花旦,据说也会青衣和小旦。不用说在东京进行演出的时候是他的旦角时代,尤其以扮演封神榜中的妲己著名。由于唱得太多嗓子坏了,在民国十九年加入了天蟾舞台的周信芳戏班。

戏班其他成员资料不详,只有在松竹大谷图书馆所藏的第一天演出剧目中,记录了《冀州城》的演员表,可以作为参考。张铭武(马超)、郑连奎(庞德)、李逢南(韦康)、刘春臣(杨阜)、葛华卿(梁宽)、蒋伯州(赵衢)、张镇奎(马岱)、张玉高(姜叙)。这里面的葛华卿后来在民国十九年,作为周信芳戏班的主要丑角在上海天蟾班的舞台上演出过。这样看来,武小生张铭武、副净刘春臣应该也是很厉害的角色。

小杨月楼戏班在东京演出之后,于五月四日到九日在大阪中央公会堂演出,主办方是中华衡兴团、赞助者是中日协会,台阶下的票价五元、四元、三元,台阶上是三元、二元、一元。由于篇幅有限,所以我只列举演出剧目。第一天:《长坂坡》《座宫》《盗令》《见娘》《泗州城》《全本金山寺》。第二天:《花蝴蝶》《金刀阵》《古城会训弟》《贵妃醉酒》《全本狄青招亲》。第三天:《白门楼》《月下斩貂蝉》《蟠桃会》《全本狸猫换太子》。第四天:《二本虹霓关》《恶虎村》《芭蕉扇》《七擒孟获》。第五天:《连环套盗御马》《三本铁公鸡》《机房训》《大卖艺》《全本石头夫人成亲》。第六天白天:《安天会》《南天门》《招贤镇》《全本艺娘》。第六天晚上:《八大槌》《武家坡》《甘露寺》《回荆州》《芦花荡》。

后记

　　这些记录仅限于大正年间。让人感兴趣的是,明治时期与战败前的昭和时期一次演出也没有。战败之后,昭和三十一年梅兰芳与中国京剧院第三团、昭和三十九年中国京剧院第四团曾来演。以上所述的大正年间的京剧受到了歌舞伎和新派舞蹈的影响。关于这点,我想另外再讨论。

　　最后总结一下前面所记录的演出:剧目一共有109个,除去重复演出后有89个,《虹霓关》上演四回,《贵妃醉酒》《空城计》《天女散花》《武家坡》上演三回——这些演出频率较高的都是情节简单易懂的戏。另外,《三国演义》《水浒传》《西游记》等重复演出得较多,因为这是从日本人较熟悉的东西里特意挑选出来的。从演员上看,这六次的分配是不均匀的:其中男旦四次、女旦两次;没有一次绝对的正面角色和反面角色,并且从语言到较好的外形,都很相得益彰。因此,大正年间的京剧只展现了其有趣的一面。

齐如山与《国剧画报》[①]

[日]有泽晶子[②] / 著
高语莎[③] / 译

译者按： 本文原载于日本学术杂志《亚洲文化研究所研究年报》(アジア文化研究所研究年報) 2009 年第 44 期。作者有泽晶子(Arisawa Akiko)教授在日本从事中国戏曲相关研究多年，特别关注齐如山在戏曲理论方面的成就。在本文中，作者以齐如山参与创办的杂志《国剧画报》为例，细致考察了杂志的排版和内容特色，剖析了齐如山的编辑思路及其对戏曲研究的思考，高度评价了其在文献及图像资料的调查分析，以及发掘传统戏曲价值等方面做出的突出贡献。

引言

齐如山(1875—1962)在 1932 年参与了《国剧画报》的创刊工作(这一时期戏曲中的京剧被称为"国剧"。本文根据具体情况分别使用"京剧""国剧"和"戏曲"三种表述)。在京剧历史上，20 世纪 10—30 年代有超过 60 种京剧的相关刊物接连问世，比较重要的有《春柳》(1918—1919)、《戏剧月报》(1928—1930)、《戏剧丛刊》(1932—1935)、《戏剧旬刊》(1935)、《十日戏剧》(1937—1939)等杂志。先学已指出《国剧画报》登载了十分宝贵的照片和文章。[④]然而笔者尚未见到有关其内容的详细论述。

---

① 本文系北京外国语大学 2020 年"双一流"建设重大标志性科研项目"中国戏曲海外传播：文献、翻译、研究"(项目编号：2020SYLZDXM036)的阶段性成果。
② 有泽晶子，日本东洋大学文学部教授。研究方向：中日比较文学、中国戏曲。
③ 高语莎，北京外国语大学日语学院、日本研究中心博士后。研究方向：日本文学、中日比较文学。
④ 马少波. 中国京剧史. 中卷 [M]. 北京：中国戏剧出版社，1999：754.

上述《国剧画报》等杂志的存续时间均在五年以内，至1940年已经全部停刊。除了危急的社会情势和混乱的经济状况等外在因素，可以说这与知识阶层的不安处境也息息相关。齐如山承担了多本杂志的文章执笔工作，又参与了《国剧画报》《戏剧丛刊》的创刊并担任主笔。虽然参与了多种刊物的编辑，但齐如山在《国剧画报》中扮演着尤为重要的角色。《国剧画报》也是与国剧学会关联的期刊，该学会是一个致力于学术研究和人才培养的组织。

《国剧画报》经常被提起，但是作为出版物没有再版。[①]《国剧画报》的编辑内容鲜明地显示出齐如山具有多维、实证特点的国剧研究态度。本文通过对《国剧画报》编辑内容的分析，指出该杂志编辑方针的特征，并阐明齐如山的编辑思路和《国剧画报》的价值。

一、创刊宗旨

《国剧画报》的发行机构是北平国剧学会，杂志在学会成立的同时开始发刊。该杂志的发行没有止步于机构内部，而是面向一般大众。下文首先探讨发行这本刊物的学会是一个怎样的机构。

北平国剧学会第一次大会的情况由记者记录了下来。根据报道内容，北平国剧学会是由梅兰芳（在此名为梅浣华或梅畹华）与余叔岩等社会知名度很高的艺人作为发起人而成立的，附属的传习所也一并开设。胡适等数十人曾出席，一起讨论学会的发展前景。随后，报道登载了梅畹华在会议上的致辞内容。发言提到，在国难当前的时期进行戏剧的整理有两个理由。第一，"戏剧的力量是极雄伟的，有许多民族，他们精神的强弱，差不多全以他的国内戏剧性质为标准"。[②]这里体现了一种认识，即戏剧表演的存在意义并非在于社会启蒙，而在于表现人物的精神，同时给予观看者精神力量。第二，"戏剧的范围是极广大的，有许多艺术都是与戏剧有关系的"。[③]此处体现着梅畹华对戏剧表演的综合性的理解。发言还提到，学会创建的契机源于在美

---

① 本文发表后，学苑出版社于2010年7月出版了《国剧画报》影印版。——译者注
② 译文参考北平国剧学会. 国剧画报[M]. 北京：学苑出版社，2010：2.——译者注
③ 同②.

国公演时接触到的戏剧研究团体,以及加入美洲戏曲协会的亲身经历。

将差旅时间计算在内,美国公演从1930年1月到7月持续了近半年的时间。在此期间,梅兰芳和齐如山重新认识到本国戏曲的价值,从而获得了自我的身份认同,发现了国难当前的状况下亟待完成的使命。北平国剧学会的发刊词由梅兰芳和余叔岩联名发表,其中再次提到因美国公演而认识到国剧的价值,同时也指出若将戏曲漠然置之,其必将终至衰微。

北平国剧学会和《国剧画报》编辑部都将活动的地点设置在北平的前门;将《国剧画报》的销售地点设在北平永丰地区、天津、青岛和上海,旨在面向全社会推广国剧。在《国剧画报》的创办宗旨中,欧美舞台画报 *The Theatre* 和日本《演艺画报》等外国杂志作为示范被列举出来。这是因为尽管戏曲的研究繁盛,刊物数量也并不少,然而"大多注重于研究与批评之刊载,至于文图并重……此类刊物,尚付缺如"[①],将文章与图片并重的想法因此产生。《演艺画报》于明治四十年(1907)1月创刊,至昭和十八年(1943)10月号因杂志重组而停刊,其后诞生了《演剧界》杂志。当时的留学生是否将其带回中国尚且不明。《国剧画报》把这些杂志作为范本,目标在于制作一本能够让专业人士获取学术信息和知识,让一般公众能够一边欣赏图像一边加深对戏曲理解的刊物。此外,国内的北平、天津、上海虽有画报发行,但没有专门的戏剧类杂志,因此北平国剧学会的目标是:"振兴国剧,发扬文化,补助教育[②]。"这样,《国剧画报》作为周刊正式问世了。

文章又提到,如今的研究动向不再像以前一样着重于曲调、声腔的变化和戏曲的改良,而更重视文献搜集和图像照片的保存。例如,齐如山拍摄的精忠庙壁画、朱遏先搜集的升平署文献及梅兰芳收集的明清脸谱、余叔岩收藏的程徐画像等。在这样的倾向下,为了使更多的人能够利用这些研究成果,资料校订和整理是十分必要的。《国剧画报》同时强调了其作为画报,能够发挥资料发表平台的作用。发刊词的最后又记述,该杂志通过将搜集到的资料公之于世,旨在树立相关领域研究的新风,"以图为经,以文为纬"[③],从而

---

① 译文参考北平国剧学会.国剧画报[M].北京:学苑出版社,2010:2.——译者注。
② 同①.
③ 同①.

进行国剧的整理研究。该杂志的定位是面向一般公众,并在戏剧类刊物中开辟新的轨道。

同样由北平国剧学会主办的杂志还有已经刊行的《戏剧丛刊》。这本杂志只有文字,于1932年创刊,是由齐如山、梅浣华等人发起的。傅芸子的发刊词中提到了学界存在认为旧剧无足研究的观点,又指出旧剧虽然存在很多缺点,但认可其"所含学理与艺术,确有不可磨灭之精神与丰富之价值"①,并明确表示要打破以剧评为主的常规,旨在"重于学术方面之研究与整理"②。在出版的四期刊物中,《戏剧丛刊》的内容包括专论、考证、戏文警句解说、论考、意见评论五个方面。如是,两份杂志和谐并存,在重视学术研究的方面具有共通的精神,而其研究的内容和方向并不在于历史悠久的曲调研究和改编、演出的创作实践。特别是《国剧画报》在搜集研究资料文献、图片、照片的同时,对其进行分析和发表,多角度地审视戏剧的历史,在观照戏剧的方式上展现出巨大的转变。齐如山在其中起到的带头作用在其他论文中已经论及,本文不再赘述。《国剧画报》所发挥的先锋作用为之后的研究指明了方向。

二、内容构成

《国剧画报》每期4页,版面大小为B4尺寸,比起杂志,称之为报纸更为妥当。值得注意的是第一版中有半版的空间用来刊登照片。"国剧画报"的名称是由红豆馆主来题写的。红豆馆主(1871—1952)出身清朝皇族,本名为爱新觉罗·溥侗,是一名"票友",精通京剧和昆曲,无所不工。③杂志第一版和第四版有广告的刊登,其中一部分是北平国剧学会自身出版物的广告。《国剧画报》每周星期五发刊,价格为六分大洋。下文通过对版面的内容构成整理分类,从而进行具体讨论。

《国剧画报》的第一版首先登载一张照片,其解说刊登在第一版或第二

---

① 译文参考傅芸子. 发刊词 [J]. 戏剧丛刊,1932(1).——译者注。
② 同①.
③ 黄钧,徐希博. 京剧文化词典 [M]. 上海:汉语大词典出版社,2001:616.

版上。本文对《国剧画报》的版面内容进行了整理,如表1所示,以此探讨其选题倾向。表1中所列的期号从1至40,1对应于1932年1月15日发行的第1期,每周发行一期,40对应于1932年10月21日发行的第40期。这个数字大概相当于发刊总量的一半。[①] 刊物的内容分类可以整理为①历史事件、②古戏台、③戏曲文物、④剧目宣传、⑤论考、⑥艺谈、⑦风俗、⑧历史、⑨脚本等9个项目。

表1 《国剧画报》内容类型

类型	期号	内容
①历史事件 第1版	1	20年前南京国民政府访问北京时与正乐育化会成员合影留念（谭鑫培、梅兰芳、余叔岩、杨小楼）
	15	北平唯一女科班崇雅社全体合影,齐如山提供并解说
	19	国剧传习所开学纪念号
	21	北平国剧学会新落成之戏台
	35	"旗装专号"、梅巧玲扮《雁门关》萧太后画像
	36	"旗装专号（二）"、刘赶三和李宝琴的《探亲》画像（齐如山藏）
第2、3版 照片	1	北平国剧学会第一次盛会
		北平国剧学会理事会
	2	北平国剧学会第二次盛会
		梅浣华与法国国家剧院秘书长
		北平国剧学会理事张伯驹
		北平国剧学会指导部门外观
	3	北平国剧学会第三次盛会
		学会编辑部外观
	4	北平国剧学会第三次盛会之二
		王瑶卿近照（以下略）
②古戏台	6	故宫漱芳斋风雅存小戏台（传为清乾隆皇帝演剧之处）,齐如山解说
	12	故宫宁寿宫倦勤斋小戏台（故宫博物院提供）,齐如山解说
	23	故宫宁寿宫畅音阁戏台,傅惜华解说
	34	故宫重华宫漱芳斋戏台
	39	南府戏台,齐如山解说
	40	清升平署（南府）戏台,齐如山摄影
	28	颐和园德和园戏台,傅惜华解说
	10	清乾隆年间,安南王阮惠遣侄阮光显在热河福寿园清音楼观剧图
	13	宋朝戏台（从《清明上河图》开始）,齐如山解说

---

① 《国剧画报》于1933年8月终刊,共发行70期。——译者注。

续表

类型	期号	内容
②古戏台	14	四川万州区桓侯庙戏台,齐如山解说
	17	山西万全县四望村后土庙元代戏台,齐如山解说
	18	四川自流井南华宫戏台
	20	山西万全县四望村后土庙元代戏台正面照片,傅惜华解说
	27	平西琉璃渠村关帝庙戏台,齐如山解说
	32	西安城隍庙戏台
	33	浙江省建德市朱买臣庙戏台及古朱池
③戏曲文物 第1版	2	北平精忠庙梨园会壁画《十二音神图》,齐如山摄影,傅惜华解说
	3	同上
	4	同上
	7	景山观德殿所祀神像,齐如山根据二十年前剧界人士所述记载
	8	北平精忠庙梨园会壁画之四,齐如山摄影
	9	景山观德殿所祀神像,刊载王瑶卿阅第七期国剧画报后的来信
	11	龟兹(现库车)乐士像,齐如山解说
	16	宋代院画《岳阳楼图》,傅惜华解说
	22	同光时期北平著名票房"赏心乐事"之翠峰庵
	24	安徽省灵璧县项王庙的项羽虞姬像
	25	安徽省灵璧县项王庙的虞姬墓
	26	杨贵妃出浴像,陕西省兴平市马嵬驿,齐如山解说
	29	王宝钏像
	30	山西省蒲州普救寺全景,《西厢记》中的普救寺,傅惜华解说
	31	山西省大同玄武庙曹福像,齐如山解说
	37	宋代院画《黄鹤楼图》,齐如山解说
	38	四十年前的黄鹤楼
第2、3版 照片	3	作为汾河湾舞台背景的山西省柳家村所住之窑
	4	华清池与新剧
	24	霸桥与《折柳阳关》
	25	陕西省潼关
	28	陕西省山石"劈山救母"
	30	陕西省潼关全景
	33	朱买臣墓
古乐器介绍	25	埙
	27	铜鼓
	33	铜琴拓本
	38	胡琴由来
戏台画·版画	每期	升平署扮像谱:每期刊载一图。梅兰芳藏。其后在百科全书等出版物中频繁刊出,全篇出版
	1	程长庚群英会,缀玉轩藏(以下略)

续表

类型	期号	内容
脸谱图	每期	缀玉轩藏明代脸谱：每期介绍一种脸谱。梅兰芳藏明代脸谱图在半个世纪后被收入百科全书，论及脸谱时必被使用。其后尽管有外流，这些脸谱图被收入 2002 年出版的《梅兰芳藏戏曲史料图画集》[①]
	4	青面虎脸谱图
④剧目宣传	5	民国七年上元节，新明大戏院举行的梅兰芳《上元夫人》初次上演（发刊翌日为上元节，梅兰芳同名剧作上演，故刊登）
戏台照片	1	余叔岩《宁武关》 梅浣华《红线盗盒》 程玉霜《荒山泪》
	2	余叔岩、程继仙《镇檀州》 萧长华、刘连荣《春秋配》
	3	余叔岩《洗浮山》 梅浣华、杨小楼《别姬》 钱金福《庆阳图》 天津票友《骂殿》 女性票友《梅龙镇》
	4	王泊生反串《芦花荡》 余叔岩、王长林《杀山》 于连泉（小翠花） 俞菊笙、余玉琴《青石山》（以下略）
扇面画·书法·绘画	1	梅浣华画梅花图 杨小楼篆书
	2	梅浣华笔佛像画
	3	王瑶卿笔"岁寒三友" 昆曲家袁寒云与张伯驹笔梅花
	4	梅浣华笔佛像画之二（以下略）
伶人介绍	2	武旦贯子林
	3[②]	时小福（以下略）
⑤论考 第2、3版	2	黄陂调查记，宛乘自黄陂寄
	3	剧《马思远》考，傅芸子
	4	内廷除夕承应戏，傅惜华
	5	征稿启事
	14	贴旦名称
	22	梅兰芳的讲义
	24	对称，美学原理与国剧之一
	25	层渐，美学原理与国剧之二
	26	单纯，美学原理与国剧之三
	27	调和，美学原理与国剧之四

---

① 刘占文. 梅兰芳藏戏曲史料图画集[M]. 石家庄：河北教育出版社，2002.
② 应为第 4 期。——译者注。

续表

类型	期号	内容
⑥艺谈	5~12	谭剧杂忆(谭鑫培演技相关的连载)
	12、13	安徽省贵池梅村的目连戏
	14、15、20、22、25、26、28、30、33	升平署见闻
	16、18、21、23、27、28	戏班逸事
⑦风俗	5~12	昆曲酒令百则
	15	升平署腰牌记,齐如山
	28[①]	戏词中的方言,齐如山
	31	老郎神说
	31	清宫中升平署魔王的衣装
	32	演剧祀神事
	33	福禄寿三星的衣装
	39	演剧中的折狱事
⑧历史	1~23、30、32	京剧的变迁,齐如山,《失街亭》
	18	西安剧社概况
	28	乾隆以来的戏剧变迁
⑨脚本	1~12	昆曲《霓虹关总本》,缀玉轩藏,傅惜华解说
	13~33	《双合印(升平署本)》,齐如山藏
	34~40	《失街亭》,齐如山藏
	39~40	《凤还巢》,齐如山藏,齐如山编

　　除上述项目,杂志内容还包括附属人才培养机构的方针和讲义内容,以及古乐器相关的文章。这样的选题涵盖了戏曲的多少内容呢?将《国剧画报》与已经出版的戏曲类百科《中国大百科全书·戏曲曲艺》(1983年8月)进行比较,结果如图1所示。内侧圆弧代表百科的项目,外侧为相应的《国剧画报》项目。

　　上述内容的分类比较表明,《国剧画报》网罗了除剧种和导演之外的全部内容。剧种是通过声腔将戏曲进行分类的概念,1950年以后逐渐被重视。关于导演,百科中没有具体记述,这是因为以前导演本身并不存在。齐如山实质上充当着导演的先驱,然而当时这个概念还没有明确下来。总之,《国剧画报》从历史、文学、文物、美术等不同方面将戏剧视为综合的文化现象而进

---

① 应为第29期。——译者注。

行整理研究。可以看到,该杂志意欲将有关文献资料、戏曲题材遗迹的信息传达给整个社会,不论对象是专家、戏剧从业者还是普通读者。

图1　内容项目比较

三、齐如山关于古戏台和文物的考察

根据前文所述的分类整理,本文通过对齐如山执笔且独具特色的文章进行探讨,以期阐明齐如山的思想观点。

关于北平精忠庙梨园会壁画《十二音神图》,齐如山亲自对其进行拍摄,傅惜华解说,《国剧画报》上一共有四次该内容的连载。该地点位于北平崇武门外东晓市,是清乾隆年间建造的。由于此地已不存在,这个连载在现在看来尤为珍贵。此外,这里是梨园同业者组织"行会"的所在地。将这一具有象征意义的壁画刊载在画报的头版上,体现出这一新的学会组织[①]对传统的尊重。

根据傅惜华的解说,四面壁画上描绘了梨园的历史故事,制作者不详。这些壁画在很长的一段时间里被柜橱遮蔽,甚至很少有人知道其存在。齐如

---

① 指北平国剧学会。——译者注

山发现了这组壁画，认为它们对中国戏剧史和梨园信仰来说是极为珍贵的资料，故决定为其摄影，而这一想法最初却没有实现。1928年，齐如山再度访问此地，克服了沟通交涉、筹备摄影设备、移动柜橱等重重障碍，终于得以进行摄影工作，过程十分艰辛。齐如山凭借其对戏曲文物的价值判断，让被忽视已久的文物重新获得关注。不论是这组壁画还是照片，如今在《国剧画报》的版面以外已经看不到了。齐如山拍摄完毕时，曾经把照片提供给北京的画报和南京的杂志刊登，这是壁画最早见刊的记录。此外，北平研究院复制了这些资料，并在其院务汇报上刊出。

根据傅惜华的解说，壁画共有八幅，内容是梨园的神话和故事，关乎戏剧的历史，而内容多含有神秘色彩，充分理解其中的意义是有难度的。傅惜华随后指出，本报首先刊出壁画的照片，附属文字资料的相关成果待到阐明时再发表。然而在那之后，相关研究并没有刊登出来。

此刊在记述十二音神的名称之后，对伶人的声音类型进行了介绍。昔时，"小生"之外的男性角色——戴着髯口的"须生"须具备"小龙虎音、云音、鹤音、琴音、猿音"。"小生"则有"凤音、云音、鬼音"。"老旦"与"须生"同，而声音略小。"青衣"与"小生"同。"净"有"大龙虎音、雷音"。"丑"有"鸟音"。这些不同的声音需要由演唱者分别使用到唇、齿、舌、鼻、喉等不同部位，因此，梨园祭祀着这些不同声音的神灵。傅惜华如是说明十二音神的由来。

此后，齐如山在《齐如山剧学丛书》的《戏班》中对十二音神进行了考察，展现了其不留疑问、将模糊不清的问题点逐一考察和厘清的态度。齐如山指出，音神的牌位通常是不供奉的，只有在规模较大的祖师殿才可见到，配置于祖师的两旁，并注明具体名称。《戏班》中设有《信仰》一章，文中说："有人云，戏界最为迷信，其实此话最不通，盖每个社会必有其崇拜之人，每个团体必有其信仰之事。"[①] 文章开头就阐述了音神崇拜的正当理由。这样的视角在《国剧画报》中也有所反映，例如⑦风俗中列举的"老郎神说"和"演剧祀神事"等内容。

在刊登雕像照片的第26期《国剧画报》载有《杨贵妃出浴像》。根据齐

---

① 译文参考齐如山.齐如山文论[M].沈阳：辽宁教育出版社，2010：103.——译者注。

如山的记述,这是位于陕西省兴平市马嵬驿、表现杨贵妃洗浴完毕样貌的作品。照片中可以清晰地看到杨贵妃雍容的表情和手托脸庞、富有动态的身姿。然而,这一实物现在去向不明。齐如山以激昂的口吻写道:"像系石质,雕镂精绝,不知造自何年。据本地人云,系元明以前之物。此像可惜于数年前,忽然不翼而飞。据人调查,谓系为外人以重金购去。国中此种贵重美术物品,已失去者甚多,而国人毫不知注意,言之慨然!"①这样的文章旨在唤起国人对这种美术品的重视和保护意识,同时也对这"独一无二之美术纪念品"的逸失表达了愤慨之情。文章同时又指出《国剧画报》另一期刊载的虞姬墓"虽无美术可言,而国内亦只此一墓一庙,与关帝神祠等不可同日而语"②,杨贵妃与虞姬同戏剧关系甚为密切,故特意着笔。

诚然,当时官方和民间对文物的保护意识还不够高,在社会情势不安定的时期内情况更是如此。齐如山颇具启蒙性的提示就是在这样的背景下产生的。齐如山对文献资料、图录、照片等资料搜集的态度在北平国剧学会的会员规定(第8期开始每期刊登)中也鲜明地表现出来。例如,成为特别会员的条件是一次缴纳会费一百元,或上交价值百元以上的物品、图书。

齐如山在宫廷戏台及地方古戏台的研究方面也是一位先锋式人物。故宫中的戏台都得到了调查研究,而地方的古戏台在齐如山以后的时期或被作为住房,或被弃之不用,及至20世纪80年代后期已经濒于荒废,没有得到重视。在这样的前提下,齐如山的先驱性观点十分值得关注。

齐如山对戏台的具体分析如下。"故宫漱芳斋风雅存小戏台"位于"故宫漱芳斋之西间,建自乾隆年间,全用木料造成,髹以竹纹,并饰绿色斑点。西边耳房,即为后台。其建筑尺寸如下"③,随后记录了戏台的纵深、宽度、高度等信息。此外,戏台的正面是乾隆书写的匾额"风雅存"和对联"金掌落浮盘影动,莲壶风送漏声迟"。梁柱上是嘉庆年间的对联"天作宫庭传飞燕,敬承堂构集鸿福"。上面又有庄惠皇贵妃书写的匾额"温仁受福"。齐如山认为,匾额上多用吉祥用语,与戏台并无关联。

---

① 译文参考北平国剧学会.国剧画报[M].北京:学苑出版社,2010:101.——译者注.
② 同①.
③ 同① 21.

东间的壁面是乾隆皇帝御笔的"金昭玉粹"和对联"瑞景琼楼开锦绣,欢声珠阁奏云韶"。这里是乾隆自己表演的戏台。据皇族的老辈传说,乾隆皇帝十分喜好演唱,由于不适于在大戏台上表演,故在自己的居室中设置戏台,时常命令宦官扮演配角。乾隆皇帝因为自己的声音较低,无法演唱当时宫中演出的昆弋调,于是创了一个调子,唱白各半,命宦官学习。故宫博物院的月令承应戏、九九大庆等剧本多用此调。宫中及皇族都称此为"御制腔",梨园则称此为"南府腔"。嘉庆、道光年间的宫中演唱均系此种腔调。后来加上"外学(民间伶人)",方有皮黄(京剧)进入宫中。在光绪初年,京剧在宫中还没有连续上演。到了光绪末年,开场和终场以外都演京剧。以前,在宫中当差的演剧界业者中能表演此腔场面的仅有数人,但眼下的演剧界能者大有人在。照片中的戏台上可见两件兵器:其一是楠木制的月斧,其二是宝剑,施以雕漆,极为精美。二者皆为乾隆年间所造。这样,齐如山对戏台样式、建造者、使用方式、演出曲目,乃至宫廷戏剧内容、民间曲调交流都进行了考察和讨论。

下面来看讨论民间古戏台的例子。《国剧画报》第27期刊载了平西琉璃渠村关帝庙戏台。从照片来看,戏台已经不再使用,台上瓦砾散乱不堪。据齐如山解说,琉璃渠村是以前向宫廷提供琉璃瓦的琉璃窑所在之处。营造学社①在对琉璃窑历史进行调查时发现了关帝庙戏台。经研究判定,这个戏台是辽金时期的建筑,十分宝贵。学社在进行拍摄之后将照片提供给《国剧画报》。因此,齐如山将此照片刊载出来,供广大读者欣赏。齐如山对这张照片的分析如下:"此台有特别之点,即台旁有一小台,当系场面坐落之处。这种建筑法,与现在人的思想颇近。"②如是,《国剧画报》也有这样由外界提供的内容,提高了公众对未得到关注的建筑物的兴趣。这种关于民间古戏台的分析从视觉角度对构筑戏台的历史变迁有所贡献。

此外,1932年发行的《国剧画报》第35、36期为旗装特刊号。旗装是满族的传统服饰,这是为纪念一年前的"九一八"事变"国耻"而制作的特辑。下面来看这一特刊号的详细内容。

---

① 中国营造学于1930年2月在北平成立,朱启钤任社长。——译者注。
② 译文参考北平国剧学会.国剧画报[M].北京:学苑出版社,2010:105.——译者注。

第35期的头版是梅巧玲扮演的《雁门关》萧太后像(缀玉轩藏)。文字解说云:"本刊封面,向不登单人相片,此次特刊,固属例外,且梅君巧玲,为排雁门关之第一人。"[1]梅巧玲(1842—1882)是知名旦角,"同光名优十三绝"之一。梅兰芳为其孙。《雁门关》是梅巧玲的代表作之一。文章中写宫中曾有昆曲《昭代萧韶》,由梅巧玲重新排成京剧《雁门关》,全戏一共八本。故事内容是宋太宗出征伐辽时,宋朝的杨家与辽国的萧太后在雁门关展开攻防战事,最终萧太后被降伏。而梅巧玲将结局改编为了南北相和。《国剧画报》载:"本报于纪念九一八之国耻外,兼希望国人皆和以御外,则以此片刊于封面"[2],指出剧目《雁门关》中萧太后这一人物象征着国内的团结一致。

第二版接着对其意义进行了记述。"就我们《国剧画报》的立场,应以何种方法来纪念此日呢?"经过思考,文章写道:"纪念失地,所以应该从地域风土上特殊关系上,来引起国人对于失地的深刻追忆。那么,目前失去的东三省,就是历史上的满洲,他的风土习惯,有哪一种最特殊事物遗留于国剧上面呢?想来想去,只有旗装这一件东西,是在近代国剧上,可算一种特殊产物。不用说,我们今日无论何人,若是看见旗装,就立刻感觉到这是满洲的服装,含有美的性质的。而眼前的满洲,已是被人占领了。"[3]出于这样的考虑,杂志企划了旗装特刊号。三个版面均刊登了过去的名优身着旗装的舞台照片。此外,关于旗装"为什么是近代国剧上一种特殊产物"[4],文章说明了旗装在戏曲服饰中的定位。在国剧中,女性的服装是"一蟒,二披,三褶子,四宫装;此外武的,加上一靠,这是戏剧上历来老例。至于裤子、袄子,已经不是戏剧上的老规矩,已经是时装了。旗装的发生,更在裤袄之后,一直到现在后台的衣箱,还没有预备旗装的衣服什件,所以这可算一种特殊的产物。"[5]由此可以看出,杂志非常注重解读戏曲的意义及其与社会的联系。

通过《国剧画报》的编辑构成及其内容可知齐如山的编辑思路有如下特

---

[1] 译文参考北平国剧学会. 国剧画报[M]. 北京: 学苑出版社, 2010: 137.——译者注。

[2] 同①.

[3] 同① 138.

[4] 同① 138.

[5] 同① 138.

征：第一，通过实际的珍贵文物来展示历史背景；第二，涉足未曾被作为研究对象的舞台美术等领域，证明戏曲乃综合性的文化；第三，严密考察并具体展示了舞台美术中种种细节的来源和规范。由此可见，齐如山有志于向全社会传扬：当时价值未能得到判定的传统戏曲实则能够体现中国人具有深厚历史积淀的身份认同。

结语

本文对《国剧画报》的杂志内容进行了分类，并详细地讨论了其特色。从当今的戏曲研究视角来看，该杂志明确体现了关注历史遗存及文物，并对其图像资料进行搜集、分析的态度——这对于综合性实证研究来说是不可或缺的。作为周刊，能够持续地输出这样的内容并非易事。在西欧的冲击和传统的对抗之下，齐如山的综合企划能力为处于夹缝中的戏曲打开了一扇大门——关注文物及图像的研究姿态。《国剧画报》所刊载的文章中有不少后来作为单行本以更为充实的形式出版。这些研究成果可以归功于齐如山永不枯竭的兴趣和求知欲，就结果而言，也提高了不同领域专业人士的意识，促进了具有跨时代价值的作品的创作。至于《国剧画报》其余内容的分析和齐如山的宣传能力将在今后的论文中讨论。

域外汉学、中国学研究

滨尾房子对马勒《大地之歌》第三乐章歌词的唐诗源考[①]

张 杨[②]

摘要: 奥地利作曲家古斯塔夫·马勒《大地之歌》第三乐章歌词可追溯至法国女作家、翻译家、评论家俞第德创作的《瓷亭》一诗。根据署名标注,该诗源自李白诗作。然而,探明《瓷亭》"真身"的工作却困难重重,至今尚无定论。日裔学者滨尾房子考证了俞第德译诗的特点,经对比分析后确认《瓷亭》源自李白的《宴陶家亭子》。本文主要考察了滨尾房子对第三乐章唐诗源考的"解题"思路,以期为我国学界的相关研究提供一定的借鉴和参考。

关键词: 滨尾房子 《大地之歌》第三乐章 马勒 李白

法国女作家、翻译家、评论家俞第德(Judith Gautier, 1845—1917)的《玉书》(*Le Livre de Jade*)是欧洲流传甚广的中国古诗法译集,堪称19世纪下半叶在法国出现的现象级唐诗法译本之一。《玉书》中收录了一首明确标注源自李白诗作的诗歌《瓷亭》(*Le pavillon de porcelaine*)。德国艺术记者、作家汉斯·海尔曼(Hans Heilmann, 1859—1930)从《玉书》中转译了该诗,并收入《公元前12世纪至今的中国抒情诗》(*Chinesische Lyrik: vom 12. Jahrhundert v. Chr. bis zur Gegenwart,* 以下简称《中国抒情诗》)。随后,德国诗人汉斯·贝特格(Hans Bethge, 1876—1946)又在俞第德与海尔曼《瓷亭》的基础上创作了同名译诗,收入《中国之笛——中国抒情诗仿作集》(*Die*

[①] 本文系国家社会科学基金西部项目"唐诗在德语世界的译介与研究"(项目编号:17XZW025)的阶段性研究成果。

[②] 张杨,西南交通大学外国语学院副教授。研究方向:德语国家汉学研究、德语语言学。

chinesische Flöte: Nachdichtungen chinesischer Lyrik）。这支"中国之笛"的优美旋律打动了很多人，亦拨动了奥地利作曲家马勒的心弦。他从中选择了数首译诗稍做修改后配乐，创作出流传至今的六乐章交响性声乐套曲《大地之歌》（*Das Lied von der Erde*），涉及李白、钱起、孟浩然和王维四位唐代诗人的七首诗歌。贝特格笔下的《瓷亭》，经马勒之手稍加改动[①]后，成为这一旷世之作第三乐章"青春"（Von der Jugend）的歌词。正因这场特殊的跨语言与跨文化之旅，马勒在《大地之歌》中对唐诗的改编与使用成为学界的研究热点，亦引发了国内外学者对其各乐章歌词出处的唐诗考证热。

经中外学者的不懈努力，五个乐章的歌词出处均得以查明。[②]唯独对于第三乐章"青春"的唐诗来源，学界至今仍未达成最终共识。综观各方研究成果，有关"青春"歌词即俞第德《瓷亭》的李白诗歌来源，主要有三种说法：《宴陶家亭子》《夏日陪司马武公与群贤宴姑熟亭序》及《清平调三首》题注。相较而言，第一种说法更为学界所接受。它最早由我国音乐学家、作曲家钱仁康经苦心求索考证于1983年提出。[③]稍晚于他得出相同结论的是日裔独立学者、耶鲁大学音乐博士滨尾房子（Fusako Hamao）[④]。1989年，她曾在日文期刊《音乐艺术》上发表《马勒的"大地之歌"和"陶器之亭"》一文，指出《瓷亭》源自李白的《宴陶家亭子》；[⑤]1995年，她又撰写英文文章《马勒〈大地之歌〉中的歌词来源》（*The Sources of the Texts in Mahler's Lied von der Erde*），

[①] 马勒调换了贝特格《瓷亭》中最后两个诗节的顺序和其中的个别词句，并以"青春"之名来替代"瓷亭"。

[②] 第一乐章"愁世的饮酒歌"（Das Trinklied vom Jammer der Erde）对应李白的《悲歌行》，第二乐章"寒秋孤影"（Der Einsame im Herbst）对应钱起的《效古秋夜长》，第四乐章"美女"（Von der Schönheit）对应李白的《采莲曲》，第五乐章"春天的醉汉"（Der Trunkene im Frühling）对应李白的《春日醉起言志》，第六乐章"告别"（Der Abschied）对应孟浩然的《宿业师山房待丁大不至》以及王维的《送别》。严宝瑜. 马勒《大地之歌》德文歌词汉译以及与原唐诗的比较[J]. 中央音乐学院学报，2000：3.

[③] 钱仁康.《大地之歌》词、曲纵横谈[M]//毕明辉，编选. 马勒《大地之歌》研究. 上海：上海音乐出版社，2002：30-32.

[④] 日文汉字的写法为"浜尾房子"，汉语即"滨尾房子"。有一些学者将其写为"滨南房子"，其实是错误的，因为"滨南/浜南"在发音上与"Hamao"并不匹配。

[⑤] 黄元. 马勒的"大地之歌"与中国唐诗[J]. 解放军艺术学院学报，1999：1.

详细论证了自己的观点。该文备受西方学界关注,然而国内还未有对其具体研究过程的详细介绍。基于此,本文将考察滨尾《马勒〈大地之歌〉中的歌词来源》一文,对其第三乐章唐诗源考的主要"解题"思路进行介绍,以期"他山之石,可以攻玉",为我国学界的相关研究提供一定的借鉴和参考。

一、已有研究的弊端及解决方案

自20世纪70年代起,就有海外学者对《大地之歌》第三乐章"青春"的唐诗出处予以关注,例如日本汉学家吉川幸次郎(Kōjirō Yoshikawa,1904—1980)、法国音乐学家及马勒传记作家亨利-路易·德·拉格朗热(Henry-Louis de La Grange,1924—2017)、英国音乐学家唐纳德·米切尔(Donald Mitchell,1925—2017),但得出的结论都是难辨"青春"歌词的唐诗出处。[1]对此,滨尾房子指出,该乐章的唐诗寻踪之所以困难重重,主要障碍在于俞第德的翻译缺乏忠实性。但与此同时,她也指出了上述研究的两个弊端:首先,他们只考察了出处存疑的译诗,并没有通过全面分析《玉书》中的所有诗歌去把握俞第德译诗的特点。这样就使得很难判定俞第德的"意译"在何种程度上造成了她的译诗与所参照原诗之间的差别。其次,俞第德给译诗标注的署名并不一定准确——如果仅按这条线索去寻根溯源,就需要遍观从古代至19世纪中期的所有中文诗歌,这无异于大海捞针。[2]

针对第一个弊端,滨尾首先确认,海尔曼将《玉书》作为《中国抒情诗》的参考译诗集时,使用的一定是1902年版。因为1867年版《玉书》共有71首诗,1902年版则新增了40首,共111首[3],而海尔曼的《中国抒情诗》中包

---

[1] FUSAKO HAMAO. The Sources of the Texts in Mahler's Lied von der Erde[J]. 19th-Century Music, 1995, 19(1): 83-95.

[2] Ibid.

[3] 另一种说法为新增了39首,共110首。参见蒋向艳.唐诗在法国的译介和研究[M].北京:学苑出版社,2016:32.经核实,这两种统计的区别在于是否将清朝驻法公使裕庚(？—1905)所作的《即兴诗》(*Strophes improvisées*)计算在内。笔者认为,既然俞第德并未将《即兴诗》归入《玉书》中的某一分类主题之下,即不属于正文选诗,那么就不该将其纳入统计,因而第二种说法更准确。

含了他对某些在1902版中才首次出现的诗歌的德文翻译。[1]接下来，为摸清俞第德的“改编”风格和习惯，她从1902年版《玉书》约60首可辨认出处的诗歌中总结出这位女诗人译诗的六大特点。[2]

第一，当中文原诗相对较长时，通常只节选部分进行翻译，剩余部分要么被弃置，要么被用于另作一诗并冠以不同的标题。例如，根据张若虚的《春江花月夜》，俞第德创作了至少四首短诗，分别为《平静的河流》(*Le Fleuve paisible*)、《在繁花盛开的河岸》(*Sur la Rivière bordée de fleurs*)、《在小湖畔》(*Au Bord du petit lac*)及《镜前的女人》(*Une Femme devant son miroir*)。然而，她从未将两首以上的中文诗组合成一首单独的新诗。

第二，专有名词在翻译过程中通常被改为普通名词。例如，李白《采莲曲》一诗开篇即点明所写场景的地点是“若耶溪”，但俞第德的译诗《在河岸边》(*Au Bord de la rivière*)从头到尾写的都是“一条河”。

第三，名词前通常用原诗中不存在的形容词，特别是颜色形容词来加以修饰。例如，她在译诗《客栈》(*L'auberge*, 对应李白的《静夜思》)中，将“月光”改成了“白色的月光”；在《青年国王的亭阁》(*Le pavillon du jeune roi*, 对应王勃的《滕王阁》)中，将“雾”改为“蓝色的雾”。

第四，俞第德有时会给原文添加些新的词或句子，甚至还会将中文诗集评注者的脚注吸纳为自己译作的一部分。例如，李白《乌夜啼》第三句“机中织锦秦川女”中的“锦”在俞第德译诗《夜鸟鸣》(*Chant des oiseaux, le soir*)第二节中被扩展成“带有鲜妍花朵的绸缎”；译诗的最后两节“她抬起手，又埋头继续劳作 / 我将把一首诗绣在他长衫上的花朵中，这些话或许会告诉他归家”在原作中并未出现，但此处的长段添加并非俞第德自己的创造，而是源自中文诗集中对这首诗的评注。

第五，句序被任意重排。这种变化尤为常见。

第六，俞第德的诗人署名并不可靠。例如，在改编自白居易《长恨歌》的诗作《爱的誓言》(*Vœu d'amour*)中，她将诗人名字误署成诗中主人公的名

---

① FUSAKO HAMAO. The Sources of the Texts in Mahler's Lied von der Erde[J]. 19th–Century Music, 1995, 19(1): 83–95.

② Ibid.

字——杨太真（Yan-Ta-Tchen，即唐玄宗的宠妃杨玉环）。此外，同一首诗在不同版本《玉书》中也有不同的署名。例如，《大地之歌》第二乐章"寒秋孤影"源自俞第德的《秋夜》（Le soir d'automne），而该诗在1867年版《玉书》中署名为"Tché-Tsi"；1902年版署名为"Tchang-Tsi"，并加上了"李巍"的汉字；在1933年版中，又删去了汉字。也正因如此，对《秋夜》的唐诗寻踪曾令研究者倍感困惑。

针对第二个弊端，滨尾房子认为应缩小需从中找寻原作的中文诗歌文本范围。根据美国作家、翻译、记者乔安娜·理查森（Joanna Richardson，1925—2008）所撰的俞第德传记，这位女诗人在创作《玉书》时曾研读过巴黎皇家图书馆中的中文藏书。这一点可通过她父亲于1866年2月写给皇家图书馆管理员的一封信得以证实，因为他在信中询问是否允许俞第德借出中文藏书以便在家中完成工作。[①] 基于此，滨尾房子将找寻范围锁定在皇家图书馆1867年（即《玉书》出版之年）以前所获得的所有中文藏书中。换句话说，马勒《大地之歌》第三乐章"青春"对应的唐诗原作一定在这部分藏书中。

二、第三乐章"青春"源自李白的《宴陶家亭子》

经过对上述范围内中文藏书的仔细考察，滨尾房子发现没有任何一首诗作能与俞第德的《瓷亭》完全相符，但有一首名为"宴陶家亭子"的李白诗歌与之"稍微有点接近"。她给出了《宴陶家亭子》与《瓷亭》原文[②]，并将二者均直译为英文加以比较（见表1）。

李白《宴陶家亭子》原文：

宴陶家亭子
曲巷幽人宅，高门大士家。
池开照胆镜，林吐破颜花。

---

① FUSAKO HAMAO. The Sources of the Texts in Mahler's Lied von der Erde[J]. 19th-Century Music, 1995, 19(1): 83-95.

② Ibid.

绿水藏春日，青轩秘晚霞。

若闻弦管妙，金谷不能夸。

俞第德《瓷亭》原文：

Le pavillon de porcelain

Au milieu du petit lac artificiel, s'élève un pavillon de porcelaine verte et blanche; on y arrive par un pont de jade, qui se voûte comme le dos d'un tigre.

Dans ce pavillon, quelques amis, vêtus de robes claires, boivent ensemble des tasses de vin tiède.

Ils causent gaiement, ou tracent des vers, en repoussant leurs chapeaux en[①] arrière, en relevant un peu leurs manches.

Et, dans le lac, où le petit pont, renversé, semble un croissant de jade, quelques amis, vêtus de robes claires, boivent, la tête en bas dans un pavillon de porcelaine.

表 1　李白《宴陶家亭子》与俞第德《瓷亭》英文版对照[②]

	A Party at Mr. Tao's Pavilion	The Porcelain Pavilion	
line 1	A winding path leads to Mr. Tao's quiet residence	In the middle of the little artificial lake stands a pavilion of green and white porcelain; like the back of a tiger, a jade bridge arches across to the pavilion.	title
line 2	His house is a fine mansion with a high gate		
line 3	The clear surface of the lake in the garden reflects everything like a mirror	In the pavilion, finely clothed friends are drinking cups of lukewarm wine.	commentary
line 4	The flowers that everyone praises for their beauty bloom in the wood	They talk gaily, or trace verses, their caps pushed back, their sleeves tucked up.	commentary
line 5	The sun in spring is sinking into the turquois surface of the lake	In the lake, where the little bridge is reflected upside down like a crescent of jade, the finely clothed friends are drinking heads down in the porcelain pavilion	line 3
line 6	The sunset glow spreads behind the blue edge of the roof		
line 7	If one can listen to music in this view		
line 8	He will amuse himself more than at the famous Kinku garden		

---

① 滨尾房子的引文中将此处的"en"误写成了"in"。
② FUSAKO HAMAO. The Sources of the Texts in Mahler's Lied von der Erde[J]. 19th-Century Music, 1995, 19(1): 83-95.

基于表1的对比,滨尾进行了如下解释。①

第一,俞第德《瓷亭》中的第一节是对李白《宴陶家亭子》一诗诗题的扩充。但显然,俞第德在理解该诗题第二、第三个字时出现了问题。滨尾指出,每个汉字都表示具体或抽象的意义,或兼而有之;当几个汉字一起使用时,它们常常会组成表示特定含义的合成词。在汉语中,"陶"通常要么表示"陶瓷",要么表示"陶"这个姓氏;"家"可释为"房子"或"人家";但若二者连用成"陶家",则通常会被理解为"陶姓人家"而非"陶瓷房子"。因而,诗题中的"陶家亭子"这四个字的正确解读应为"陶家的亭子"或"陶先生的亭子",但俞第德很可能将其大而化之地误解为"陶瓷亭子"了。另外,从诗题中提炼出"亭"的意象之后,俞第德用原文中并不存在的颜色形容词绿色和白色来对其进行修饰,让亭子的形象变得愈加鲜明(见前述译诗特点之三);而第一节最后一句对"白玉桥"的描写肯定是俞第德想象的产物,因为在翻译中她的确有添枝加叶的习惯(见前述译诗特点之四)。

第二,《瓷亭》第四节所描述的景象——在湖中倒映出小桥,像玉制的新月,几个朋友,穿着亮丽的长袍,头脚倒置地在瓷亭中饮酒——与《宴陶家亭子》的第三句"池开照胆镜"所传递的意象十分相似。再结合上述第一点,我们可以说,俞第德似乎很大程度上从李白诗歌的标题和第三句出发创作出了她自己的作品《瓷亭》。这与她遇到较长诗歌时只摘取其中部分的译诗偏好是相符的(见前述译诗特点之一)。

第三,《瓷亭》第二、第三节描述了几位好友相聚的情景,"亭中有几个朋友,穿着亮丽的长袍,在一起饮微温的酒/他们兴高采烈地聊天、赋诗,同时把帽子往后推,把袖子稍稍撸起",虽然未出现在李白的诗中——充其量"宴""弦管"等字眼对此有所暗示,但很可能源自这首诗的相关注释。巴黎皇家图书馆1867年前所藏的《李太白文集》为清代王琦(1696—1774)注本[跋中记"乾隆己卯(1759)秋九月"],其中每首诗都加上了这位学者的注释,从而内容得以扩充。滨尾指出,在对《宴陶家亭子》最后一句"金谷不能夸"的注释中,王琦描述了金谷园的宴会是何等奢华:人们在这里饮酒、作

---

① FUSAKO HAMAO. The Sources of the Texts in Mahler's Lied von der Erde[J]. 19th-Century Music, 1995, 19(1): 83-95.

诗、奏乐。为此,笔者查阅了王琦注本。该注释引用了西晋富豪、文学家石崇(249—300)为送别征西大将军宴会上宾客所作诗词的合集写的一篇序文:

> 石崇《金谷诗序》:予以元康六年,从太仆卿出为使持节监青、徐诸军事,征虏将军,有别庐在河南县界金谷涧中,或高、或下,有清泉、茂林、众果、竹柏、药草之属,莫不毕备。又有水碓、鱼池、土窟,其为娱目欢心之物备矣。时征西大将军祭酒王诩,当还长安,余与众贤共送往涧中,昼夜游宴,屡迁其坐。或登高临下,或列坐水滨,时琴、瑟、笙、筑,合载车中,道路并作,及住,令与鼓吹递奏,遂各赋诗以叙中怀,或不能者,罚酒三斗。感性命之不永,惧凋落之无期,故具列时人官号姓名年纪,又写诗著后。后之好事者,其览之哉。①

滨尾认为,尽管《宴陶家亭子》中"若闻弦管妙,金谷不能夸"一句的字面意思是陶家亭的宴饮之趣远胜金谷园,但俞第德很可能在翻译该诗时使用了王琦注释中的这一材料,即基于这篇序文所描写的文人雅集的某些情景——如"列坐水滨""各赋诗以叙中怀,或不能者,罚酒三斗"——创作出自己《瓷亭》的第二、第三节。这样的做法亦符合她将中文诗集评注者的脚注融入自己作品的译诗习惯(见前述译诗特点之四)。

综上,《瓷亭》实则是俞第德在参考李白《宴陶家亭子》,以及王琦评注的基础上创作出的一首仿作诗;她在这首诗上的翻译策略,亦符合其《玉书》中那些与原诗大相径庭的仿作诗所体现出来的相关特点。据此,滨尾断定《宴陶家亭子》就是《瓷亭》亦即《大地之歌》第三乐章"青春"歌词的出处。

在确认了"青春"的唐诗出处之后,滨尾在文中还提及1867年巴黎世界博览会上所建造的"瓷亭"展品,并提出假设,认为该展品或许对俞第德仿作《宴陶家亭子》时产生过影响。其时,已出版了首部唐诗法译集《唐诗》的法国汉学家德理文被任命为中国展区专员,负责监理中国花园的修建。花园中建造了一座长方形的亭子,每面墙均用陶瓷板建成(见图1),据说这座亭子

---

① 王琦,注. 李太白全集(第三册)[M]. 北京:中华书局,2015:1106-1107.

是依据北京郊区颐和园中存有的某建筑仿造而成。① 事实上，德理文自 1865 年起就致力于这个修建项目，且这座亭子必定是在 1867 年 4 月即世博会开幕前完成的；此后一个月，俞第德的《玉书》出版。根据理查森的《俞第德传记》，从她写给父亲特奥菲尔·戈蒂耶（Théophile Gautier, 1811—1872）的信中可以得知，她在《玉书》出版之前就知道这个中国花园——虽然我们无法获知她对其了解程度如何，但按照这一时间顺序可以想见，这座在建的亭子可能对她创作仿作诗《瓷亭》产生过影响。②

图 1　1867 年巴黎世博会上建造的亭子③

尽管将原诗改得面目全非，但俞第德的《瓷亭》在西方广受欢迎，跟随其《玉书》在欧洲得以广泛传播。无论是《瓷亭》的受欢迎程度，还是 1867 年世博会上中国展区的瓷亭展品，都从侧面反映了当时欧洲人头脑中的一种中国形象——"瓷亭"意象：湖、瓷亭、白玉拱桥组成的中式风景花园，优美而迷人；亭中友人相聚，聊天、饮酒、写诗，惬意而舒适。滨尾指出，这一既迷人却又误导人的中国形象在马勒将其谱成乐曲之后变得尤其普遍，甚至被误以为真。对《瓷亭》的源考理应唤起我们去关注真实的东方与西方所构建的

---

① FUSAKO HAMAO. The Sources of the Texts in Mahler's Lied von der Erde[J]. 19th-Century Music, 1995, 19(1): 83-95.

② Ibid.

③ 转引自 FUSAKO HAMAO. The Sources of the Texts in Mahler's Lied von der Erde[J]. 19th-Century Music, 1995, 19(1): 83-95. 根据滨尾的标注，该图源自《1867 年世博会画报》（L'Exposition Universelle de 1867 Illustrée）第 136 页。

东方这二者之间的差距。①她亦对没有东方人指出俞第德的翻译错误表示遗憾,"很多人都远离西方世界,他们未曾有足够的信息去得知西方文化是如何理解他们自己的文化遗产的"。②这番论断显然失之偏颇。因为早在20世纪30年代,在德国留学的音乐学家、社会活动家王光祈(1892—1936)就开始考证《大地之歌》歌词的唐诗来源,并查明了第四、第五、第六乐章所对应的唐诗。自20世纪50年代起,钱仁康即着手于对《大地之歌》前三个乐章歌词的唐诗考证,翻遍《全唐诗》后查明了第一乐章的歌词出处;直到1983年米切尔来信与之探讨第二、第三乐章的唐诗来源问题后,钱仁康又经苦心求索考证,才相继确认这两个乐章的歌词分别源自钱起的《效古秋夜长》和李白的《宴陶家亭子》。③

三、研究成果引发学界关注

滨尾房子对马勒《大地之歌》歌词源考方面的研究在西方学界颇受认可。例如,美国音乐学家、马勒研究专家斯蒂芬·黑夫林(Stephen E. Hefling)曾在自己的专著《马勒〈大地之歌〉》(*Mahler: Das Lied von der Erde*)中将滨尾的论文《马勒〈大地之歌〉中的歌词来源》评价为有关贝特格的仿作诗来源以及马勒对其的使用方面最重要的研究之一;④美籍华裔马来西亚学者周腾亮(Teng-Leong Chew)的论文《马勒为"青春"而改编的中国诗歌之源考》(*The Identity of the Chinese Poem Mahler adapted for "Von der Jugend"*)中主要介绍了滨尾《马勒〈大地之歌〉中的歌词来源》一文中对第三乐章歌词来源的论证思路和结论[不过德国学者于尔根·韦伯(Jürgen Weber)却误认为

---

① FUSAKO HAMAO. The Sources of the Texts in Mahler's Lied von der Erde[J]. 19th-Century Music, 1995, 19(1): 83-95.

② Ibid.

③ 钱仁康.《大地之歌》词、曲纵横谈[M]// 毕明辉,编选. 马勒《大地之歌》研究. 上海:上海音乐出版社,2002:30.

④ STEPHAN E. HEFLING. Mahler: Das Lied von der Erde[M]. Cambridge: Cambridge University Press, 2000: 140.

《瓷亭》源自《宴陶家亭子》是周腾亮的原创性观点]；[1]美国音乐学家、马勒研究专家苏珊·梅兰妮·菲勒（Susan Melanie Filler，1947—2017）2006年在北京中央音乐学院所作的报告中提到,滨尾虽然是日本人,但显然熟谙中文,很了解原诗；[2]以研究中国古典诗歌和比较文学见长的美籍华裔学者余宝琳（Pauline Yu）在论文《"这座瓷器中您那晶莹洁白的灵魂"[3]——俞第德的〈玉书〉》（"Your Alabaster in This Porcelain": Judith Gautier's Le livre de jade）中指出,李白诗作中并没有哪首诗名为"瓷亭",直到十二年前（即1995年），滨尾才成功确认了其原诗为《宴陶家亭子》。[4]

相较而言,国内学界对滨尾房子的相关研究成果关注度较低,但仍有学者引用过滨尾的观点。曾留学日本的黄元在《马勒的"大地之歌"与中国唐诗》一文中简略提及滨尾1989年所撰文章的研究结论：被用作《大地之歌》第三乐章"青春"的德文诗《瓷亭》,虽知其作者为李白,但长期以来一直未能确认是李白的哪首诗作,"直至最近才有人判明是李白的'宴陶家亭子',且问题正是出在误译上"。[5]宋佳在其博士论文《马勒〈大地之歌〉的"意象美"——基于中西意象话语的学理阐释》中引用的是滨尾1995年所撰的文章。她提到,钱仁康与滨尾均指出第三乐章所依据的唐诗文本是《宴陶家亭子》。该观点极具启发性,而这首诗亦被东西方学者公认为是最接近于马勒所用文本的诗歌。她还指出,钱仁康是早于滨尾提出该观点的,只是当时他

---

[1] CHEW TENG-LEONG. The Identity of the Chinese Poem Mahler adapted for "Von der Jugend" [J]. Naturlaut, 2004, 3(1): 15–17; JÜRGEN WEBER. Chinesische Gedichte ohne Chinesisches in Gustav Mahlers "Lied von der Erde", 2009, http://www.drjürgenweber.de/Microsoft%20Word%20-%20Aufsatz%20Mahler%20Lied%20von%20der%20Erde.pdf.

[2] 苏珊·菲勒. 古斯塔夫·马勒的歌曲——交响曲《大地之歌》[J]. 余志刚,译. 中央音乐学院学报, 2009: 1.

[3] 语出法国大文豪雨果（Victor Hugo, 1802—1885）对《玉书》的评价,参见钱林森. 光自东方来——法国作家与中国文化 [M]. 银川：宁夏人民出版社, 2004: 185.

[4] PAULINE YU. "Your Alabaster in This Porcelain": Judith Gautier's Le livre de jade[J]. PMLA, 2007, 122(2): 464–482.

[5] 黄元. 马勒的"大地之歌"与中国唐诗 [J]. 解放军艺术学院学报, 1999: 1.

并未将自己的结论公开发表出来。[1]

然而,亦有学者对滨尾房子的结论质疑。前文提到过的德国学者韦伯指出,《瓷亭》所对应的原作为《宴陶家亭子》这一结论并不具有说服力,因为就算俞第德把李白诗歌题目中的"陶"字误译为"陶瓷",但这个字也仅出现在诗题中,在诗句中却了无痕迹,《宴陶家亭子》与"陶瓷"毫无关联;此外,李白这首诗作亦无对桥和饮酒友人的暗示。他推测,俞第德是以《宴陶家亭子》及另一首未查证出的诗歌为基础而创作的《瓷亭》,也有可能是俞第德自己写错了诗人姓名,该诗并非源自李白。[2] 获德国海德堡大学音乐学博士学位的中国台湾音乐学家罗基敏(Lo Kii-Ming)自 20 世纪 80 年代末即开始从事马勒《大地之歌》歌词的中国诗歌来源研究,于 1989 年 9 月在德国汉堡参加马勒学术会议时宣读了德语论文《作为马勒〈大地之歌〉歌词基础的中国诗》(Chinesische Dichtung als Text-Grundlage für Mahlers Lied von der Erde)。该文被收于会议论文集中,并于 1991 年在德国出版。罗基敏后来在此文基础上进行了多次增修,分别于 1994 年、1999 年和 2011 年发表中文论文《中国诗与马勒的〈大地之歌〉》《世纪末的颓废:马勒的〈大地之歌〉》以及《由中文诗到马勒的〈大地之歌〉——译诗、仿作诗与诗意的转化》。在 2011 年发表的这篇论文中,她专门花费笔墨介绍了滨尾的研究思路,认为其论证有穿凿附会之嫌,因而得出的论点有很多破绽。例如,滨尾所总结的俞第德译诗那六个特点或习惯其实可以用"仿作"(Nachdichtung)一言以蔽之,综观仿作之风甚盛的 19 世纪末 20 世纪初的那些仿作诗。虽都经历了不同程度的改头换面和添油加醋,但几乎都可找到原诗对应,而第三乐章歌词与《宴陶家亭子》差异之大,实难将二者相提并论。另者,俞第德是在中国人丁敦龄的指导下完成阅读并翻译的中国诗歌。即便她可能将"宴陶家亭子"中的"陶"误解为"陶瓷",但这位母语为汉语的丁先生应不至于糊涂到分不清"陶

---

[1] 宋佳. 马勒《大地之歌》的"意象美"——基于中西意象话语的学理阐释[D]. 福建:福建师范大学论文,2017:96.

[2] JÜRGEN WEBER. Chinesische Gedichte ohne Chinesisches in Gustav Mahlers "Lied von der Erde", 2009, http://www.drjürgenweber.de/Microsoft%20Word%20-%20Aufsatz%20Mahler%20Lied%20von%20der%20Erde.pdf.

家"与"陶瓷"。① 就有关第三乐章歌词溯源的问题,她提出了自己的看法,认为无须亦不必穿凿附会地去寻找原诗。更何况,是否真有对应的中文原作也丝毫不影响《大地之歌》这部作品的品质。②

结语

文化间的交流和碰撞往往会产生令人惊叹而又极其迷人的结果。从小心中就怀揣"中国梦"的俞第德,在其中国老师丁敦龄的指导下,参阅其时巴黎皇家图书馆的中文藏书,创作出了仿唐诗《瓷亭》。如同一件充满"中国风尚"的艺术品,《瓷亭》载着俞第德的"中国梦",随11位译者的转译在德语世界得以传播。而经海尔曼和贝特格,再借马勒之手由诗入乐成为其旷世之作《大地之歌》第三乐章的歌词"青春",则是《瓷亭》在德语世界流布中最值得凸显的一环。甚至也可以说,它是自1827年约翰·沃尔夫冈·冯·歌德(Johann Wolfgang von Goethe,1749—1832)转译《谢赐珍珠》和《袍中诗》以来,唐诗德语世界传播过程中文明交流与互鉴最为经典的案例。第三乐章的唐诗来源引起了诸多海外研究者的关注,并最终随德国交响乐团来华而引发了中国学界的唐诗寻踪热。虽然这是一场颇费周折的跨语言与跨文化之旅,却为中西文化交流史留下了浓墨重彩的一笔。正因几经转译和仿作,对第三乐章歌词的唐诗考证工作才会疑点迭出、困难重重。

日裔学者滨尾房子凭借自己能够阅读和处理多语文献的优势和能力,以考察俞第德的"仿作"风格和习惯为切入点,在锁定的中文藏书范围内经过细致的文献搜寻、爬梳和比较,最终得出《大地之歌》第三乐章歌词源自李白《宴陶家亭子》的结论。该研究成果广受关注。尽管其研究还有值得商榷之处,亦缺乏对我国学界研究成果的关注,但毕竟瑕不掩瑜,实可谓对第三乐

---

① 罗基敏.由中文诗到马勒的《大地之歌》——译诗、仿作诗与诗意的转化[M]// 罗基敏,梅乐亘,等,编.《大地之歌》——马勒的人世心声.台北:信实文化行销有限公司,2011:26-28.

② 宋佳.马勒《大地之歌》的"意象美"——基于中西意象话语的学理阐释[D].福州:福建师范大学论文,2017:32-33.

章歌词源考研究的一大贡献。此外,滨尾房子站在东西方跨文化交流的立场,特别强调了东方人应该更多地增强研究中的跨文化交流意识,充分了解东方文化遗产在西方世界的传播和接受状况。这种研究态度和自觉性,在我们提倡中华优秀传统文化"走出去""走进去"的当下显得尤其具有借鉴和启发意义。

The Identification of a Tang Poem as the Source for the Third Text of Gustav Mahler's *Das Lied von der Erde* by the Japanese Scholar Fusako Hamao

Zhang Yang

Abstract: The text of the third song in Gustav Mahler's masterpiece *Das Lied von der Erde* can be traced back to the poem *Le pavillon de porcelaine* attributed to Li Bai, which was freely translated from Chinese by Judith Gautier, the French female writer, translator, and critic. However, the identification of the original for this poem is beset with difficulties and there is no consensual conclusion until today. The Japanese scholar Fusako Hamao focused on the characteristics of Gautier's translation that the previous studies had overlooked, and after a comparative analysis, she confirmed that *Le pavillon de porcelaine* must have been based on Li Bai's *A Party at Mr. Tao's Pavilion*. This paper focuses on Hamao's approach to resolving the question of the Tang poetry source for the third songtext, offering insights that may serve as valuable references for related research in Chinese academic circles.

Keywords: Fusako Hamao, The text of the third song in *Das Lied von der Erde*, Gustav Mahler, Li Bai

论中村兰林《读诗要领》的诠释特点[①]

刘 兵[②]

摘要:日本江户中期朱子学者中村兰林在其所著《读诗要领》一书中,对中国传统经典《诗经》的相关学术史问题多有论述,集中体现了其《诗经》诠释特色。首先,中村兰林从文本考证的角度对《诗经》"删诗""六义"等问题有所说明,体现了其"信信疑疑"的客观治学态度;其次,在"诗教劝惩"问题上,中村兰林对朱熹《诗集传》和古文辞学派等观点皆有所折中,能够看到其辩证诸说、择优而从的治学路径;最后,中村兰林在有力维护朱熹《诗集传》的同时,对《诗集传》一书有所反思,并主张学者要在考证诸家的前提下整体把握朱熹的"功之所功、失之所失"。

关键词:中村兰林 《读诗要领》 诠释 朱熹

引言

在日本江户中期,以荻生徂徕(1666—1728)、太宰春台(1680—1747)为代表的古文辞派学者对中国传统典籍《诗经》表现出极大的热情。他们认为诗为人情之发、无关劝惩,并由此把矛头直接指向朱熹《诗集传》中侧重从天道人事、善恶劝惩角度以诠释《诗经》的做法。如太宰春台就主张诗为"人情之形于言者也"。他对朱熹的《诗经》诠释有过"甚矣,仲晦之昧于诗""仲晦本不知诗,其说诗也不足道已"等相关批评[③],并撰成《朱氏诗传膏肓》一书

[①] 本文为江西省高校人文社会科学重点研究基地项目"南宋晚期朱子学发展新探索"(项目编号:JD23009)阶段性成果。

[②] 刘兵,南昌大学人文学院哲学系讲师,南昌大学江右哲学研究中心研究员。研究方向:宋明理学、古典文献学、日本江户儒学。

[③] 太宰春台.朱氏诗传膏肓[M].日本公文书馆藏刻本延享3年刻本(典藏号:191-0074),1746:5-9.

来纠正朱熹的部分误说。其门人渡边操(1687—1775)在为《朱氏诗传膏肓》所作的序言中指出："朱仲晦之说诗,必于字字句句求其义,是以其所好义理之学成疾而入膏肓矣,故其所著《集传》多遗后学害。"① 足见当时古文辞派学者对朱熹《诗集传》的激烈批评。在此背景之下,日本江户时期的部分朱子学者也对《诗经》中的相关问题有所关注,其中又以中村兰林《读诗要领》② 一书为主要代表。

中村兰林(1697—1761),姓藤原,名明远,初称玄春(又称深藏),号兰林,又号盈进斋,江户人,仕大府。中村兰林初承父中村玄悦之业为医官,著有《医方纲纪》《证治指南》二书③。中村兰林虽以医学行世,然其志则在儒学,常有"士君子济世,奚翅草根树皮哉"④ 之叹,后于延享4年(1747)正月19日擢为儒官(时年51)。中村兰林早年入江户朱子学领袖室鸠巢(1658—1734)之门学习朱子学⑤,著有《读诗要领》《讲习余笔》《孟子考证》《大学衍义考证》《寓意录》等书。中村兰林在晚年所作《寓意录》前序中称："始学经术,多专于训义之事,后渐至孔孟大中至正之道,而知程朱之推广孔孟未发之义理,卓越千古。"⑥ 此为其尊信朱子学之言,但其中也记录了其曾于朱熹亦"不免有疑于其间者",最为集中的就在于对朱熹注解诸经中有违古言古语、言之过高等问题上,明显受到了当时古学思潮的影响;而在致仕后,中村兰林又认为"朱子道体为学之两备""无复余韵"。可见,中村兰林的为学经历中有一段朱子学由信而疑、由疑复信的曲折过程。此为阅读其相关论著首先须注意的一点。

《读诗要领》为中村兰林较早付梓刊刻的作品之一。他在自序中说："《诗》之教亦大矣,而得其纲领,此为学之要,苟或不然,则泛泛乎徒读焉而已,虽精且勤,安见其能跃如也。凡前贤之说,寻其渊源,发起余蕴,教夫学之

---

① 渡边操. 刻朱氏诗传膏肓序[J]// 太宰春台. 朱氏诗传膏肓[M]. 1746:2.
② 中村兰林. 读诗要领[M]. 日本国立公文书馆藏延享4年(1747)刻本(典藏号:191-0076).
③ 安西安周. 日本儒医研究[M]. 东京:龙吟社,1943:241-250.
④ 原念斋. 先哲丛谈[M]. 第4册,1883:38.
⑤ 中村兰林. 寓意录[M]. 日本国立公文书馆藏宽延四年刻本(典藏号211-0260),1751:1-2.
⑥ 中村兰林. 寓意录[M]. 1751:2.

者,知其总要者,往往散见乎群书,而穷乡晚进乏于典籍,莫知有其说之可则,不一而足,于是乎采而辑之,汇而成编,以备考索,因名曰'读诗要领'。嗟乎!以余之浅见,敢为之取舍,未知当否,但世之君子补遗漏而正谬误,使可得而传焉,则可矣。"①在这段文字中,中村兰林强调学《诗》关键在"得其纲领",但由于前贤论说多"散见乎群书"及"穷乡晚进乏于典籍,莫知有其说之可则"等实际情况的存在,学者学习《诗经》难得其"要领"。正是在这种情况下,中村兰林通过对中国历代学者关于《诗经》相关问题论述的梳理,分"诗原""采诗""诗删次""诗六义""汉四家诗""诗序""诗教""读诗""诗音""诗传"十个方面编纂成《读诗要领》一书,并于延享二年(1746)加以刊刻,从而使学者能于该书知《诗经》之渊源而明其余蕴。目前,学界关于该书的相关研究较少。史少博曾从读《诗》须反复咏诵、"观其诗"而"知君政善恶"、读《诗》须知"诗"之"经""纬"、读《诗》感触《诗》之教等几个方面对中村兰林《读诗要领》一书有所说明②,但在中村兰林的学术背景及其《诗》论思想渊源等问题上着墨不多,有待进一步挖掘。

一、考证平实:"信信疑疑"与"会通众说"

中村兰林《读诗要领》一书有一先引儒家典籍、次引中国传统诸儒相关论述、末附己说的诠释体例,且其征引文献皆会注明作者及书名等相关出处,可见其严谨的治学态度。就《读诗要领》一书的十个方面而言,中村兰林在"诗原""采诗""汉四家诗""读诗""诗音"等《诗经》学史问题上,对于诗多出于人情之自然、古代的采诗制度、诗多为韵文、汉代四家《诗》的流传,以及学习《诗经》当吟咏讽诵以得其"义理""滋味"等相关问题皆有所论述,基本是以征引中国历代典籍相关记载为主,并未深入展开讨论;而在"诗删次""诗六义""诗序""诗教""诗传"五个问题上则有一定深入阐发。整体而言,中村兰林在《诗经》相关问题的诠释上多能够博采众说进行论述,具有

---

① 中村兰林. 读诗要领[M].1747:1-2.
② 史少博. 江户时代汉学者中村兰林《读诗要领》之观[J]. 北方论丛,2020(4):30-36.

考证平实、融合众说、时有新解的一般特点。

首先,中村兰林在诠释相关《诗经》学史问题时能够做到对中国儒家经典旁征博引,考证精详。如在关于"诗原"问题的叙述中,中村兰林先是引《尚书·舜典》"诗言志,歌永言,声依永,律和声"等一段文字来强调诗之起源肇自三代;同时,又引《庄子·天下篇》、刘向《说苑·贵德篇》、王应麟《玉海》、丘濬《大学衍义补》等中国传统学者的相关论述进行补充①,集中从"诗以道志"的角度对"诗之所以作"的起源问题有所强调,而与古文辞学派以情论诗的立场有所不同。又如在"采诗"问题的讨论中,中村兰林先引《礼记·王制》中"天子五年一巡守,命命太师陈诗以观民风"一段文字来说明"采诗"之事有其相关礼制传统;接着,中村兰林又引《汉书·食货志》《汉书·艺文志》及汉儒孔颖达之疏来对采诗故事之具体内容(如时间、方式等)多有补充。就此而言,中村兰林在相关《诗经》问题的讨论中,能够结合中国儒家相关典籍进行论述,体现了其对中国历史上相关诗教传统的重视。

其次,中村兰林在面对部分聚讼纷纭、莫衷一是的《诗经》诠释问题时,能够有"信信疑疑"的平实态度。例如在关于孔子删诗问题的讨论中,中村兰林对《史记》《汉书·艺文志》《隋书·经籍志》及唐朝孔颖达、宋朝欧阳修、宋朝郑樵、宋朝王柏、宋朝王应麟、宋朝马端临等人的相关论述皆有征引,并在末段有一段按语议论。他对前引诸说有"众说纷纭,未见定论,夫生乎千载之下而议乎千载之上,宜乎其说之不归于一"②的整体评价,并说:"以余观之,诗果三千篇邪? 则十删其九,固吾所不解也;有周列国,非惟滕、薛未尝取其一诗,而止十五国,亦吾所不解也;其雅驯者往往在所逸,而猥陋者多所在,亦吾所不解也;得其声音而取之之言,复有何证? 尤吾不敢信也;其就序说而言取舍者,盖马氏尊信小序而然尔,吾亦不敢信也。"③这里,中村兰林对《史记》于《诗》称"三千"、国风仅止十五国、雅驯多逸而猥陋多存三个问题,用"吾所不能解"来表示怀疑;而对于部分学者"得其声音而取之""就序说而言取舍"等观点,中村兰林极力表明自己"不敢信",能够看到他对前人诸

---

① 中村兰林. 读诗要领[M].1747:1-2.
② 同①14.
③ 同①14-15.

说的谨慎而不盲从。对于孔子删诗这一复杂问题,中村兰林最后谈道:

> 窃谓司马迁去古不远,其三千之说,或似可信,然以《论语》"诗三百"之言而证之,则不合矣。但夫子就其删定之数而言之,不可亦知,且六经折中于夫子,而《诗》亦在其所修,则岂无删正之者哉? 惟不至三千之多而已。意者今之所传,出秦火之后,而非必孔子之旧,则其不免亡脱舛误,而汉儒或赝作以补其阙,或漫采以足其数者,未必为无也。善乎荀卿有言:"信信,信也;疑疑,亦信也。"吾今于读《诗》,亦言之矣。[①]

尽管中村兰林对前所引诸说有"众说纷纭,未见定论"的整体判断,但其此段论述实对唐孔颖达、宋王柏二人之说多有借鉴。例如他认为孔子于诸经皆有删正,故《论语》"诗三百"之言正是就其"删定之数"而言,但《史记》所言"三千"之数则不一定能够成立,即认为未经孔子删定的古诗不一定有三千篇之多,这与其所引唐孔颖达之疏的观点相同;同时,中村兰林又认为,目前所传《诗经》实出秦火之后,"非必孔子之旧",故不免有"亡脱舛误"与汉儒"赝作补阙""漫采足数"者,这又在一定程度上借鉴了其所引宋儒王柏"汉儒病其亡逸,妄取而揎杂,以足三百篇之数"[②]的部分观点。另外,中村兰林还在这段文字的最后引荀子"信信,信也;疑疑,亦信也"之说,来强调对于古代传统经典,学者应该做到既不盲从前儒陈说,亦不能凭己意妄下判断,而是当持一种"信信疑疑"的平实态度,这也成为他治学著书的主要特点。

最后,中村兰林亦主张学者学习《诗经》,应当在辨析诸说的前提下"会通众说"、择优而从,进行整体把握。例如在"诗六义"的叙述中,中村兰林在征引《周礼》"大师教六诗"、《诗大序》"诗有六义"等相关记载,以及郑玄、朱熹、李渔、郑樵、章俊卿、程大昌等诸儒论述来对《诗》之"六义"有所说明后,进一步总结道:"六义之说,权舆乎《周官》,敷衍乎大序,后之言《诗》者从焉。今会通众说而言之,风雅颂乃诗之体而为经也,赋比兴乃诗之辞而为纬

---

① 中村兰林. 读诗要领 [M]. 1747: 9.
② 同① 15–16.

也。"① 此处,中村兰林认为"六义"起于《周官》与《诗》大序,并在郑樵"风、雅、颂,诗之体也;赋、比、兴,诗之言也"②这一观点的基础上,进而以风、雅、颂为《诗》之经,以赋、比、兴为《诗》之纬,提出以"经纬"论"六义"的观点,能够看到其在前人论说基础上略为新解的努力。而在关于风、雅、颂三义的解释中,中村兰林谈道:"所谓风者,以风土言之,而不必风化之谓,其声其制一若此者,名之曰风,是徒歌而非乐也。所谓雅、颂者,以乐节言之,而其音其体一若此者,名之曰雅、颂,是被诸管弦者也。今程氏之说,辨析周悉,多可从者。而周、召之有南称,从前所说亦未为稳,程氏独断乎以为乐名者,实可谓卓见矣。"③ 就这段文字而言,中村兰林借鉴了北宋学者郑樵(1104—1162)"风者出于风土"④及南宋学者程大昌(1123—1195)"南雅颂为乐诗,而诸国之为徒诗"⑤等观点,突出"风"指"风土"(非"风化"),并集中从音乐理论中"歌""乐"差别的角度对风、雅、颂三义进行区别,认为"风"为"徒歌而非乐",而"雅""颂"则需"被诸管弦"。同时,中村兰林还在按语末段点明程大昌之说可能即本《吕览·音律篇》所载涂山氏之女作歌"始作为南音"之事而来⑥,体现了其注重文献考证的治学态度;而结合其称程氏之说"多可从者""可谓卓见"等相关评价,从中亦能看到其在诸说中择善而从的诠释态度。

二、折中古学:未必然与未必不然

中村兰林所处的江户中期正是古学思潮盛行之际。尽管荻生徂徕所倡导的古文辞学与伊藤仁斋所提倡的古义学有一定的差异,但二派都倡导在阅读中国儒家传统经典时要做到恢复孔孟之古义,并对中国宋代以来的理学思想极为反感,尤其对南宋朱熹的相关经典诠释著作多有批评(如伊藤仁

---

① 中村兰林. 读诗要领[M]. 1747: 26.
② 同① 17-18.
③ 同① 26-27.
④ 同① 16-17.
⑤ 同① 24.
⑥ 同① 27-28.

斋所撰《四书古义》中多有批评朱熹《四书》之处）。而在《诗经》学史中的"诗教"问题上，荻生徂徕、太宰春台等古文辞派学者亦对朱熹所倡导的劝惩解诗理论多有批评（详后），而作为朱子学者的中村兰林亦在其《读诗要领》"诗教"部分就此问题有所论述。

首先，对于古文辞学派反对以劝惩论《诗经》的主张，中村兰林有一定程度的接受。古文辞学大师荻生徂徕强调《诗经》三百篇多为"讽咏""修辞"之作，本与劝惩无关，如他在《弁道书》中说："孟子不信《书》，其称述尧、舜将何所睹记，宜其昧于先王安天下之道也。《诗》则异于是矣，讽咏之辞，犹后世之诗，孔子删之，取于辞已；学者学之，亦以修辞已。故孔子曰：'不学《诗》，无以言。'后世以读《书》之法而读《诗》，谓劝善惩恶之设焉，故其说至于郑、卫淫秽之诗而穷矣。且其所传义理之训，仅仅乎不盈掬焉！果若其说，圣人盍亦别作训诫之书，而以是迂远之计为也，故皆不知《诗》者之说矣。"① 在这段文字中，荻生徂徕强调劝惩之意为《尚书》主旨，而《诗经》则本为讽咏之辞，本无劝惩之意，并以此对后学（以朱熹为主）以劝惩论诗的做法进行否定。而这一观点亦成为江户中期古文辞派的主要立场，如徂徕弟子太宰春台亦强调："劝惩为《春秋》之旨，仲晦以是说《诗》，岂不谬哉！"② 对于古文辞学派的这种观点，中村兰林谈道："诗之为用，以观风俗，以识人情，达其政事，施其声乐，而劝惩之说，古未之闻。"③ 在他看来，上古之时《诗经》主要用来观风俗、识人情、达政事和施于声乐，的确无关乎劝惩（所谓"古未之闻"）。从这个角度而言，古文辞派学者的相关主张有其合理之处。由此可见，中村兰林从诗之源起的角度对古文辞派学者的部分观点有所借鉴。

其次，中村兰林强调《诗经》作为中国传统儒家经典，其劝惩传统源远流长，不可忽视。面对古文辞学派对朱熹《诗集传》的批评，中村兰林在《读诗要领》中，一方面，结合中国儒家传统经典中的相关"诗教"论述来强调以劝惩论诗有其深厚的文献、历史基础。具体而言，中村兰林先引《论语》"思

---

① 荻生徂徕．弁道书[M]．日本国立公文书馆藏享保2年刻本（典藏号：190-0410,1717：14.）

② 太宰春台．朱氏诗传膏肓[M]．1746：7-8.

③ 中村兰林．读诗要领[M]．1747：55.

无邪""兴于诗""不学诗,无以言"等相关孔子论《诗》内容①,并结合《礼记》《荀子》《说苑》中的相关记载②来说明早在春秋时期,孔子等相关学者就十分重视以《诗经》来教育众门人弟子,可见诗教传统历史悠久。接着,中村兰林对《汉书·儒林传》所载汉代王式以《诗经》教育昌邑王刘贺等相关史实③有所叙述,并结合《隋书·经籍志》认为《诗经》能"歌咏性情"而"以存劝诫"之说④,意图说明这一诗教传统在汉代以后仍然十分流行。然后,中村兰林对欧阳修认为学习《诗经》当"察其美刺,知其善恶,以为劝戒"⑤、游酢"学《诗》者,可以感发人之善心"⑥、朱熹"诗者,人心之感物而形于言……因由以劝惩之,是亦可以为教也"⑦等相关论述进行了集中摘录。而其所引宋儒尤其朱熹的部分观点,恰是当时古文辞学派学者讦难较多的部分,由此亦可见其结合中国相关典籍、史实来维护朱熹观点的朱子学立场。另一方面,中村兰林还在案语中直接谈道:"但观汉王式谏昌邑王以《诗》之言,是以劝惩而为说者也。自是而后,《隋书》少发其义,欧阳氏又以是言圣人之教,而至朱子盛倡之,于是乎后之论诗者,皆以劝惩为第一义,无复措异辞乎其间。"⑧中村兰林指出,结合中国历史上汉王式以《诗》谏昌邑王之事,以及《隋书》、欧阳修和朱熹等人的相关论述,能够看到中国历代诸儒学习、使用《诗经》都明显具有"以劝惩为第一义"的特点,这一传统自然不可忽视。所以,中村兰林此处"诗教"部分的编写亦有其强烈的现实意义,即强调"诗教"劝惩传统并非南宋朱熹首创,其源头可以追溯至春秋时期的孔子,并在中国历代流传,故古文辞学派以此抨击朱熹观点的做法实际上忽视了《诗经》劝惩问题在中国历史传统中的源远流长,有其自身的理论缺陷。

最后,中村兰林对古文辞学派的部分观点有所怀疑、辨析。如对古文辞

---

① 中村兰林.读诗要领[M].1747:46.
② 同①47.
③ 同①47-48.
④ 同①48.
⑤ 同①50.
⑥ 同①50.
⑦ 同①51.
⑧ 同①55.

学派主张"劝惩"之意与《诗经》无关的观点,中村兰林说道:"夫劝善而惩恶,夫子之所以修《春秋》也,而与《诗》固不相关,然则其删次之,与《易》《书》《春秋》并传之万世者,亦无取乎劝诫之意邪!曰:是未必然而亦未必不然也。"① 此处,中村兰林部分借鉴古文辞学派"《诗》无关乎劝惩"的观点,认为夫子"劝善惩恶"之意的确集中体现于《春秋》而"与《诗》固不相关",但他也强调《诗经》能够与其他经典流传万世,其中未必就完全没有所谓的"劝诫之意",所以在《诗经》是否原本就有劝惩之意的问题上,中村兰林最后形成的是一种"未必然而亦未必不然"的折中态度。同时,针对古文辞学派所强调的以情论诗的立场,中村兰林亦有所借鉴,他谈道:

  盖圣人之教,千言万语,莫非使人择善而执之,恶不善而改之也。大抵以理义告之,时有难入者,而就人情喻之,多易感者,此自然之势也。……人人同具此情而不可得已,则其感而入焉者安得不深且切也!是以世之读《诗》者,苟遇其善者也,岂为无感发兴起以生其善心者乎!苟遇其恶者也,岂无惭惧修省以格其非心者乎!其所得于《诗》于是乎为大矣,然则圣人之存教,亦未必无劝戒之意;而后儒之所言,实发圣人之蕴者欤!②

在这段文字中,中村兰林认为,之所以说《诗经》有劝惩教育之意,其关键在于"以理义告之,时有难入者,而就人情喻之,多易感者""人人同具此情而不可得已,则其感而入焉者安得不深且切",即强调以贴近于人之常情的诗歌来熏陶众人会比一般的义理说教更易达到教育众人的效果,故无论《诗经》原本的编写是否有教育劝惩之义,但后儒能将此劝惩之义阐发出来,本身就符合圣人之教"莫非使人择善而执之"的基本内涵。可见,中村兰林在借鉴古文辞学派以情立论的前提下,居然得出了完全相反的结论,大有入室操戈之意,能够看到其对古文辞学派相关理论的深刻反思。

---

① 中村兰林. 读诗要领 [M]. 1747:55-56.
② 同① 55-57.

三、反思朱熹《诗集传》：识其功之所功、失之所失

面对古义学派、古文辞学派等学者根据中国传统儒家经典来反对朱子学的相关活动，尤其他们对朱熹相关论著的肆意攻击，日本江户中期的部分朱子学者亦作出了一定回应。其中，中村兰林之师室鸠巢（1658—1734）就有过要"辨别邪正，明章真伪，使学者莫迷于所归向"[①]的学术志向。这明显与当时古学思潮泛滥的背景有关。而作为室鸠巢高足的中村兰林，其《读诗要领》一书中亦有一维护朱熹论著的基本立场。但中村兰林自身有一"信信疑疑"的客观治学态度（见前），故在其《读诗要领》中亦有一"反思朱《传》"的诠释特点。

首先，针对部分古文辞派学者批评朱熹《诗集传》好"以义理说诗"的做法，中村兰林有强烈维护朱熹的立场。荻生徂徕主张"《诗》本无定义"，多为人情一时之发，而朱熹《诗集传》却必欲于字词之中求其深意的观点，则大失《诗经》本意[②]。太宰春台更是在《朱氏诗传膏肓》一书中大力批评朱熹的《诗集传》。其门人渡边操在前序中称："夫诗出于人情，则其辞必常人所晓知也，故诗无深意，亦无定义。是以古人赋诗，断章取义，何拘于一偏哉！朱仲晦之说《诗》，必于字字句句求其义，是以其所好义理之学成疾而入膏肓矣，故其所著《集传》者，多贻后学害。"[③]渡边操继承了荻生徂徕、太宰春台"诗出于人情""诗无深意亦无定义"等观点，认为朱熹的《诗经》诠释大多陷入义理分析，完全违背《诗经》本旨而贻害后学。而在《朱氏诗传膏肓》中，太宰春台从《诗》本无邪正、《诗》不关劝惩、删《诗》在其辞之美不美、《诗》非专道忠信礼义之言等几个方面对朱熹《诗集传》展开批评，并说："诗句者，人情之发也，岂可以心言哉！非徒不可以心言、亦不可以道言，以心与道言，仲晦之所以为不达于《诗》也。"[④]在太宰春台看来，而"以心"或"以道"论诗，正是朱熹最大的问题。相较于古文辞派学者对朱子《诗集传》的猛烈批评，中村兰林

[①] 大地昌玄．鸠巢行状 [J]// 柴田笃等．室鸠巢 [M]. 东京：明德出版社，1983：285.
[②] 荻生徂徕．弁道书 [M]. 1717：15.
[③] 渡边操．刻《朱氏诗传膏肓》序 [J].// 太宰春台．朱氏诗传膏肓 [M]. 1746：1-3.
[④] 太宰春台．朱氏诗传膏肓 [M]：1746：11.

则强调朱子于《诗经》大有功绩,如他说:"《诗》序之作出于汉儒者,叶、郑二氏始克辨之,而其言《诗》意之义,至朱子而论定,其功可谓大矣。若程伊川、若吕东莱,皆尊信其序而不容疑于其间,恐智者之一失而已。若夫马端临者,以博究之才,犹尤祖乎《诗》序,辨析亹亹,与朱子争矣,吾无取焉耳。"①中村兰林在《读诗要领》中对中国历史上的《诗》序之说有简要梳理,并指出历代诸家对《诗》序都极为尊崇,只有叶梦得、郑樵二人对《诗》序问题有所辨明,但直到朱熹才对《诗》序为汉儒卫宏伪作有详细论述②。而正是在摆脱了《诗》序束缚的前提下,《诗》之本意才得以显现,所以他才得出"《诗》意至朱子而论定"的重要结论。这与徂徕学派认为朱熹"多贻后学害"的观点针锋相对。

其次,面对古文辞派学者从学习《诗经》当于字词训诂入手而反对朱熹《诗集传》的观点,中村兰林亦有所辨析。太宰春台在《朱氏诗传膏肓》中除一味批评朱熹的《诗集传》特点外,还对于学者应该如何学习《诗经》有所强调,如他说道:"今人学《诗》,当从毛、郑及《尔雅》训诂以求其义,不问作者之贤否,不议言之邪正,但诵其辞,朝夕讽咏以求其为人温柔敦厚而不愚,可以兴、可以观、可以群、可以怨、可以事父母、可以事君、可以多识于鸟兽草木之名,与夫可以言、可以达于政事、可以使于四方而能专对、可以不墙面而立者,此古圣人教人学《诗》之法。"③此处,太宰春台强调学者学习《诗经》,当结合毛亨、郑玄及《尔雅》等旧注、训诂以求其义,不必深究"作者之贤否"与"言之邪正",唯朝夕讽咏以得其意,自然能有兴观群怨之效,而朱熹"以心""以道"来诠释《诗经》的做法实不足为训。对此,中村兰林结合朱熹《诗集传》自身的文本特征谈道:"朱子《诗集传》,其于名物训诂,则从毛、郑者十居七八;而至于言诗意,则又博采众说而从其长者,或以其所自得而述之,未尝以穿凿附会而解之,要归于简约平易而后已。自有《诗集传》以来,莫出其右者,盖集而大成者也。"④经过细致的文本分析,中村兰林认为朱熹的《诗集传》既能在名物训诂上多对毛亨、郑玄等传统注疏有集中吸收,又能在诗意解读

---

① 中村兰林. 读诗要领[M]. 1747:45.
② 同①37-44.
③ 太宰春台. 朱氏诗传膏肓[M]: 1746:11-12.
④ 同①67.

上博采众家而归于简约平易,实为历代《诗经》诠释的集大成之作,故太宰春台以《诗集传》不通训诂旧注来批评朱熹的观点亦不能成立。

最后,中村兰林对朱熹《诗集传》亦有客观反思之态度。如在关于朱熹对《诗经》相关字词的解释中,中村兰林亦注意到朱熹《诗集传》的确存在"其间或考证之谬,或过求治高、失其主意者,亦未必无"[1]的问题。这一点,可以和其于宽延元年(1748年)与韩使讨论朱子学的一段论述中得到佐证。他说:"朱子经传注,亦虽最穷精密,无复余蕴;然或言违古训、义失古义者,未必为无。大抵于性命道德之间,失诸高远者有矣,是以仆于朱子之解,亦不能无间然。"[2]在中村兰林看来,朱熹解经,一方面"最穷精密、无复余蕴",但另一方面的确有"言违古训,义失古义"等问题。中村兰林认为这是因为朱熹于"性命道德之间"多有发挥,故亦多"失诸高远"而不切经书本意。中村兰林以"亦不能无间"来表达对朱熹之解的不满。同时,中村兰林还对后世学者"唯朱传是从"的做法有所反思。他说:"大抵世之学者唯朱传是从,古注众家,废而不读,反就晚师之末疏而用所谓'大全''说约'等以为其羽翼,信而尊之,讲而不废,嗟乎陋哉!"[3]此处,中村兰林注意到后世学者在学习朱熹相关论著时往往对传统注疏失于考察、"废而不读",仅以朱说为准,后来甚至连朱熹原文也"废而不读",而传统注疏及朱熹论断之真实意图遂晦而不彰,后世学者亦多成为一亦人云亦云的陋儒。对此,他进而谈道:"是以读朱《传》者,莫究源乎注疏,寻流乎众家,而知其所由本,则安能识其功之所功、失之所失哉!"[4]在他看来,研习《诗经》若只是一味地"唯朱传是从"而不进一步了解历代古注,则必然流于疏漏。所以,中村兰林认为学者必须"究源乎注疏,寻流乎众家",在"知其所由本"的基础上,进一步明辨朱熹的"功之所功、失之所失"。

---

[1] 中村兰林. 读诗要领 [M]. 1747:67.
[2] 原念斋. 先哲丛谈第 4 册 [M]. 1883:67.
[3] 同[1] 68.
[4] 同[1] 67-68.

结语

根据以上几个方面的分析我们可以看到,日本江户中期朱子学者中村兰林在其《读诗要领》关于《诗经》相关问题的诠释中,并非盲目信奉朱子《诗集传》之说。首先,中村兰林在仔细辨别历代诸说的过程中,逐渐形成了一种"信信疑疑"的平实学风,强调学者要于诸说辨其长短、择优而从。其次,针对古文辞学派学者(如荻生徂徕、太宰春台)在"诗教劝惩"问题上对朱子的诘难,他逐渐形成了一种"未必然亦未必不然"的折中态度,在一定程度对徂徕学派的观点有所回应。最后,他在有力捍卫朱熹《诗集传》为历代《诗经》诠释之"集大成"的同时,对朱熹《诗集传》的自身缺陷与后世学者"唯朱《传》是从"等问题皆有所反思,体现了其客观、平实的治学态度。

A Study on Nakamura Ranrin's *Dushi Yaoling*

Liu Bing

Abstract: Nakamura Ranrin, a Confucian scholar of the mid-Edo period in Japan, wrote a book titled *Dushi Yaoling* which extensively discusses the academic history of the traditional Chinese classic *The Book of Songs* and embodies his distinctive interpretive features of this work. Firstly, Nakamura Ranrin clarifies issues such as *"editing of poems"* and *"six meanings"* in *The Book of Songs* from the perspective of textual research, reflecting his objective scholarly attitude of *"believing in what is credible and doubting what is questionable."* Secondly, on the issue of *"moral instruction and admonition through poetry,"* Nakamura Ranrin incorporates views from both Zhu Xi and the Ancient Prose School, demonstrating his dialectical approach to various theories and his method of selecting the best. Lastly, while vigorously defending Zhu Xi's *Shijichuan*, Nakamura Ranrin also reflects on this commentary and advocates that scholars should holistically assess Zhu Xi's merits and demerits based on the examination of various interpretations.

Keywords: Nakamura Ranrin, *Dushi Yaoling*, interpretation, Zhu Xi

异域之眼：赖山阳对中国历代诗歌的论评[①]

张 波[②]

摘要：日本江户后期的汉学大家赖山阳对中国古典诗歌兴致盎然，对上至六朝，下及明清的诗家展开论评。他推崇陶渊明和杜甫，标举韩愈和苏轼，维扬金元诗家，臧否明清人物。赖氏对上述诗家的论评亦有其现实目的，即通过对诗家的褒贬来树立诗风及学诗的典范，借此来改变诗坛的积弊。如以陶杜之"真率着实"来纠正诗坛"模拟失真"之弊，以韩苏及金元诗之"劲健雄浑"来匡救诗坛"纤弱萎靡"之病。通过赖山阳这一异域汉学家之眼，对我们审视和评价中国古典诗歌亦有裨益。

关键词：赖山阳　诗学　批评　陶渊明　杜甫

赖山阳（1780—1832），名襄，字子成，通称久太郎，号山阳，别号三十六峰外史，是日本江户后期著名的汉学家、诗人、诗文评论家。晚清俞樾在《东瀛诗选》中称："子成天才精拔，而诗学尤深。"[③] 现代学者程千帆先生在其《日本汉诗选评》中亦曾称赞赖山阳道："其学博，其才高，才亦过人，故出语亦迥超群类，信乎彼邦一代宗师也！"[④] 钱志熙先生更誉之为"日本汉诗殿军式人物"[⑤]，可见古今学者对其的称许与推重。

[①] 本文系国家社会科学基金一般项目"日本唐诗学研究"（项目编号：18BZW045）的阶段性成果。

[②] 张波，上海师范大学人文学院中国古典文献学专业博士研究生，上海师范大学天华学院专职教师。研究方向：日本唐诗学。

[③] 俞樾编，曹升之．东瀛诗选[M]．归青点校．北京：中华书局，2016：643．

[④] 程千帆，孙望注释．日本汉诗选评[M]．上海：东方出版中心，2020：230．

[⑤] 钱志熙．赖山阳诗学及其与中日诗史源流的关系[J]．厦门大学学报（哲学社会科学版），2020（6）：49．

赖山阳对中国古典诗歌兴致盎然,选编或选评了多部中国诗歌选本。这些选本的选诗、评诗及序跋等为我们审视和评价历代诗学提供了独特的"异域之眼",颇值得研究。如陈伯海先生曾言道:"这些选本,或附以序跋,或添加评点,以显示编选者的用心,而即使纯然白文,单凭所选作品流传,也能产生一定的社会效应。"[①] 然学界虽有前贤如曾枣庄、蔡毅、钱志熙,同侪如张超、张晓琴、刘帼超,已经展开研究[②],但尚未能窥赖山阳中国诗歌选评本之全貌,未免美中不足,引为憾事。故本文鉴于赖山阳在日本诗坛的杰出地位及其巨大的影响力,依托其中国诗歌选评本,对赖山阳对中国历代诗歌的评点展开研究,以期全景式地呈现出赖氏对中国古典诗歌的批评与接受,为时兴的域外汉学研究添砖加瓦。

一、赖山阳选评六朝及陶渊明诗

赖山阳对中国历代之诗的论评集中在对诗家的品评上。首先,赖山阳于六朝诗家,推重陶渊明。他对陶渊明及陶诗尤为服膺,评价极高。他曾专门选评陶渊明诗而成《陶诗钞》(又名《彭泽诗钞》《评点陶诗钞》)一书(见图1)。书前山田钝所作的引文中即称:"山阳赖先生曾就沈归愚《古诗源》选评陶诗。……夫先生高节与彭泽类,故嗜其诗,评之尤精严,使归愚瞠若乎后!"[③] 指出赖山阳在传入日本的清代沈德潜《古诗源》的基础上选评陶诗,评陟精严。从其选评陶诗这一举动即可见赖山阳对陶诗的喜爱。

---

① 陈伯海. 唐诗学史稿(增订本)[M]. 上海:上海古籍出版社,2016:4.
② 参见曾枣庄. 评日本赖山阳《东坡诗钞》[J]. 四川大学学报(哲学社会科学版),1999(1):58-64;蔡毅. 试论赖山阳对中国古典诗歌传统的继承和创新[J]. 中国诗学,1992(2):64-92;钱志熙. 赖山阳诗学及其与中日诗史源流的关系[J]. 日本学刊,2021(S1):175-176;张波. 从《唐绝新选》看赖山阳对格调派和性灵派诗学观念的接受与批判[J]. 中国诗歌研究,2019(2):273-291;张超. 从日本所编唐诗选本看李白七绝在江户后期的流传——以赖山阳《唐绝新选》为中心[C]. 中国李白研究,2020:323-337;张晓琴. 赖山阳《陶诗钞》探析[J]. 古典文学知识,2019(6):139-147;刘帼超. 赖山阳《东坡诗钞》考论[J]. 中华文史论丛,2022(2):331-360,404.
③ 赖山阳编,山田钝校. 陶诗钞[M]. 明治三十四年(1901)刊本,引:1a.

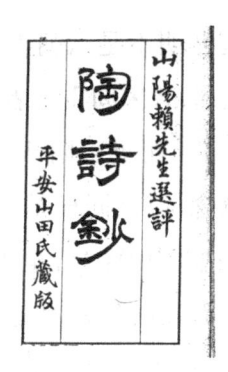

图1 日本国立国会图书馆藏赖山阳选评《陶诗钞》首页、卷一书影

赖山阳在《陶诗钞》开篇即赞赏陶渊明之诗道：

> 彭泽诗，虽承汉魏骨法，至夫叙实情，有从容远深之妙，则前后无匹矣。①

认为陶渊明诗"承汉魏骨法"，在"叙实情"上又有"从容远深之妙"，"前后无匹矣"则更是将其对陶渊明的推崇推向极致。在卷尾的《书陶集后》中赖山阳又言道：

> 陶诗，于六朝金粉外别开面目，以其人非六朝人，故其诗亦超卓如此。后人学陶者，每托于田野、耕稼事，以肖其面貌，焉能得其神情哉？陶自是将种，有气力人，使其拥旄执节，则其诗不必专于山林一体，唯顾所遭如何而已。②

首先，赖氏肯定陶诗于六朝绮靡浮艳诗风外别开生面，这就将陶诗从六朝诗中独立出来。而从"六朝金粉""其诗超卓"等用词上，即可见他对六朝诗与陶诗的评价截然相反，崇陶而斥六朝的倾向极为明显。其次，赖氏将陶诗"于六朝金粉外别开面目"的原因归之于"其人非六朝人"，即赖氏认为时

---

① 赖山阳编. 山田钝校. 陶诗钞[M]. 明治三十四年(1901)刊本：1a.
② 同① 16a—16b.

代风气对诗人具有重大的影响。那么,陶渊明不是六朝人,又是什么时代的人呢?山阳评《归园田居》云:"是汉魏歌谣,晋宋间得之者,独有陶公。"①评《游斜川》又云:"起手是陶句,晋宋亦罕见。"②可见山阳认为陶渊明是晋宋间人。学者蔡丹君曾指出:"'晋宋'这个概念,应该同样是来自沈德潜。沈德潜极力倡导晋宋转关之说,曾在《说诗晬语》中说:'诗至于宋,性情渐隐,声色大开,诗运一转关也。'此语广受征引。而赖山阳说六朝诗时多称'晋宋',大概也是从此处得来。"③他认为赖山阳所称陶渊明为晋宋间人源出于沈德潜。前已述及,赖山阳《陶诗钞》就以沈德潜《古诗源》为底本,其在《陶诗钞》中亦常引用沈德潜的评语,如山阳评《归园田居》即引沈氏评语云:"沈云:'储、王极力拟之,然终似微隔,厚处、朴处,不能到也。能学到者,乃少陵一人。'"④可见赖山阳评诗受到沈德潜的影响,常引沈氏之语,其陶渊明是晋宋间人而非六朝人的观点源于沈氏的可能性亦非常大。沈德潜在《古诗源》中就将陶渊明置于晋诗卷中,视为晋人,其评陶渊明《癸卯岁十二月中作与从弟敬远》诗也云:"渊明咏雪,未尝不刻划,却不似后人粘滞。愚于汉人得两语曰:'前日风雪中,故人从此去。'于晋人得两语曰:'倾耳无希声,在目皓已洁。'于宋人得一语曰:'明月照积雪。'为千古咏雪之式。"⑤他将陶渊明《癸卯岁十二月中作与从弟敬远》诗句"倾耳无希声,在目皓已洁"称为晋人语,那么,赖山阳是晋宋间人而非六朝人的观点源于沈氏则可坐实。然而,以陶渊明为代表的晋宋间诗又是什么特色呢?赖山阳评《移居二首》云:"古朴而其中丰腴,是陶公诗。"⑥认为"古朴而丰腴"是陶诗特色。总之,在山阳看来,六朝诗浮艳,陶诗古朴,呈现出迥异的特色。最后,赖山阳认为陶诗以田园题材为主是由其人生遭际所决定的,而后人学陶诗,只效其田园之形,不得其神。其在《招月亭诗钞序》中亦有相近的论调云:

---

① 赖山阳编.山田钝校.陶诗钞[M].明治三十四年(1901)刊本:6a.
② 同① 1b.
③ 蔡丹君.《陶渊明集》在日本的翻刻、选抄与注译[J].复旦学报(社会科学版),2019(3):57-58.
④ 同① 10b-11a.
⑤ 沈德潜选评,闻旭初标点.古诗源[M].北京:中华书局,2018:165.
⑥ 同① 12b.

昔人称陶靖节《荆轲》诗义概毕露,知古隐者皆有气性人。余谓陶集多咏史者,不独此诗,盖其人实,故读书作诗皆于实处注心。毋论平生所吟咏,每叙日用、常行,余所最钦者,其躬耕诗!谓人世衣食不可不营,与佗诗人喜为放旷语而顽鄙无耻者大异!可见其实矣,所以能于六朝金粉外别开一门。后之人,无其性情而袭其面目,虽五言尔雅,辄托于桑麻、田园,而相去日远矣。①

赖山阳以一"实"字概括陶渊明为人及其诗篇,认为陶诗写"实",尤其其田园躬耕诗,写的是实实在在的田园劳作场景,抒发的也是真情。他认为"写实景、抒真情"是陶诗和六朝诗的不同所在,也是后世仿陶之诗与陶诗的差异所在,故其批评后世"托于桑麻、田园"的拟陶之诗"无其性情而袭其面目""相去陶诗日远矣"。在赖氏看来,陶渊明辞官归隐后"写实景、抒真情"的田园诗即是其所倡导的诗学典范,故其在《陶诗钞》卷首云:"彭泽诗,取而可选者,多在去彭泽后。"②他指出,陶渊明可选之好诗多在辞去彭泽县令,归隐田园之后所作。总之,赖山阳对陶渊明田园诗格外推崇,以其为诗学理想之一。

赖山阳之所以推崇陶渊明田园诗,一方面出于对陶渊明"不为五斗米而折腰"的人格的敬仰。赖山阳自身也是一位不为权势富贵而折腰的高士,其《画像自赞》云:"此膝不屈于诸侯,……而未曾蹿朱顿之门,此口不能饴残杯冷炙。"③他对"不屈于诸侯、不蹿朱顿之门、不饴残杯冷炙"的行为引以为傲。那么,他钦佩陶渊明,进而推崇陶渊明之诗就显得顺理成章了。另一方面,赖氏推崇陶渊明诗,还有纠正日本诗坛不良风气、重塑学诗榜样和典范的现实目的。例如,江户晚期汉学家友野霞舟在《锦天山房诗话》中言:"享、元之际,服部南郭专唱李、王体,主高华,率多浮响,而乏实际。末流之弊,卑庳猥凡,至明和、天明而极矣!六如、茶山务矫其弊,而力有未逮,山阳

---

① 王焱.日本汉文学百家集(第250册)[M].北京:燕山出版社,2019:437-438.
② 赖山阳编,山田钝校.陶诗钞[M].明治三十四年(1901)刊本:1a.
③ 王焱.日本汉文学百家集(第248册)[M].北京:燕山出版社,2019:439.

继其后。"①赖山阳之前,萱园派服部南郭等人倡导李攀龙、王世贞等明七子诗,作诗一味模拟抄袭前人,缺乏实际,导致诗坛积弊到达极致,释六如、菅茶山等人欲矫其弊而力有未逮,赖山阳继其后,继续矫正诗坛之弊。而标举和推崇陶诗就是赖山阳矫正诗坛之弊的良方之一。通过肯定陶渊明田园诗,赖山阳告知世人,作诗可以像陶渊明那样"叙日用、常行",即书写日常生活场景,使诗"实",而像萱园派那样模拟抄袭,"无其性情而袭其面目",只会"相去日远矣",适得其反。

二、赖山阳选评唐诗

如前所述,赖山阳对中国历代之诗的论评主要集中在对诗家的品评上。于唐代诗家,赖山阳最推崇的要数杜甫,其在汉诗中云:"作诗愧无杜陵句。"②这表明,其作诗以拟肖杜诗为目标;还在沈德潜《杜诗偶评》的基础上再加评论而成《杜诗评钞》③,显示出对杜诗的极大兴趣及偏爱。朱易安教授就曾指出:"赖氏尤其钟情于杜。"④赖山阳在《书杜集后》中云:

> 余语从学诗文者,有一字诀,曰"真"。又有四字诀,曰"唯真故新"。文姑置诸,诗自汉魏六朝至唐,其词金玉华藻,其意难老嗟卑,争新竞奇,愈出愈腐。唯陶与杜,顾及日用、父子、君臣间,直叙情景,语语有生色,化家常茶饭为齑玉脍。回视从前,珠玑堆积,皆觉不可食矣。杜同时劲敌如李白,亦托神仙奇怪之趣,不及杜之平实有味,是龙肉不及猪肉也!⑤

---

① 池田四郎次郎编,国分高胤校.日本诗话丛书(第9卷)[M].东京:凤出版,昭和四十七年(1972)复刊本:475.
② 王焱.日本汉文学百家集(第247册)[M].北京:燕山出版社,2019:280-281.
③ 赖山阳《杜诗评钞》未录入《赖山阳全集》,但有研究者见过署名赖山阳增评的《杜诗评钞》。参见赵毅.江户时代杜诗评注本研究[D].上海:上海师范大学,2019:199-251.
④ 朱易安.论日本汉学家赖山阳的《日本乐府》——兼论比较汉诗学中的乐府传统[J].东方丛刊,1997(4):185.
⑤ 王焱.日本汉文学百家集(第247册)[M].北京:燕山出版社,2019:459-460.

他指出,作诗学诗要尚"真",只有"真"才能"新"。在对汉魏六朝至唐之诗大加鞭挞的同时,标举陶渊明与杜甫二人,认为他们书写日常生活,直叙情景,语言生动,能够化平淡为神奇。他甚至指出,与杜甫齐名的李白诗"不及杜之平实有味",言外之意,李诗不如杜诗,可见其对杜诗的推重。从赖氏上述论述中还可见出,他有意将陶杜并举,一同视为"真"诗的典范,在《陶诗钞》中,他就数次指出杜甫之诗学自陶渊明,如:

> (评《游斜川》)彭泽诗,虽承汉魏骨法,至夫叙实情,有从容远深之妙,则前后无匹矣。后来杜诗往往有学如得者,岂杜、陶情怀相似乎?
>
> (评《癸卯岁十二月中作,与从弟敬远》)着语温柔敦厚,老杜亦学得。①

他指出,杜诗"学得"陶诗,杜、陶情怀相似。这样就将陶渊明与杜甫勾连起来,形成"陶渊明—杜甫"的诗学传承谱系。

赖山阳在《书杜集后》中又言:"'韩文杜诗,无一字无来历',此语误后人不少,故尽扫除诸注,始睹少陵面目精神。"②反对"韩文杜诗,无一字无来历"之说,主张扫除诸家对杜诗的注解。随后又说道:

> 杜集可喫紧读者有数,其余不必尽读,唯《咏怀五百字》《北征》《羌村》《彭衙》,可见本领。前后《出塞》、三《吏》三《别》《塞芦子》,可见感触。七言则《兵车行》、两《哀》《茅屋风雨》《冬狩》及诸咏马、题画之作,并自汉魏歌谣变化,而贯以风雅骚之神,所以一洗六朝、唐人陋习,开后来无数法门。③

他列出杜诗可读的篇目,所举之诗无一例外都是古体名篇,再从赖氏"自汉魏歌谣变化,而贯以风雅骚之神,所以一洗六朝、唐人陋习,开后来无数

---

① 赖山阳编,山田钝校.陶诗钞[M].明治三十四年(1901)刊本:1a,6a.
② 王焱.日本汉文学百家集(第247册)[M].北京:燕山出版社,2019:460.
③ 同② 461.

法门"的评语中亦可见赖氏对杜甫古体诗的偏爱与推崇。在"去注解""崇古体"的指导下,赖山阳手抄《杜韩苏古诗钞》(又名《杜韩苏三家古诗钞》《三家古诗钞》)①,以白文本无注的面目行世。

如上所述,赖山阳手抄有《杜韩苏古诗钞》,其中除抄有杜甫的古诗外,还有唐代韩愈以及宋代苏轼的古诗。至于为什么选择合抄杜、韩、苏三家的古诗,其解释道:"读杜诗必合读韩苏诗,犹读《孟》可解《论语》也。"②他以打比方的形式指出读韩苏诗可解杜诗。而之所以赖山阳认为读韩苏诗可解杜诗,又源于其"韩苏古诗学自杜甫"的看法,如其在《书韩苏古诗钞后》中言:

《石藤杖》学《藤竹杖》,《汴泗交流》学《冬狩》,《石鼓》自《八分歌》来,其变化迳蹊略可窥伺矣。③

他举诗例指出韩愈古诗对杜甫古诗的学习与仿效,又将"杜甫—韩愈"的承传体系揭示了出来。

于唐诗,除手抄杜甫、韩愈的古体诗外,赖山阳还选辑唐人绝句而成《唐绝新选》一书。其在《书唐人绝句新选后》中言:

七言绝句,是唐人本色。……洪容斋有《唐万首绝句》,王阮亭就而

---

① 《杜韩苏三家古诗钞》亦未录入《赖山阳全集》,但赖氏曾选抄杜、韩、苏三家古诗确属无疑。其曾几次言及抄杜、韩、苏古诗一事,如其在《西游稿上》中自述云:"余居忧三岁,戊寅归展,既祥,颇觉廓然,遂游镇西,以吟歌派遣余忧。冲吻溢囊,而行筐所赍,除手抄《杜韩苏古诗》三卷外,《诗韵含英》一部。"(王焱.日本汉文学百家集(第247册)[M].北京:燕山出版社,2019:77)晚清人俞樾在《东瀛诗选》中也说:"子成天才警拔,而于诗学尤深,杜、韩、苏诗皆手自抄录,可知其所得力矣。"(俞樾编,曹升之,归青点校.东瀛诗选[M].北京:中华书局,2016:643)可见俞樾也知晓赖山阳抄杜、韩、苏诗之事,甚至可能见到过赖氏《杜韩苏三家古诗钞》抄本,今日本东京国立国会图书馆即藏有《杜韩苏三家古诗钞》抄本。还可参见谷口匡.西游する赖山阳と《杜韩苏古诗钞》[J].アジア遊学,2006(96):150—165.
② 王焱.日本汉文学百家集(第247册)[M].北京:燕山出版社,2019:465.
③ 同②.

选之,其所论先获吾心,及视所选,大不满意。尝删存数百首,又就诸集拾遗,虽不尽备,要,皆不失乐府风味者！①

他认为,"唐人本色"在于"七言绝句",故其又在洪迈《万首唐人绝句》、王士祯《唐人万首绝句选》的基础上删繁就简,选入103位唐诗家314首七绝诗,辑成《唐绝新选》②（见图2）。

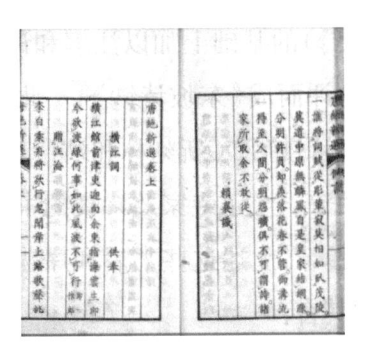

图2 日本大阪大学附属图书馆藏赖山阳辑《唐绝新选》首页、卷上书影

赖山阳在《唐绝新选》例言中言:"余性酷好唐绝,……于是益知唐人妙处有后世所不及。"③他指出,唐人绝句"后世所不及",流露出崇唐的理念。至于唐人绝句妙在何处,其子赖支峰承其志,在《唐绝新选》跋文中言:"唐贤七绝之妙,固非言语所能尽,而其要不过真率着实、直行胸臆耳。音吐天然,不费刻画,所以能使读者人人舞蹈不能已也。"④他指出,唐人绝句妙在"真率着实、直抒胸臆、音吐天然、不费刻画",即真率自然、不假雕饰,跟前面对陶渊明诗的评价几乎一模一样。既然"真"之陶诗可以挽救诗坛积弊,那么同样"真率自然"之唐人绝句亦可以用来遏止诗坛颓风,如赖支峰所言:"今也刻行乎

---

① 王焱.日本汉文学百家集（第247册）[M].北京:燕山出版社,2019:462-464.
② 参见张波.从《唐绝新选》看赖山阳对格调派和性灵派诗学观念的接受与批判[J].中国诗歌研究,2019（2）:274;张超.从日本所编唐诗选本看李白七绝在江户后期的流传——以赖山阳《唐绝新选》为中心[C].中国李白研究,2020:324。
③ 赖山阳编.唐绝新选[M].天保十五年（1844）刊本,例言:1a.
④ 同③,跋:1a.

世,苟因是编,有以救诗风颓靡,则君厥此举,先考当必首肯于地下。"① 刊刻《唐绝新选》以救诗风颓靡,赖山阳也当同意。总之,《唐绝新选》的刊行亦有挽救诗坛颓风的现实考量。

三、赖山阳评两宋、金、元诗

赖山阳曾在清代张景星、姚培谦、王永祺编选的《宋诗百一钞》(又名《宋诗别裁集》)的基础上加以注解和论评,著成《评点宋诗钞》,又手抄苏轼之诗再加以论评而成《东坡诗钞》②。此外,赖氏还撰有《书新来杨诚斋集后》《书古刻放翁诗钞后》《新刻林和靖诗集序》《新刻曾茶山诗集序》《书中州集后》等多篇两宋、金、元诗家及诗集的书后和序跋,显示出他对两宋、金、元诗的兴趣与关注。在上述这些书后和序跋中,赖山阳对宋、金、元之诗进行了简短的论评,如其言:

(《书新来杨诚斋集后》)大凡北宋有胜中晚者,至南渡,则轻脆薄浮,气运为然。
(《书中州集后》)南宋诗脆弱,金元则雄杰莽苍。③

他对两宋诗的评价截然相反,认为北宋诗有胜过中晚唐诗者,而南宋诗则轻脆薄浮;对南宋与金元诗的评价亦相反,认为南宋诗脆弱,金元诗雄杰。简言之,赖山阳于两宋、金、元诗,褒奖北宋和金、元诗,批评南宋诗。

于两宋、金、元的诗家,赖山阳最尊崇苏轼,如其在《东坡诗钞》中评苏诗时所云:

---

① 赖山阳编.唐绝新选[M].天保十五年(1844)刊本,跋:2b.
② 参见曾枣庄.评日本赖山阳《东坡诗钞》[J].四川大学学报(哲学社会科学版),1999(1):58-64;刘帼超.赖山阳《东坡诗钞》考论[J].中华文史论丛,2022(2):331-360,404.
③ 王焱.日本汉文学百家集(第247册)[M].北京:燕山出版社,2019:469,472.

（评《黄州寒食》诗）韩苏二公之诗，并皆骨力过人，而其风韵之妙，韩亦输苏几筹。如此篇，雅健隽绝，自是这老独擅处，非韩非杜，王孟以下，宋之诸作家梦想所不及。

（评苏轼《竹》诗）此诗东坡本色，其清淡简逸如渊明，其精悍如昌黎，其用笔周到如放翁，而翁无此气格高绝处。①

如上，赖山阳或称赞苏诗风韵在韩诗之上，或赞誉苏诗兼有陶渊明、韩愈、陆游之长，更有陆游无法企及之处。总之，对苏诗评价极高。尤其是"宋之诸作家梦想所不及"一句，更清晰表明了其"宋之诸作家皆不及苏轼"的看法。

苏轼之外，赖山阳对陆游亦较为推崇。他在《书古刻〈放翁诗钞〉后》中言：

放翁诗，不及杜之沉郁顿挫，而如性情近之。不及韩苏之恢拓变化，而色态过之。同黄之奇绝，而无其硬僻。兼范与杨之秀腴，而无其艰苦俚俗。②

他对陆诗评价也很高，认为陆诗虽不及杜甫之沉郁顿挫，但性情近之；不如韩苏之纵横变化，但色态过之；有黄庭坚之奇绝，而无其硬僻；有范成大与杨万里之秀腴，而无其艰苦俚俗。总之，在赖山阳眼中，陆诗不如杜甫，与韩苏各有优劣，胜过黄、范、杨。

金、元是北方少数民族入主中原建立的政权，相较于唐、宋、明等汉民族建立的王朝而言，文化程度较低，文学也不太发达。因此，对金、元诗的论述历来着墨者不多，在日本情况尤甚。赖山阳则不然：他眼界开阔、视域广博，对金、元诗也投入兴致。金元之际的元好问曾编《中州集》，收录了金代251家诗人2062首作品。赖山阳在《书〈中州集〉后》中言：

---

① 赖山阳．东坡诗钞（卷一）[M]．嘉永甲寅（1854）新镌本：1a，13a．
② 王焱．日本汉文学百家集（第247册）[M]．北京：燕山出版社，2019：470．

遗山五七律,或可使放翁卷甲曳兵而走,七古故意变幻,却不及陆之妥帖合格。……萨天锡、揭奚斯、虞伯生诸人近体,并雅畅,一洗宋习,渐开明风。杨铁崖出入锦囊、玉溪间,亦足为明诸家雄丽嚆矢也![1]

他首先对元好问各体诗歌展开评价,认为五言、七言律诗,元诗造诣甚至在陆游之上,但七言古诗不如陆诗。其前后对照的标尺都为陆游,亦可佐证前文赖氏对陆诗的推重。其次,赖山阳称赞萨都剌、揭奚斯、虞集等人的近体诗典雅流畅,洗去了宋诗习气,渐开明诗新风。最后,赖山阳认为杨维桢乐府诗仿效李贺和李商隐,堪为明代雄丽诗风的先行者。总之,赖山阳对元好问、萨都剌、揭奚斯、虞集、杨维桢等金、元诗人的评价均不低。他不仅关照到了日本人鲜有瞩目的金、元之诗,将其纳入历代诗学体系中来,更为难得的是,赖氏发掘出金、元诗家在诗学传承过程中"一洗宋习,渐开明风"的作用,这对日本汉学界对金、元诗学的定位与评价也有着极大的意义和价值。

赖山阳之所以维扬苏轼及金、元诗家,亦出于挽救诗坛积弊的目的。如前所述,赖山阳之前,萱园派服部南郭等人倡导明七子诗,主张模拟式的作诗学诗之法,如南郭之师,萱园派的开创者荻生徂徕所言:"且学之道,仿效为本。……故方其始学也,谓之剽窃模拟亦可耳。"[2] 这样一方面导致了诗歌失"真"失"实",另一方面也致使诗歌"纤弱无骨""萎靡不振",如赖山阳之子赖子峰在《唐绝新选跋》中所言:"其习或事摹拟而失情实,或务豪爽而无余韵,或喜纤巧而乏气魄。"[3] 对于诗歌失"真"失"实"的问题,赖山阳推崇陶渊明和杜甫,倡导像陶杜那样书写真实的日常生活。而面对诗坛"靡弱"之弊病,赖山阳则标举"骨力过人"之韩苏诗及"雄杰莽苍"之金、元诗,以此来振衰起弊,重振诗风。赖山阳此法也确实起到了一定的效果:略晚于赖山阳的菊池五山曾言道:"余十年以前作诗,开口便落婉丽,绝不能作硬语。尝有'画帘半卷读西厢'之句,为人所诵,冈伯和讥为女郎诗。尔后欲矫其弊,枕藉韩

---

[1] 王焱.日本汉文学百家集(第247册)[M].北京:燕山出版社,2019:472-473.
[2] 王焱.日本汉文学百家集(第117册)[M].北京:燕山出版社,2019:536.
[3] 赖山阳编.唐绝新选[M].天保十五年(1844)刊本,跋:2b.

苏,方且有年,始得脱窠臼。"①他指出,其就是靠学韩苏诗使其诗摆脱了"纤弱婉丽"的弊病。而江户后期大力导倡韩苏之诗者正是赖山阳。总之,赖山阳以"雄健刚劲"之韩苏及金、元诗为挽救诗坛"纤弱"之弊的良药,因此对其大加赞赏。

四、赖山阳评明清诗

明清两代,时间上距赖山阳所生活的江户时代更为接近,也是江户时代新近传入日本的中国诗学。赖山阳对时兴的明清之诗亦保持了极大的关注。赖山阳曾在清代吴应和、马洵编选的清代诗歌总集《浙西六家诗钞》基础上,加以评论而成《浙西六家诗评》一书②。其文集中亦有《书明诗综后》《书仓山诗钞后》《书藏园瓯北诗钞后》《书赵瓯北十家诗话后》《书随园诗话后》《书谈龙录后》《书声调谱后》《书徐而菴说诗后》等多篇明清的书后,显示出他对明清诗的兴趣和关注。

其在《书明诗综后》对有明一代的主要诗家进行点评道:

> 刘伯温诗,冠冕明代,犹其文也,《太公钓渭图》五律,称其人物。高季迪使不早死,其诗不止如此,如"送人官陕西"七律,其雄丽应明兴之运,真杰作也!古体未能脱元人风习。李西涯崛起,毕备诸体,变台阁之骩骳,明诗于是极盛矣!以上并不甚立门户,故各可观,以下则否。李空同,其人有气力,可不必拟杜,拟杜有痕迹,可惜!何大复,明秀雅炼,却多合作。后七子欲胜李、何,故文务割裂,诗务剽袭,不觉至太甚耳!然其诗,终非盛唐,乡足追步李义山。至其选唐诗,曰"杜七古不失初唐气格,七律惯焉自放",是暗排空同也。然如历城七律,长处自不可废。徐、袁以空灵换摸拟,而钟、谭又加以凄寒,虞山所谓用大承气汤,开结辖而

---

① 池田四郎次郎编,国分高胤校.日本诗话丛书(第10卷)[M].东京:凤出版,昭和四十七年(1972)复刊本:495.
② 参见王乐.日本江户、明治汉诗坛的清诗受容[D].上海:上海大学,2020:123-153.

生别症者。不唯势之相激,亦气运使然也。①

综上,于明诗家,赖山阳对刘基评价最高,认为其诗"冠冕明代"。他对高启评价也不低,认为"其雄丽应明兴之运",是"杰作",只是"古体未能脱元人风习"。他对李东阳评价亦颇高,认为其诗"毕备诸体,变台阁之骫骳,明诗于是极盛矣"。赖山阳还指出,以上诸家"并不甚立门户",所以"各有可观",其以下诸家则不然。如前七子之的李梦阳,"有气力"却去"拟杜",且其"拟杜有痕迹";何景明诗虽"明秀雅鍊",却"多合作",肯定中又带有批评和惋惜。对倡导"文必秦汉,诗必盛唐"的后七子,赖山阳认为他们"诗务勦袭,至于太甚",其诗"终非盛唐",只是"乡足追步李义山"。而晚明性灵派徐渭、袁宏道,以"独抒性灵"取代"模拟剿袭";竟陵派钟惺、谭元春,"又加以凄寒",致使"开结辖而生别症",即又生出其他的弊病来。总之,赖山阳对明代中前期诗人评价较高,对明代中后期诗人评价较低。从中亦可看出,赖山阳对七子派"诗务勦袭"、性灵派"抒写性灵"、竟陵派"幽深孤峭"均有所不满。

此外,在《夜读清诸人诗戏赋》中,赖山阳还以"论诗诗"②的形式再对明末到清中前期的主要诗人进行评论,其诗云:

钟谭驱蛮真衰声,卧子拔戟领殿兵。牧斋卖降气本馁,敢挟韩苏姑盗名。不如梅村学白傅,芊绵犹有故君情。康熙以还风气辟,北宋粗豪南施精。排纂群推朱竹垞,雅丽独属王新城。祭鱼虽招谈龙嗤,钝吟初白岂抗衡。健笔谁摩藏园垒,硬语难压瓯北营。仓山浮嚣笔输舌,心怕二子才纵横。如何此间管窥豹,唯把一袁概全清。渥温觉罗风气同,此辈能与元虞争。风沙换得金粉气,骨力或时压前明。吹灯覆帙为大笑,谁隔溟渤听我评。安得对面细论质,东风吹发骑海鲸。③

---

① 王焱.日本汉文学百家集(第247册)[M].北京:燕山出版社,2019:471-472.
② 参见竹村则行.袁枚论诗绝句与赖山阳论诗绝句[J].中国典籍与文化,1992(2):117-122.
③ 王焱.日本汉文学百家集(第249册)[M].北京:燕山出版社,2019:36-37.

他点评了钟惺、谭元春、陈子龙、钱谦益、吴伟业、宋琬、施闰章、朱彝尊、王士禛、赵执信、冯班、查慎行、蒋士铨、赵翼、袁枚等十多位诗家,对上述诸家的态度与评价亦存在明显的差别。钱志熙先生曾解读此诗道:"对其中不同的诗人,赖山阳是存在着明显的褒贬倾向的。如他从忠君的观念出发,对钱谦益颇致贬议,说他'卖降气本馁',挟韩苏来盗名。其实从山阳自己的推崇韩、苏,努力追效其雄伟奇倔的风格来看,他是受钱谦益的影响的。后面他还说到南施北宋,重南施而轻北宋,并推崇朱彝尊的排奡与王士禛的雅丽,其中对王士禛尤为推崇,认为他虽然遭遇赵执信《谈龙录》的嗤笑贬低,但成就高于学晚唐的冯班与学宋代苏、陆,精于白描、磨镌的查慎行。接着他又说到乾隆三大家,即赵翼、蒋士铨、袁枚。其间袁枚的性灵派作风,在当时的日本最为流行。山阳的诗风,也可以说是在性灵诗学影响的基本氛围中存在的。但是山阳的评价,却将袁枚放在赵、蒋之下,赞赏后者的'健笔'与'硬语'。他自己的诗歌,虽也是尚神韵、性灵,但多追求健笔、硬语。可见山阳对当时江户诗坛最流行的学习袁枚性灵派的风气,是有所反思的。"①确如其言,赖山阳对上述诸家存在着明显的褒贬,尤其是对清代诗家,其好恶鲜明。他在《书赵瓯北十家诗话后》中又展开言道:

> 清初钱牧斋,挟韩苏以凌人,而其所作,不能脱明季脆薄之习,不若吴梅村之纯学长庆,温驯有余也。二人皆失节,而钱腼颜,吴怊怅,钱窃骂兴朝,吴怀思故君,其诗品各如其人,乾隆焚灭钱集宜也!要之,皆明诗残余。至康、正之际,王朱与南施北宋应运骈起,皆全人全诗。愚山隽逸,荔裳雅健,而朱之森严排奡,王之高朗清丽,可称劲敌。王病在太鬖,不及朱之有气力,然无朱之瞒人处,各有长短也。②

他指出,钱谦益虽倡导韩苏,但其所作之诗没能摆脱晚明脆弱轻薄之习气,是"明诗残余",不如吴梅村专学长庆体,温驯有余。言外之意,钱诗不如

---

① 钱志熙.赖山阳诗学及其与中日诗史源流的关系[J].厦门大学学报(哲学社会科学版),2020(6):53.
② 王焱.日本汉文学百家集(第247册)[M].北京:燕山出版社,2019:473-474.

吴诗。"乾隆焚灭钱集宜也！"一句对乾隆焚灭钱谦益诗集的做法表示支持，赖氏对钱谦益诗的厌恶与贬斥可见一斑。而康熙、雍正之际，王士禛、朱彝尊、施闰章、宋琬诸家应运而生，从"全人全诗"的称赞中可见赖山阳对这四家较为肯定。赖山阳指出施诗"隽逸"，宋诗"雅健"，朱诗"森严排奡"，王诗"高朗清丽"，堪称一时劲敌，而又各有优劣。嗣后，赖山阳又在《书藏园瓯北诗钞后》中对前述蒋士铨、赵翼、袁枚三人的高下进行论评，其言道："随园学不及瓯北，才不及藏园。"[1]他认为，袁枚学识不及赵翼，才华不及蒋士铨。此外，赖山阳还多次表达对袁枚的批评与抨击，如：

（《书随园诗话后》）袁乃以轻薄浮荡，皷儳而夺之，其毒延及海外，甚哉！

（《书随园诗话后》）余则评随园如一黠妓，虽无甚姿色，善为媚态百出，眩惑少年，及谛视之，不耐其丑也。

（《书仓山诗钞后》）然翁唯曰"硬"而已，余加一字曰"粗"，更加一字曰"俗"[2]

他斥责袁诗轻薄浮荡，对袁诗流毒日本甚感不满，又以比喻的形式指出其不耐袁诗之"丑"，复以"硬、粗、俗"来评价袁诗，可见赖山阳对袁枚诗的厌恶。至于赖山阳为何如此厌恶袁枚诗，不遗余力地对袁枚诗展开抨击，他的好友筱崎弼做出解释道："山阳评清人诗文，有抑有扬，至于随园，抑之殊甚。予察其意，非恶随园也，亦为随园也。随园才学能压当时，其议论、著作悉脱陈腐，出人意表，凌轹古今，自成一家。观者爽然，莫之敢撄矣。山阳以为子才实才子，然亦太傲慢。因索其疵瑕，指擿不遗，使随园不得专权艺囿。"[3]他指出，赖山阳抨击袁枚并不纯粹是因为讨厌袁枚，更是为了不让袁枚"专权艺囿"，形成如前诗所述"唯把一袁概全清"的局面。综前所述，赖山阳于清代诗家，除对钱谦益和袁枚持明显的批评态度外，对吴梅村、王士禛、朱彝尊、

---

[1] 王焱. 日本汉文学百家集（第247册）[M]. 北京：燕山出版社，2019：478.
[2] 同[1] 475，476，477.
[3] 赖山阳. 浙西六家诗评[M]. 嘉永二年（1849）刻本，序：1a.

施闰章、宋琬等人多有肯定和赞赏。从中亦可见出,赖山阳在论评诗家时,诗家之人格品行亦是其重要的考量因素。对品德高尚者,赖山阳往往评价很高,如前述陶渊明。而对德行有亏者,赖山阳则加以贬抑,如钱谦益。

结语

综上,赖山阳不愧为"学博才深"的汉学大家。他有选择性地对上起六朝,下至清中叶的数个诗学选本以及多位诗家进行了论评,显示出其广博的诗学视野和开明的诗学取向。在此基础上形成了"诗,古风宗汉魏,近体宗盛唐,千古定论。而中晚、宋元、明清,皆有可取,不可界画"[1]的不立门户、兼收并蓄的诗学观念,如程千帆先生所指出:"扶桑诗人多宗唐,至山阳,兼宗历代!"[2]蔡毅先生也言道:"前起汉魏,后迄明清,举凡华夏诗苑,均为其摘采吸吮的蜜源。"[3]赖氏之论述时出新意,多中肯綮,且其以域外汉学家的角度和视野评点了六朝、唐、宋、金、元、明、清等中国历代之诗的高下优劣以及诗家之成败得失,为我们提供了观照和评价中国古典诗学的异域之眼,对今后古典诗学体系的研究、审视、评价与反思都具有重大的意义和价值。正如查清华教授所指出:"有了对不同民族诗学的相互参照和整体反思,我们对整个中华民族诗歌传统乃至文化精神的把握当会更周全,立足于传统之上的创新也会更顺畅。"[4]

---

[1] 木崎爱吉,赖成一编. 赖山阳全书(文集)[M]. 东京:国书刊行会,1983:666.
[2] 程千帆,孙望注释. 日本汉诗选评[M]. 上海:东方出版中心,2020:230.
[3] 蔡毅. 试论赖山阳对中国古典诗歌传统的继承和创新[J]. 中国诗学,1992(2):64-92.
[4] 查清华. 东亚唐诗学资源的开发空间及其现代意义[J]. 上海师范大学学报(哲学社会科学版),2020(5):11.

The Eye of Foreigners: Lai Shanyang's Commentary on Chinese Poetry of Various Dynasties

Zhang Bo

Summary: Lai Shanyang, a great sinologist in the late Edo period of Japan, was highly interested inclassical Chinese poetry and commented on poets from the Six Dynasties to the Ming and Qingdynasties. He admires Tao Yuanming and Du Fu, praises Han Yu and Su Shi, praises Jin Yuan poets,and praises Ming and Qing dynasty figures. Lai's evaluation of the above-mentioned poets also hasa practical purpose, which is to establish a poetic style and a model for learning poetry through thepraise and criticism of poets, in order to change the accumulated problems in the poetry world. Tocorrect the problem of "simulated distortion" in the poetry world, Tao Du's "truthfulness andauthenticity" can be used, and to alleviate the disease of "weakness and decline" in the poetryworld, Han Su and Jin Yuan's "vigorous and vigorous" poetry can be used. Through the eyes of LaiShanyang, a foreign sinologist, it is also beneficial for us to examine and evaluate classical Chinesepoetry.

Keywords: Lai Shanyang, Poetry Criticism, Tao Yuanming, Du Fu

诸桥辙次的中国游学之旅
——以《游支随笔》中的图文记述为线索

肖伊绯[①]

摘要: 日本学者诸桥辙次于1918—1938年先后十次访华。其中,肇始于五四运动前后,1918年、1920年、1921年的最初三次访华,带有"游学"性质,即在华留学与游览。在此期间,诸桥游历南北,对中国各地学界名宿新锐,均有访晤并择要"笔谈"。这一经历对其学术观念与治学方法,有着极其深远持续的影响,也为后世研究者了解五四运动前后的中国学术界动向与学者个体心态留下了宝贵记录。诸桥的这一"游学"历程,其中有相当一部分内容记载于《游支随笔》,还有一部分手迹实录散存于诸桥后人手中。通过梳爬、校理、整合这两部分内容,尽可能完整与充分再现这一史事的概况和细节。

关键词: 诸桥辙次 《游支随笔》 王国维 叶德辉 胡适

1918—1921年:诸桥访华游学,遍访中国学界名宿

1938年10月15日,《游支随笔》一书在日本东京正式出版发行。此书的著者乃著名学者诸桥辙次(1883—1982)。他在著者自序中指出,"这一部杂笔集,乃是约二十年前的旧记录"。也即是说,书中所录,乃其早年游学中国时的随笔记录之汇集。

自序中还提到,"大正七年、九年、十年以来,至今已先后十次游访中国"。据此可知,诸桥来华肇始于1918年、1920年、1921年间。这段时间主要是

[①] 肖伊绯,文史学者、自由撰稿人。研究方向:近现代思想史、文化史。

"游学",即在华留学与游览。随后,又多次来华访学与考察,主要是进行学术交流与考察活动,至其为《游支随笔》撰序的1938年9月,已合计有十次之多。

应当说,这样的访华频次,在当时相当一部分日本学者中,都可谓名列前茅。那么,这十次访华经历,诸桥究竟有着怎样的经历?难道只是查阅典籍,埋首苦读吗?

答案当然是否定的。仅从自序之前六个页面的铜版插图,即可知诸桥在中国的游学与考察历程,内容是相当丰富的,并不完全是汉语进修与文史研究。插图页上的照片,皆是诸桥本人或随行者所摄,照片上北京乃至华北各地的风景名胜、古迹遗址中,屡见其身影。照片上又见云冈龙门,三峡西湖;函谷潼关,朔北江南,舟行车载荏苒,万里南北穿行。可见,诸桥在华游踪纵贯南北各地,并不局限于其初次访华的北京一地(1918年5月,作为东京高等师范大学教授的诸桥,首次到北京大学参观访学)。

这些照片插页中,还附印有一首中国知名学者、诗坛宿儒陈宝琛(1848—1935)的"送行诗",颇可概括诸桥十次访华历程中的一次"南行"游踪。诗云:

先游曲阜后崇安,圣里乡贤取次看。若更入闽登石鼓,水云亭外试盘桓。

辛酉三月,送诸桥仁兄南游,博笑。螺洲陈宝琛。

1921年春,时年73岁的陈宝琛,向即将赴山东考察孔孟史迹的诸桥,特赋诗赠别。试想,这样的场景与情景——此时已过古稀之年的末代帝师,向时年仅38岁的异邦学者慷慨题诗以赠,实在是中国学界前辈对一位日本留学生的难得礼遇。这样一幅"送行诗"墨宝,自然令诸桥颇感珍视,故而径直选入书前插图页面之中。

所有这些在中国南北各地的游历与访学,所有这些与山川史迹、前贤名宿有关的晤谈与观察,《游支随笔》一书中,皆有图文并茂的记述。

事实上,除陈宝琛之外,书中还有大量的诸桥与中国学界前辈的交往记录,包括旧学"三大师"王国维、叶德辉、章太炎,以及沈曾植、缪荃荪、郑孝胥等。在与这些中国前辈学者的交往中,切磋学问、交流学术,始终是诸桥最为珍视的"中国经验"之一。

1919—1921年:上海四次面晤王国维

《游支随笔》第三章"破国与新兴",这一章初稿撰成于1930年6月,正值其再度来华访学期间,记述的正是诸桥眼中的中国学界的新学勃兴、旧学凋敝之态。

此章有一小节,名为"三位学者三样死法",简要记述了诸桥所听闻的叶德辉(1864—1927)、李大钊(1889—1927)、王国维(1877—1927)三位中国学者,相继于1927年4月至6月暴毙的消息,为此深感痛惜与深省。

三人之中,除李大钊一人未见其与诸桥有交往记录之外,叶、王二人俱与诸桥有较为密切的接触与交往,俱被视作中国旧学"大师"。述及王国维自沉赴死,诸桥慨叹称:

> 王国维氏为时事日非而深感愤慨,遂在北京城西景色最佳的万寿山麓、昆明池中,投身自杀而亡。王氏之死,一方面为持守古典思想而亡,一方面亦为新思潮逼迫而亡,且因时势难以相容,只能以自杀方式而亡。

在诸桥看来,在20世纪二三十年代的中国,新旧思想的冲突与战乱时势相交会而成的时代力量,对中国学者的冲击与影响是颇为深远的。所谓"破国与新兴",无非就是在记述与抒写其对这一特殊历史时期的观察罢了。"三位学者三样死法"这一节内容,自然是"破国与新兴"这一章节极为重要的内容。

据说,诸桥对王国维的崇敬与追慕,可以溯至其赴中国留学之初。《游支随笔》第四章"故都新都初见参"记载,早在1918年4月9日,诸桥便在上海遍访王氏同道师友——沈曾植、缪荃荪等,对王氏其人其学即已有所了解。

1920年6月16日,王国维与沈曾植,在上海与诸桥有过短暂晤面。6月24日,诸桥又回访了王氏。

《游支随笔》一书的图片插页中,印有一帧王国维题赠诸桥的手迹,即为二人曾晤面于上海的见证。王氏题赠写件上,先是抄录了一段"昭明太子陶集序",又抄录了三首陶渊明诗,落款曰:

> 辛酉四月,诸桥仲苏先生访于海上寓庐,距己未相见时适二年矣。出此帖属书,余不能书,漫尽此叶,以为别后相思之资耳。海宁王国维。

这里提到的"辛酉四月",实为公历1921年5月8日至6月6日。由此可以推知,诸桥与王国维二人,还于1921年5月初至6月初有过一次面晤。且因王氏题词中有"距己未相见时适二年矣"云云,可知二人初晤更是可以追溯至1919年6月前后。也即是说,从1919年至1921年,二人应当有四次面晤。

题词落款中王氏所言"距己未相见时适二年矣",已然表明,二人初晤之时,乃是诸桥第二次来华,即被日本国内文部省委派为留学生之际。

遥想1919年五四运动前后,时年36岁、矢志于古典汉语研究的日本留学生诸桥,与42岁的一代国学大师王国维,初晤于中国上海,当时何等情状与感受,应当颇值得记录一番的。遗憾的是,遍览《游支随笔》一书,并没有发现诸桥提及此事的相关记载,当时的一些细节也就无从追究了。

当然,无论出于何种缘由,诸桥未能将初晤王国维之事详加记录。王氏其人其思想其事迹,都应当曾予其留下了深刻印象。否则,《游支随笔》一书中,不会出现"三位学者三样死法"这样专述的一节内容,也不会在访晤沈曾植等学者时频频加以"王国维同道旧知"之类的前缀以示强调,更不会郑重其事地将王氏题赠手迹影印于书中插页之上了。

所有这些惜乎简略又弥足珍贵的图文史料,都见证着诸桥与王国维,在1919—1921年,有过四次的访晤事迹,也见证着一位日本后辈学者对以王氏为代表的中国"旧派学者"的由衷敬意与追慕之情。

1920年5月：长沙两晤叶德辉，"笔谈"与"介绍信"

"三位学者三样死法"一节中，在诸桥笔下，提到叶德辉之死，只有一句话概括：

> 湖南学者叶德辉，在中华民国革命伊始，直至现在，都保守着自己的旧思想。也正因为这样一个单纯的理由，他竟然被击毙了。

关于叶德辉之死，诸桥没有多谈。当时坊间传言纷繁，叶氏因何而死，究竟死于谁手，当年说法不一，如今也有争论。诸桥与叶氏虽无深交，但二人有过一次"笔谈"。这令诸桥印象深刻，事后追忆难免更令其深感痛惜。

《游支随笔》一书，第五章"旅枕"第三节"潇湘游览"记载，1920年5月4日，诸桥首次参访叶宅，因叶氏还有别的访客接待，故让其儿媳来知会，约定后日"笔谈"。延至5月12日，叶氏亲自回访诸桥，二人终于"笔谈"。

二人"笔谈"之后，诸桥忆述中对叶氏个人形象及学术水准有如下概述：

> 大约快满六十岁的样子，没有什么须髯，只是门齿有些突出。脸上挂着金边眼镜，一见便知是世所罕睹的男子。笔谈中，他的学问十分渊博，谈"五行学说"，称此学说自《焦氏易林》始。这样学识，世间绝少，叶氏本人也颇自负。

5月14日，诸桥又至叶宅参观藏书，叶氏告知，其藏书中的宋版书大多是从苏州购转运来的。版本时代在元代之后的藏书甚多，数不胜数。应诸桥之请，叶氏还为其写了两通介绍信，一致康有为，一致章太炎。这更令诸桥欣喜不已，将这两通介绍信"顶戴而归"。诸桥与叶氏的面晤，即此1920年5月间"笔谈"一次与"观书"一次，共计两次。

《游支随笔》中，并未披露二人"笔谈"内容，但附带了叶氏题赠诗札与信札各一通，权作二人两次面晤的纪念。诗札乃叶氏抄录"陈云伯留别秣陵诗"，书于"庚申初夏"。那一通信札，即叶氏应诸桥之请，所写两通介绍信之一，致康有为的那一通。信中提到，"及诸桥辙次自长沙回国，道出上海，以未能得见公为憾事。属予为介绍"，又称"诸桥乃东方学人，博通百家，归省程朱之学，南北闻人如柯凤荪、缪艺风诸老咸相推崇，其人可知"。

从《游支随笔》一书来考察，虽未记述诸桥与康有为有无晤谈的情况，可从书中附带的一张康氏名片来看，二人有可能有所接触。因图片影印较为模糊，名片上的康氏留言手迹无法完整辨识，无从确知二人交往细节。依常理而言，康氏已然"留片"，说明至少康氏见到过叶氏之介绍信，并因之给诸桥"留片"。

1920 年 5 月 12 日：与叶德辉"笔谈"实录

所谓"笔谈"，乃是日本学者访问中国学者时，常会用到的方式。一般而言，中国学者群体中有相当一部分并不精通日语，无论读写均有相当困难；而日本学者尤其是诸桥这般精通汉学者，则大多尚能书写与识别汉语。二人若有晤谈与学术交流，尚可以进行纸面上用汉语书写方式来一问一答式的"笔谈"。

仅就目前已知的相关记载，除叶德辉之外，诸桥来华与章太炎、胡适、陈宝琛、曾广钧等都有"笔谈"。这些"笔谈"记录原件，均被其带回日本，辑为一部《笔战塵余》。这一珍贵文献，至今尚未完全披露。

1999 年 5 月，《东瀛遗墨——近代中日文化交流稀见史料辑注》[1]（以下简称《东瀛遗墨》）一书出版，书中公开披露了诸桥与中国学者"笔谈"的部分内容。其中，诸桥与叶德辉的"笔谈"内容，终于揭晓。

二人"笔谈"伊始，诸桥即称"高名久仰之"，随即说明"曩在北京，请柯凤孙（苏）先生得介绍"，意即来谒见叶氏，是曾持有柯氏介绍信的。只是后来听说"先生既去沙在苏，以是不携其书"。因为听闻叶氏离开长沙去了苏州长居，所以诸桥在游历潇湘之际，就没有携带这一通柯氏介绍信。

对于没带介绍信的诸桥之谒见，叶氏仍欣然接受，还向其做了一番自我

---

[1] 李庆. 东瀛遗墨——近代中日文化交流稀见史料辑注 [M]. 上海：上海人民出版社，1999.

诸桥辙次的中国游学之旅——以《游支随笔》中的图文记述为线索

介绍:

> 自丙辰年到苏州,于去年中历十月始归长沙。本拟于本月内仍赴苏州过夏,因事稽留。适逢先生莅止,得接清谈,欣幸之至。鄙人承贵国学士商家相知二十余年,平时与贵国人交情亦更亲切,故贵国现时无不知有鄙人者。惜不能人人握手①。

叶氏这一番"笔谈"开场白,自我介绍中颇显自负。为此,诸桥也投其所好,以逢迎姿态的措辞回应称:

> 湖南是清末学者之渊丛。若曾文正公、王闿运、王先谦诸先生,概观之于历代儒林中,不易多得。而今皆凋谢。此间独有先生之学深识高,固是湖南学界之幸也。敝国学徒无不知高名者。如盐谷温前已亲炙受教。晚生在沙不得久。虽然,若得领教,实为幸甚矣②。

出人意料的是,面对诸桥这样一番逢迎姿态,叶氏并不接受,且还为之有相当篇幅的解释之语。叶氏以为,自己的学术领域与治学方法,源于其原籍江苏,"有清一代经学之汉学肇基于此地"③,因之与湖南学派有相当差异。为此,叶氏还向诸桥透露,自称与"二王先生相交四十年,平时相见,不谈学问,以学问不同,必起争辩也"④。不仅如此,叶氏还颇为自得地声称,"鄙人尚有阴阳五行之学,此皆曾文正、二王先生所不知者"⑤。叶氏还提道,"盐谷从鄙人受曲学,松崎从鄙人受小学(《说文》之学)","此二学为贵国向未讲求者"⑥。言下之意,是提醒诸桥注意,日本所谓"汉学"及"汉学家",皆未明晓"汉学"

---

① 李庆.东瀛遗墨——近代中日文化交流稀见史料辑注[M].上海:上海人民出版社,1999:163.
② 同①.
③ 同①.
④ 同①.
⑤ 同①.
⑥ 同①.

的核心领域所在,古典文学并不是研习"汉学"的关键。

在叶德辉眼中,湖南学派虽在清末声名鹊起,但扬名海内者多属文学家,而非汉学家。叶氏向诸桥列举道,"曾文正为古文家,王闿运为诗文家,王先谦为桐城古文家,皆非汉学家也"。既然诸桥与日本诸学者皆对"汉学"感兴趣,且有相当一部分日本学者也被誉为"汉学家",自然应当明晓"汉学"的研习领域包括古典文学,但并不以此为核心。

叶氏声称,"鄙人欲传之贵国以存中国将绝之学,惜乎非一年二年所能卒业也"①。对此,诸桥连忙接续一番解释,表达了一番惭愧之意,又接着开始咨询研习之道。诸桥问道:

> 晚生未有专攻之学,但所期在溯伊洛而究洙泗。先生百家之学无不通,请问程朱之学,以读何书为阶梯?②

叶氏的答语很长,为此次"笔谈"中书写篇幅最大的一处。开篇即为诸桥概括"中国学问,近三百年分两派。汉学宋学是也"③,之后娓娓道来,将"汉学"分为西汉之"今文"与东汉之"古文"的来龙去脉,皆扼要托出。除了概括学派源流,叶氏答语中最为核心的内容,乃是明确批评了先世与当世的两位"大儒",一是王阳明,一是康有为。

叶氏谈到"宋学",称"以程、朱为正宗",向诸桥荐书为《五子近思录》。颇推崇清初陆陇其,称其为程、朱正宗嫡传,又称"陆最恶王阳明,凡所著书,均痛驳阳明,以为异端邪说"④。叶氏认为,"王阳明全是有心立异,学无本原"⑤。针对当时王氏颇受推崇的社会风气,叶氏痛斥道,"现时中国学者因贵国三百年拜服阳明,亦靡然从风,群相附和,此最无识之事"⑥。

---

① 李庆.东瀛遗墨——近代中日文化交流稀见史料辑注[M].上海:上海人民出版社,1999:163.
② 同① 164.
③ 同① 164.
④ 同① 164.
⑤ 同① 164.
⑥ 同① 164.

叶氏谈到"汉学",称西汉王莽以前之学,因"当时经师传授之本为隶书,故谓之今文"①,但"今文家"传世此类书皆残缺不全,"只有学说,并无正式经本也"②。康有为即乘机"以之乱中国","故鄙人及张之洞、章炳麟均痛斥之"③。对王、康二人的批评之后,叶氏总结近世二人学说大受追捧的原因称:

  盖人情畏难喜易,此中国人大病,今日科学不能深入,亦此病也。西汉学易,东汉学难。陆王学易,程朱学难。去难就易,无非为盗名起见。此类人何足与言学问④。

一番感言之末,叶氏还谆谆勉励诸桥称:

  先生有志程朱之学,则知理学正轨。熟读《五子近思录》及周子、张子、朱子、吕子诸书,再参陆陇其所著书,则其功过半矣⑤。

接着,诸桥表达了与叶氏所见略同,但对于康氏学说、张之洞著书,以及陆陇其所著书版本仍有一些疑惑,均一一提出,请予解答。叶氏答语如下:

  康有为一切学说,鄙人所驳者,多在《翼教丛编》中(此书湖南、湖北、广东、云南均已有之。乱后少见传本)。张之洞《书目答问》在四川学政任内,确为其门人缪荃荪代作。其中讹误甚多,鄙人有校正之本,流传在外,惜未刊行。陆陇其所著书,为《三鱼堂集》,《正谊堂丛书》中多节删⑥。

---

① 李庆. 东瀛遗墨——近代中日文化交流稀见史料辑注[M]. 上海:上海人民出版社,1999:164.
② 同①.
③ 同①.
④ 同①.
⑤ 同①.
⑥ 同① 165.

叶氏答语，简明扼要，措辞非常肯定，足见其学术底气。只不过，此次"笔谈"中提及康有为之处，皆属批评之语，此处更直接说明了叶氏驳斥康氏学说的著述所在。此情此景联系到两天后叶氏又为诸桥写了一通拜见康有为的"介绍信"，实在颇令人感到有些莫名其妙。

只能据此揣度，叶氏对康氏学说虽深为反感，但可能对康氏本人并无恶感；尤其是"辛亥革命"之后（即叶氏"笔谈"中提到的所谓"乱后"），叶、康二人皆一度以"遗民"自居，在对前朝追缅与文化归宿上的心态，二人甚至可能还有一些"同感"呢。

1920年6月24日：与章太炎"笔谈"实录

诸桥揣着叶德辉亲笔所写，致康有为与章太炎的两通介绍信，于同年6月赴上海谒见康、章二人。诚如前述，诸桥与康氏是否面晤，《游支随笔》中没有任何记述，仅有康氏"留片"一枚，无从确知二人交往细节。至于与章氏的面晤，是有所记载的，二人甚至还做了"笔谈"。

1920年6月24日，诸桥赴上海爱土亚路章宅，终于见到了被时人誉为学术泰斗的一代大师章太炎。初次见面之印象，诸桥只有一句话记述：

> 一位抚髯步出的老者，满脸的盛气凌人之状，见面即言"日本学者真无学识，沈子培、康有为这样的人，在贵国即为大学者了罢"。

仅据此一句话的记述揣度，二人初晤时的气氛似乎并不融洽。章氏以其一贯的学术立场，一向的爱憎分明之态度，一见面即表达了对日本汉学界的不满与不屑。联系到《游支随笔》中所载，当天诸桥还访晤了王国维、沈子培等，在章宅的停留时间应当不长，二人应当没有什么实质性的学术交流。

可是，据《东瀛遗墨》一书所载，诸桥与章太炎竟有过"笔谈"。书中披露的"笔谈"内容虽确实不多（章氏两次答语，诸桥一次问语）。可整理者声称，

诸桥辙次的中国游学之旅——以《游支随笔》中的图文记述为线索

"在此整理发表的只是其中的一部分,余下部分,容再陆续整理"[1]。于此,只能期待未来更多地公布与披露了。

从已公布的二人"笔谈"来考察,诸桥可能循着叶德辉向其荐读的清初陆陇其治"宋学"所著书的思路,向章太炎提出过相关领域的某种咨询。可章氏的答语,透露出来的学术立场与叶氏是有较大差异的。章氏称:

> 清代讲宋学者,不过会萃成说,其是否,并无心得之妙。然如颜元(习斋)、戴震(东原)之徒,却有新义。颜主尚武,戴近功利学派[2]。

章太炎如此作答,其学术立场中"经世致用"的因素已然闪现出来。当时,中国学界一度流行"颜李学派"之学说,梁启超、胡适、蔡元培等均大力倡导;曾任中华民国总统的徐世昌甚至以此学说为教育根本之道,创办"四存学校",大张旗鼓地阐扬"颜李"学说。章、梁、胡三人学术立场与旨趣,一直存在明显分歧,但在"颜李"学说上出现了难得的一次"共识"。

这样的情形,与叶德辉痛斥王阳明"全是有心立异,学无本原"云云,以及推崇陆陇其所著之类,自然是有所不同的,甚至可以说是泾渭分明的。接下来,诸桥又咨询《四书典故备览》的版本问题,章太炎一答以蔽之:

> 此种书恐不过供时文之用,无须深求也[3]。

毋庸多言,仅从公布的二人"笔谈"内容窥测,晤谈中话不投机、学无同道之感,是显而易见的。只是,作为远道相会的纪念,章氏还是为诸桥题诗一幅留赠。这幅题诗手迹,诸桥还是将之收入《游支随笔》一书中影印了出来,权作此次访晤大师的一份见证。

---

[1] 李庆.东瀛遗墨——近代中日文化交流稀见史料辑注[M].上海:上海人民出版社,1999:118.
[2] 同[1].
[3] 同[1].

1930—1931年：诸桥再度访华，尽访中国"新派学者"

遍访中国诸多前辈学者的同时，诸桥也敏锐地意识到中国学术界乃至文化、文学界正在发生的剧变，那就是"新文化"与"新文学"运动。其初次来华进行学术活动之处——北京大学，正是这两个运动的策源地。

早在1918年的北京大学里，诸桥就首次旁听了崔适、马叙伦、朱宗莱、吴梅、黄节等人所授课程[①]。这些名为"史记探源""庄子""学术文""近世文学史""中国史学通义"的大学课程，虽然仍属诸桥一直颇为推崇的清代朴学范畴，授课者也基本皆是中国前辈学者，可北大学制与学科毕竟俱借鉴于西方教育体制，在学术方法与教学理念上，也必然随之有所变化，以期适应时代潮流。

无论北大的这些授课者何等宿儒名耆，仅就这些课程本身而言，在考据之学与疑古之风的交替裹挟之下，确已呈现出"现代化"与"世界化"的新时代风貌，确已表现出逐渐被"新派学者"导入与推进的"新思潮"影响。

为此，诸桥开始与诸多中国"新派学者"接触，与年纪资历虽长、思想却颇"新潮"的北大校长蔡元培（1868—1940），一直宣扬革命、思想激进的文科学长陈独秀（1879—1942），"暴得大名"的新文学运动关键人物胡适（1891—1962），倡举新文学且精通日语的文坛健将周作人（1885—1967）等诸多"新派学者"屡有来往，希望通过交流与切磋，进一步了解中国学术与文化的"新生"与未来。

在其自述的十次访华历程中，遍访中国前辈学者的同时，诸桥也开始频频接触中国"新生力量"。可以说，《游支随笔》一书将五四运动前后的中国学界众生相，"旧派"与"新派"如何分庭抗礼乃至各奔前程，又如何分流合流而至殊途同归，别开生面地呈现了出来。此书的可贵之处，并不仅仅在于大量的图文记录之史料价值，更在于著者着力呈现出来的那一段特殊历史时期的中国思想史图景与景况。

《游支随笔》一书，在诸桥自序之前六个页面的图片插页中，最后一页插页的最后一张图片，乃是其与蔡元培、胡适、张元济（1867—1959）、黄炎培

---

① 日本学者来校参观[J]. 北京大学日刊，1918，127：2.

(1878—1965)等人的合影。这一合影,作为书中唯一一张诸桥与中国学者群体的合影,显得尤为珍贵,似乎也有着某种总结意味。

一如前述,诸桥的十次访华经历中,频繁访晤中国学者;且因其治学主攻古典汉语与汉学,访晤自然以前辈学者为主。由此推想,应与"旧派学者"合影的机缘比较多,这些合影也理应选入书中。然而,书中并无这样的合影。恰恰相反,这样一张与诸多"新派学者"的合影,却出现在了书中相当特殊的位置之上(此合影图片之后即为诸桥自序),实在耐人寻味。

事实上,这一合影并不是诸桥1918—1921年访华游学期间所摄,而是在1930年3月22日,摄于一次与中国学者的聚会之上。当时在场的诸多中国学者还为时年已47岁、已多次访华的诸桥题扇留念。这一幅有诸多中国学者的题词签名的扇面,被附在了《游支随笔》书中"新文化运动"的章节中,作为插页图片之一。

蔡元培首先在扇面上题词,写下一句"奇文共欣赏,疑义相与析",并有时间落款为"中华民国十九年三月二十二日",即1930年3月22日。附后签名者有伍光建(1867—1943)、张元济、黄炎培。胡适则在扇面余下的空白处题了一首名为《秋柳》的诗,诗云:

> 已见萧飕万木摧,尚余垂柳拂人来。西风莫笑长条弱,待向西风舞一回。

此诗为胡适创作于1909年的作品,当年18岁的胡适正在上海中国公学就读,因感前途迷茫决意出国留学。二十年后身在上海,已为中国公学校长,可谓功成名就的胡适,将当年出国留学之前的一首抒怀之作,题赠亦曾留学中国的诸桥,颇有中日学界后辈共勉之意。

胡适题诗之后,还有郑贞文(1891—1969)的签名。这一场九十余年前的学界聚会,出席的中国学者共计六位,老中青三代皆备,但总体上以"新派学者"为主。由于出席者中商务印书馆人员有三位,占半数名额,猜测可能是由馆方出面招待并组织的这一次聚会。

其中,张元济、伍光建年纪虽长,但皆为商务印书馆管理与编译方面的中坚力量,二人思想开明敏锐,终生以译介新知、共倡新学为己任。郑贞文与胡适同龄,在赴日订书、译介新学方面,更是不遗余力。诸桥曾有意在商务印书馆出版其专著《支那学者生卒年表》,并大力支持馆方赴日访书及影印古籍善本方面的工作,一度与张元济有过较为密切的联络①。

印有蔡元培、胡适等题赠诸桥扇面的插页之上,还印有另两幅题扇,扇面上有沈兼士、马裕藻、马廉、马鉴、徐祖正、陈垣、沈尹默、马衡等诸多中国学者题词。这些活跃于20世纪二三十年代北京乃至整个中国学界的"新派学者",在《游支随笔》中虽无翔实记载,但与诸桥有过一些交往,至少有过一面之缘,是可以肯定的。

其中一幅题扇,有沈尹默、马衡两人题赠手迹。沈氏所题为选录黄庭坚《绝句》之"花气薰人欲破禅"诗一首,以行书写就。马氏所题则摘录李煜《浪淘沙令》词之末句,"流水落花春去也,天上人间",用篆书写成。马氏题句后有时间落款,"廿年四月四日",即1931年4月4日。另一幅题扇之末,为陈垣题词,亦有时间落款,"辛未四月",也即1931年4月。

据此次马氏与前述蔡氏题扇的时间落款推测,1930年3月至1931年4月,诸桥应当都在中国访学。且诸桥此时访晤的中国学者,大多皆为"新派学者"。这样的情形,与之1918—1921年留学中国期间遍访中国前辈学者,已有所不同。

究其原因,一方面,五四运动之后,"新派学者"阵营日益发展壮大,逐渐掌握中国学界乃至文教界话语权,成为这一领域的主导者——诸桥对此早有预见,不可能视而不见。另一方面,20世纪30年代,中国前辈学者或者说"旧派学者"群体,大多已逝世或步入暮年,基本已退出历史舞台——即便诸桥仍有意访晤这一群体,终究是物是人非,访无可访。

1930—1931年:周、沈题诗出处与《止轩诗草》

《游支随笔》图片插页中,频频出现诸如陈宝琛、王国维、沈曾植、章太炎、

---

① 张元济.张元济全集:第3卷[M].北京:商务印书馆,2007:572.

叶德辉等"旧学前辈"群体的题赠手迹,不但主观上体现着诸桥来华游学初期的"心路"历程,客观上也展示了其遍访中国前辈学者的"业绩"。

随着五四运动之后再次、多次来华游学,诸桥与"新派学者"的接触与交往渐趋密切。随之而来的,《游支随笔》一书中,"新派学者"的题赠手迹之图片,也逐渐增多,前述三幅题扇即是例证。

尤为特别的是,书插页中还附带了一件周作人题诗的立轴,与一幅胡适题词(考述详见后文)。这两幅题赠诸桥的诗词写件,一立轴一横幅,一竖一横两张图片,占了插页一半的空间,颇为醒目突出。

据笔者查证,周氏题诗,并不是其本人的作品,而是周氏同乡前贤清代学者孙垓(1813—1885)所作。由于题诗没有时间落款,只能推测其可能写于诸桥1930—1931年再度访华期间。

值得一提的是,时至1970年,诸桥"米寿"(88岁)之际,将自己多年来的汉诗作品选辑印制一部《止轩诗草》,分赠亲友。胡适与周作人及沈尹默的题诗,皆被选入诗集附录,足见其对1930—1931年的那一次访华之旅印象深刻,也足见其对胡、周二人题赠墨宝的珍视之意。

诸桥本人可能不太明晓的是,其《止轩诗草》中郑重其事地录入胡、周、沈三人的题诗,只有胡适题赠的(前述扇面题诗,非与周同页附带的题词)乃是本人诗作,周、沈二人所题赠的内容皆为摘录古人诗作,并不是本人诗作:周题为清人孙垓之作,沈题为宋人黄庭坚之作。一般而言,这类摘录他人(前人)诗作题赠者,是不便再收入受赠者个人诗集中的(即便附录也不适宜)。

试想,如果诸桥是"明知故犯",因珍视友缘而执意要收入的话,也应注明原作者或直接影印题诗手迹即可,何必再重新录入诗文与铅字排印,且径直将这样的摘录内容之作者,署名为周、沈二人。所以,依常理推测,诸桥本人可能确实不太明晓这些题诗乃摘录古人诗作。否则,蔡元培题扇之句"奇文共欣赏,疑义相与析",也理应收入《止轩诗草》——显然,诸桥明晓此句出处乃陶渊明《移居》,故未有收入。

1920年3月：诸桥与"快要三十岁"的胡适初晤

前述与周作人题诗印于同一插页之上的那一幅胡适题词,有明确的时间落款,从中不难推知二人初晤的大致时间,是远早于前述诸位中国学者的。胡适题词原文如下：

> 不敢为天下先,慈故能勇,俭故能广。
> 不敢为天下先,故能成器长。今舍慈且勇,
> 舍俭且广,舍后且先,死矣。
> 中华民国九年十一月二日,
> 写老子三节,请诸桥先生教正。　　胡适。

1920年11月2日,胡适摘录《老子》中的三句话,写赠诸桥。据此推测,二人初晤至迟也应在1920年10月至11月,即诸桥第二次来华留学期间。遗憾的是,经查《胡适日记》,1920年9月17日之后的日记[①]中断,无从知晓当时二人初晤,以及胡适摘录《老子》题赠诸桥的一些细节。

其实,在胡适题词写赠诸桥之前,诸桥对胡适其人其事迹已有所了解,并已付诸笔端,有所抒写了。《游支随笔》第二章,题为"新生姿态",即主要为表述其亲历并感受到的,新文化与新文学运动之下的中国新时代。正是在这一章节中,评述胡适的内容已然出现。

此章首节题为"新文化运动",又分为"英美文化的影响""排日之理由""文化运动的标志""实际活动的诸方面""新文化运动的核心""新文化运动的结果"六部分内容。这一章节都在简述与概括"新文化运动",还没有关涉到具体人物。

此章次节题为"国语国字问题",在"改革派的主张"一节中,谈到了胡适及其主张。此节开首有云,"今年快要三十岁的少壮教授,面相和善,既精通汉学,又擅长西洋学术……"可见,当时(1920年9月)撰写这一章节时,诸桥对中国"新派学者"中的青年才俊——胡适,印象还是不错的。可是,因为

---
① 曹伯言. 胡适日记全编：第3册[M]. 合肥：安徽教育出版社,2001：222.

是要具体研讨文化现象而非展现交游事迹,在此节之后的记述中,仍然无法获知二人初晤的确切时间。

好在诸桥曾经写给胡适的两通信札至今尚存,已收入《胡适遗稿及秘藏书信》第42册①之中,从中亦可窥见二人交往点滴。为便于考述,笔者不揣谫陋,酌加整理标点,依次转录信札原文如下:

(一)

胡适之先生足下:

日前叩谒,辱被引接,垂训谆谆,深感盛意。且拜高著之赐《中国哲学史》,虽未略披卷,而文化新介绍既毕,完读卓拔之见,燃犀之识,可以见造论之深且笃也。而予之特所喜且钦者,实予在先生之勇排群议而进乎所信。但予就高论中更为请教者有三,曰:

一、中国领土极广大,南北各异,语言以白话代文语,宁不招国语紊乱而不人心乖离乎?

二、文语有固定的性质,白话有进化的性质,若以白话代文话,则朝变暮改,非不可期系统的发达欤。

三、学童所修专是白话,则彼等成人之后,不驯读文语,四库载籍空属束阁,谓悉以白话译古书乎?事烦不可期成。古书既不可译,人亦不能读古书,则禹域三千年文化荡然扫地,不知奚如办法克救此弊?

右三项鄙意所致,先生会应有明解,若被示,暇日则予将以所定之时来堂请教。若又于几纸中领明答,亦为幸甚矣。陈独秀先生先年既接謦欬,如钱玄同先生、朱希祖先生近将奉讨,叩其见。若先生豫替我为介绍,所尤望也。予以月之二十四五日发轫,历游洛阳、长安、长沙、九江各地,有行李之累,以书仰教,莫咎无礼,并望惠音。此恳。

三月十八号,诸桥辙次拜②

此信未署明具体年份,似乎1918年、1919年、1920年、1921年,诸桥前两

---

① 耿云志.胡适遗稿及秘藏书信:第42册[M].合肥:黄山书社,1994.
② 同① 779.

次来华考察与留学期间的这四个年份,俱有可能。

查阅《游支随笔》可知,诸桥于1918年4月16日乘坐"凤凰丸"号汽船,泛游扬子江上,曾入九江寻古觅幽,撰成《浔阳江头》一文。同年4月21日,游览武汉三镇。4月25日,抵河南郑州,游偃师、洛阳等地,撰成《洛阳的古都》一文。如此一来,与其信末"历游洛阳、长安、长沙、九江各地"云云,似有部分吻合之处。因此,此信有可能写于1918年。

继续翻检《游支随笔》一书,又可获知,诸桥游览洛阳等地并不止一次。1920年3月29日,诸桥再度步入洛阳;4月1日进入陕州,一路过函谷关、潼关,在昔日的"长安古道"上寻访古迹;4月8日返回郑州,次日乘汽车转向汉口;5月2日,从汉口转抵长沙,游览潇湘名胜,并于5月12日初晤著名湘籍藏书家、学者叶德辉。

两次洛阳之旅的行程相较之下,1920年的这一次,更符合诸桥在此信末尾所言"以月之二十四五日发轫,历游洛阳、长安、长沙、九江各地"。因此,此信应当写于1920年3月18日,当无疑义。

1920年秋:诸桥与胡适"笔谈"

从中原内地及长江流域诸地游历归来的诸桥,于1920年秋,与胡适再度晤谈,且留下了"笔谈"记录。

1968年,陈之迈撰发《胡适之与诸桥辙次的笔谈录》[1],在中国台湾首度公开披露了二人的这一交往事迹。十余年后,二人"笔谈"之事迹,被视作胡适生平重要事迹之一,由胡适秘书胡颂平将之收入《胡适之先生年谱长编初稿》第1册[2]。1997年,这一事迹在中国大陆再度公开披露[3]。1999年,二人"笔谈"记录原件的整理文本辑入《东瀛遗墨》一书出版。

---

① 陈之迈. 胡适之与诸桥辙次的笔谈录[J]. 传记文学,1968,13(3):53-55.
② 胡颂平. 胡适之先生年谱长编初稿:第1册[M]. 台北:台北联经出版事业公司,1984:113.
③ 胡适和诸桥辙次的笔谈[J].// 王元化. 学术集林:第10卷,上海:上海远东出版社,1997:63-66.

诸桥辙次的中国游学之旅——以《游支随笔》中的图文记述为线索

可以说,诸桥与胡适"笔谈"这一事件本身及其内容,在随后近八十年间的中国现代学术史研究领域里,逐渐引起了海峡两岸学者的关注与重视。在此,不妨依据上述这些已经披露的公共文献,重温二人交往中的这一重要事迹,重探一些历史信息之细节。

"笔谈"记录开首即诸桥的"开场白"——令人颇感兴味的是——即是表明其已经通读了胡适所著《中国哲学史大纲》,与前述信中称尚未通读此著的情形,已截然相反。诸桥此言此举,恐怕是已然察觉到,胡适更乐于将研讨主题设定于其已然发表过的著述,及其已然确立了的学术体系之中。

诸桥在"笔谈"一开始,即表明其已通读过胡适著述,为此次研讨即奠定了良好开端。不过,三言两语之后,诸桥的真正诉求即刻显现出来,还是要将话题引申到其真正感兴趣的古典经学领域中。诸桥向胡适做了这样的"开场白":

> 日前辱赐贵著,归来三读深服高见。立论适确,论旨透彻,拉来群经,置一熔炉中。盖非精通于东西学术者,所不能成也。弟比年虽从事于兹,学浅才粗,不能企图万一,深负惭愧。只以不知为知,遂莫至知期。仍特嘱先生,兹仰高教,不知先生允否?①

可以想见,这样一段烦冗客套的"开场白",要以汉语逐字写出,对于一位日本学者来说,并非易事。可当胡适看到这样的"开场白",即已明晓诸桥并非要与其研讨《中国哲学史大纲》相关内容,而是要与其切磋其一向并不热衷也不擅长的中国古典经学。于是,只写了一句话予以答复,文曰:

> 我于群经并无专门研究,但甚愿领先生之训诲。②

接下来的"笔谈"内容,基本在"顾左右而言他"的氛围中进行,并无实

---

① 李庆.东瀛遗墨——近代中日文化交流稀见史料辑注[M].上海:上海人民出版社,1999:153.
② 同①.

质意义上的学术交流与交锋。只有两处问答,言及对中国思想史与现代学术方法问题,二人都不吝笔墨,留下了不少"笔谈"之迹,从中颇可见二人观念相左且已略露锋芒之势了。

一处是诸桥认为中国思想史自先秦以来,"自由思想之郁乎而起,焕乎而发者,莫如宋代"①,并向胡适讨教,缘何宋代思想风气如此生机勃发?究竟是何种原因促成的?胡适的回答称,宋代主要还是承接唐代以来印度(佛教)思想输入的成果,"而入于'自己创造'之时期;天台、华严、禅宗三宗皆中国人自己融化印度思想之结果"②,且宋初道教复兴,又影响到政治与学术。最终佛道思想皆被儒学吸收利用,"以成中兴之业,故开一灿烂之时代"③。

诸桥并不完全赞同胡适的观点,认为宋代思想风气的生机勃发,并不是倚仗外来思想输入及其改造,而是源于中国古典思想自身的蜕变。简言之,乃是内因,而非外因。为表明这一观点,诸桥举例称,宋代儒家以邵(雍)、周(敦颐)为代表者;其影响时代风气的主要原因,应当源于对《易》的重新阐发,而非其他外来思想可以左右。宋代儒学受到禅宗的影响,不过有一部《楞严经》罢了,而"一书之所影响,岂如斯深且多乎?"④紧接着这个问号之后,诸桥写下"敢请教"⑤三字,这是要抛给胡适来应答的一道难题。

胡适的回答,举重若轻,虽未正面答复,却似又无懈可击。答语原文如下:

一时代有一时代之《易》。王弼之《易》,老庄之影响也。邵、周之《易》,又道家之影响也。宋时,中国之空气已成一禅学之空气。虽有智者,亦逃不出。非一部《楞严经》之力,乃此"空气"之力也⑥。

---

① 李庆.东瀛遗墨——近代中日文化交流稀见史料辑注[M].上海:上海人民出版社,1999:154.
② 同①.
③ 同①.
④ 同①.
⑤ 同①.
⑥ 同①.

胡适劈头第一句话，"一时代有一时代之《易》"，完全可以替换为另一句总结语，"一时代有一时代之学术与思想"。据此，宋代的学术与思想之所以自由勃发，并没有什么特别深奥的"天机"，而是基于其时代背景产生的变化。当时的时代背景就是印度（佛教）思想输入之后改创的"禅学"，彻底改换了中国思想的"风气"，形成了新时代的"空气"。

在这样的时代背景之下，无论是贩夫走卒、达官贵人之日常思维，还是依旧占国家主流意识形态的儒家学说，都在这一新时代"空气"中呼吸与生活；在这样的新时代"空气"中，随之出现自由勃发的思想"常态"，自然不能仅仅归功为哪一学派哪一部经典所赐。无论是佛道两教之思想，还是吸纳利用这两者的儒家学说，都是在外来思想输入之后所产生的新"空气"中来重新思想的。所以《易》与《楞严经》，究竟哪一部书对宋代思想影响更大，并不是研究这一段思想史的核心问题了。简言之，诸桥所提问题，从根本上讲不成其为问题，乃"伪问题"。

当天的"笔谈"中，胡适如此作答之后，诸桥没有再做辩论，即刻又转入另一问题。这一问题，还是绕回到了诸桥最为关注，也最希望从胡适这里得到答复的古典经学问题。诸桥这样写道：

> 近年敝国人之研究经学者，多以欧米哲学研究法为基。条分缕析，虽极巧致，遂莫补于穿凿。弟私以为，东洋经术、西洋哲学既不一，其起原体系，研究之方法，亦宜有殊途。然而弟至今未得其方法，又未闻有讲其方法者。请问高见如何，切盼示教[①]。

这一问题源自诸桥根深蒂固的学术立场，即他始终认定古典经学与西洋学术没有交集，二者各自划定研究领域与治学体系，各自有其独特的学术方法，无法通融与互动。而此时"暴得大名"的胡适，在中国国内乃至国际学界，被相当一部分学者视作"中西合璧"式的新锐健将，向其请教这一问题，自然也是相当有针对性的。

---

① 李庆. 东瀛遗墨——近代中日文化交流稀见史料辑注[M]. 上海：上海人民出版社，1999：154.

针对这一问题,胡适的答语在此次"笔谈"中是比较郑重其事的。当然,胡适认为这一问题并不适宜在"笔谈"这样的场合中作答,因为"此问题太大,非一刻所能答"[①]。不过,胡适还是给出了简明答语,只是这样的答语,或仍是诸桥所不能领会与接受的。胡适答称:

> 此问题太大,非一刻所能答。鄙意,清代经学大师治经方法最精密(如戴震、王念孙、王引之诸人,皆可法)。若能以清代汉学家之精密方法,加以近代哲学与科学的眼光与识力,定可有所成就[②]。

胡适认为,古典经学与西方学术可以融通与互动,并不是"宜有殊途",而是殊途同归。只是"笔谈"之下,无法细谈,只能言尽于此。紧接着,胡适还是不吝笔墨,仍在"笔谈"中提出了一些具体建议。为此,胡适又写道:

> 我的《哲学史大纲》第一篇《导言》,有一万字论"史料"。实即论治古书之方法也。又有《清代汉学家之科学方法》一篇,载《北京大学月刊》,尚未完。以后若得暇,我当作一长文,发表我对于诸经之意见[③]。

说到底,胡适还是要诸桥研读其专著,通读之后,所谓的学术交流与切磋,才会更有效率。之后的二人"笔谈",在诸桥请教清代汉学家著述名目,胡适给出荐读书单,以及诸桥在向胡适荐举日本学者著述的互通讯息中结束,再无可圈可点的"看点"了。

这一场1920年秋(10—11月)的"笔谈",也可能是二人唯一一次"笔谈"。1921年8月,诸桥归国,出任以收购陆心源"皕宋楼"藏书为基础而创建的静嘉堂文库长。至此,二人一别近十年,直至1930年3月二人才又短暂相会于上海,却再无"笔谈"之机缘了。

---

① 李庆.东瀛遗墨——近代中日文化交流稀见史料辑注[M].上海:上海人民出版社,1999:155.
② 同①.
③ 同①.

余音：诸桥赠书，以及《大和汉辞典》中的胡适家世

此次"笔谈"之后，诸桥与胡适还保持着一段时间的通信交往。《胡适遗稿及秘藏书信》第42册中，收录的诸桥致胡适的第二通信札，表明了二人交往还有延续。信札原文如下：

（二）

适之先生惠鉴：前来半年，相隔既远，清劳挂念。我虽道履清青，至以为颂。曩者鄙人留学贵国，荷蒙雅爱，时赐教诲，曷胜云感。且赠高著，时常翻阅。然日新奚馨欤，鄙人于去年八月初已经东归，尔来俗冗羁身，又……有病人，如此迟延至今，疏于问候，歉疚奚似。鄙人自愧才短学浅，此时又无良意之可事，深觉缺憾。如蒙不弃，时惠玉函，以启鄙人之蒙，是所切祷。此值贵国新年，特裁寸楮，恭贺新鉴并颂春安。刻正寒感料峭，尚望吾兄卫生是祈。不一。壬戌元旦，弟诸桥辙次鞠躬。[①]

这一通短札之上，几行问候之语，并没有关涉学术研讨的实质性内容，更像一通寒暄客套的普通贺年函件。这即是1922年元旦，身在日本东京的诸桥致胡适的一通贺年信。至今尚未见到胡适回复诸桥的任何信件；二人的通信交往究竟如何，又保持了多久，自然也就无从确考了。

时至1930年3月，诸桥再度访华，与"快要四十岁"的胡适，有过短暂相会——即前述与蔡元培、胡适等人在上海的那一次聚会。此外，诸桥还以静嘉堂文库长身份，赠予胡适《静嘉堂文库图书分类目录》一册，表示欢迎其到该书库调阅文献，以供研究。当时，胡适还在此书题名页上郑重题记：

诸桥辙次先生赠送的。十九，三，廿八，胡适。[②]

[①] 耿云志. 胡适遗稿及秘藏书信：第42册[M]. 合肥：黄山书社，1994：781-782.

[②] 北京大学图书馆，台湾"中央研究院"近代史研究所胡适纪念馆. 胡适藏书目录：第3册[M]. 桂林：广西师范大学出版社，2013：2076.

可待到诸桥于1938年2月、1941年7月、1942年3月三次访华之际，却均无可能再与胡适晤面了。因自1937年七七事变爆发之后，胡适临危受命，接受南京国民政府委派，出任驻美全权大使，在欧美各地大力宣传中国抗战，全力争取西方各国对中国抗战的同情与支援。

直至抗战胜利之后，胡适于1946年归国出任北大校长。不过短短两年之后，他又因南京国民政府分崩离析，行将溃逃台湾之际，不得不于1948年年底匆促搭乘专机飞离北平。即将只身流寓海外之际，胡适的大量私人藏书无法随行运出。这一册《静嘉堂文库图书分类目录》，曾见证一段中日学者交往史的赠书，被悄然遗留在了北平胡宅之中，如今归藏于北大图书馆，编号为6121[①]。

值得一提的是，胡适藏书中还有《大汉和辞典》新版一套，为13册精装本。此书为1960年正式出版，标志着诸桥终生为之奋斗的目标终于达成。此书作为胡适晚年藏书中比较少见的大部头工具书，如今珍藏在台北胡适纪念馆中，编号为2725[②]。

令人感到意外的是，书中还夹有一通胡适秘书胡颂平于1960年10月6日致胡适本人的信札，信中称此书记载胡适家世有误[③]。看来，诸桥不但把胡适写进了随笔、信札、笔谈的纸墨之间，甚至还曾将其作为"词条"，写入了其终生为之努力奋斗的巨著《大汉和辞典》之中。

[①] 北京大学图书馆、台湾"中央研究院"近代史研究所胡适纪念馆.胡适藏书目录：第3册[M].桂林：广西师范大学出版社，2013：2076.
[②] 同① 2103.
[③] 同① 2103.

诸桥辙次的中国游学之旅——以《游支随笔》中的图文记述为线索

Tsugiichi's Chinese Study Tour—Using the graphic and textual descriptions in "Essays written while visiting China" as a clue

Xiao Yifei

Summary: Japanese scholar Tsugiichi visited China ten times from 1918 to 1938. Among them, the first three visits to China between 1918, 1920, and 1921, which began before and after the May Fourth Movement, had a "study tour" nature, that is, studying and visiting in China. During this period, Tsugiichi traveled north and south, visited famous scholars and emerging figures in various parts of China, and selected them for "written discussions". This experience had a profound and lasting impact on his academic concepts and methods, and also left valuable records for future researchers to understand the trends and individual attitudes of Chinese academia before and after the May Fourth Movement. A considerable part of the "study tour" process of Tsugiichi is recorded in the "Essays written while visiting China", and there are also some handwritten records scattered in the hands of the descendants of Tsugiichi. Through combing, sorting, and integrating these two parts, the overview and details of this historical event are reproduced as completely and fully as possible.

Keywords: Essays written while visiting China, Tsugiichi, Wang Guowei, Ye Dehui, Hu Shih

圆明园研究

论圆明园的身份定位与当代价值[①]

张利群[②]

摘要： 从历史变换的进程来看,圆明园的身份大致有三重,一是作为昔日的皇室之家,二是作为一种历史遗迹,三是作为一种园林艺术。这三重身份决定了圆明园的三重价值：文化价值、历史价值与审美价值。而这三重身份与三重价值在标明其过去与现在的同时,也在一定意义上决定了圆明园未来的发展路向：与时代接轨,与大众接轨,与审美接轨,与科研接轨,与国际接轨。

关键词： 圆明园　遗迹　艺术品　皇室之家

圆明园历经六百年风雨——在这漫长的历史中,既享受了荣光,也经历了浩劫,因此它在今天以遗迹的形式,向我们敞开和证明的是曾经昔日皇室之家的存在。在这个意义上我们可以说,圆明园是昔日皇室之家的遗迹。这是我们对圆明园的身份定位。作为遗迹,它无可厚非地成为我们探究历史真相的文献和化石；作为皇室之家,它保存着中国传统的生活样态和人伦秩序；作为园林,它呈现的是中国传统的艺术形式与审美理念。这三点,不仅是其研究价值所在,同时也涉及其未来发展路向。

[①] 本文系北京市海淀区圆明园管理处项目"提升圆明园海外影响力策略研究"（项目编号：圆研【2020】号）的阶段性成果。

[②] 张利群,故宫博物院宫廷历史部馆员,艺术学博士。研究方向：艺术学和戏曲跨文化研究。

一、关于圆明园的身份定位

圆明园作为古老的皇家园林,一是有年龄、有寿命的历史遗迹,二是超时间性的艺术作品,三是集生活方式和政治方式于一体的皇室之家。所以,关于圆明园的身份定位问题,我们从遗迹、艺术作品和皇室之家三个角度来认定。

1. 作为遗迹

遗迹会说话。圆明园作为遗迹总是在向我们言说。圆明园作为皇家园林,它"是一种自然之物,受宇宙间风风雨雨的影响……它的脆弱之处在于自己的躯体,它通过躯体连接物和世界的进程,它随着时间的流逝而衰老,而破损"[①]。也就是说,圆明园会随着时间的流逝而自然老去,因为它有损耗,损耗表明过去。圆明园因损耗而形成的遗迹,让今人感到由衷尊敬。这个经历了数百年的皇家园林传到我们这里的对象是感人的,因为它具有它出现的那个时代的深邃性,而这种深邃性既来自遥远年代的诱惑,又来自它在经受和克服时间时它说明时间的那种能力。所以从这个意义上,圆明园作为遗迹是有年龄的、有寿命的,它的过去就写在它的现在之中。它是历史性的,因为它自己在言说(叙述)自己的历史。圆明园作为遗迹所要显现的东西是圆明园存在的真实性,这种真实性需要圆明园的物质躯体来表现,但又不等同于物质躯体。因为这种真实性不创造形式,而是尊重形式。正如我们任何企图修复圆明园的行为,都不是为了创造新的圆明园,而是要小心谨慎地与时间作斗争,去复现昔日的圆明园。

2. 作为艺术作品

圆明园作为遗迹的同时,也宣告了其艺术作品的身份。圆明园属于造型艺术:它作为审美对象尽管是自然,却不是自然,胜于自然,因为它通过形式存在。形式是圆明园存在的真实性:它具有真实性所专有的那种无时间

---

① 杜夫海纳.审美经验现象学[M].韩树站,译.北京:文化艺术出版社,1992:197.

的性质。也就是说,形式让圆明园具有了超时间性和永恒性,这也是成就圆明园之所以是圆明园。这也是让我们后人惊叹和感动的所在,因为形式的创造凝结着古人传统的艺术巧思与审美观,为我们后世的艺术创造提供了经验与启发。在这个意义上,圆明园作为遗迹,尽管有损耗,但它"保存着创造性艺术所强加的整个形式的痕迹"[①]。正是这种形式和痕迹,才形成我们今天对圆明园的审美观照,才唤起我们想要修复和重建圆明园的愿望,同时也满足了圆明园作为一个审美对象、一个文化对象想要继续存在下去的要求。这种愿望和要求,让圆明园尽管承受了岁月的损耗,也不至于简单地回归到自然中去,因为"它还是审美对象,可以在我们身上唤起被时间的消逝所引起的新情感"。只要一代又一代的人不断地对其进行审美感知,这种情感的连续性就能够得以建立和延续。这就是圆明园因其形式而形成的连续不断的审美情思与审美观照,也是其魅力所在。

3. 作为皇室之家

圆明园不仅是历史遗迹、艺术作品,同时还是集生活方式与政治方式于一体的皇室之家。"家"是绵延中国文化传统的地方。"中国文化有三大传统:一是中国人,一是中国的家,又一是中国的国。"[②]中国文化在历史上有过多次被外族摧残的经历,有过多次亡国的时候,但是我们的文化传统依旧存在,因为国亡了还有家。"简单讲,唐以前中国是大家庭,宋以下是小家庭。五胡乱华,一路到南北朝,北方胡族力量跑进中国,但那时中国的大门第,不仅在南方长江流域存在,即在北方黄河流域,也同样存在。一个一个的家,那是最坚强的打不破的细胞……中国复兴,唐史里有宰相世系表,就见那时朝廷每一个宰相的家庭背景都是些大世系、大门第。要到宋朝以下,中国都变成了小家庭,但中国家庭的坚强,还是不可破。蒙古人进入中国,中国政权是亡了,但中国的社会没有亡。社会怎么没有亡? 因为有中国式的家庭……满洲人进入中国,中国政权又亡了,但中国的社会仍旧没有亡,因其仍旧有中国

---

① 杜夫海纳.审美经验现象学[M].韩树站,译.北京:文化艺术出版社,1992:196.

② 钱穆.中国文化精神[M].北京:九州出版社,2016:25.

的家庭"①。可见,中国的家庭中有绝大生机,这是中国文化的生机。

作为皇室之家的圆明园,这种靠血亲伦理建立起来的政治关系和意识形态,其家庭生机主要体现在其物质生活、精神生活、社会生活与政治生活上。这也构成圆明园文化的全部,因为"文化……不过是那一民族的生活样法罢了"②。更确切的说法是"文化,具体言之,则只是一种生活习惯与政治方式"。圆明园作为皇室之家,其不同于普通人家的独特之处在于——它既有着普通人家的伦理关系,同时也在这伦理关系中建立了君臣(政治)秩序。也可以说,圆明园文化是一种集物质生活、精神生活、政治生活、社会生活于一体的一种圆融的生活样态,目的是修身、齐家、治国、平天下。

皇室宗亲在物质生活上,无论是锦衣、玉器、珠宝还是美食,从材质到设计都讲究上乘和精美,所以苏绣闻名天下,凤冠点翠算是独门绝技,景泰蓝驰名中外,玉器雕工更是精美绝伦;在精神生活上,皇室生活最重礼乐,无论大小家宴必有丝竹相伴,即便看戏也有独有的宫廷剧目,《红鬃烈马》《大保国》《定军山》等让王公贵胄在休闲娱乐的同时也受到仁义礼智信价值观的教化与熏陶;在社会生活中,普通家庭只涉及父子关系、夫妻关系与兄弟关系,而皇室家族中君臣、父子、夫妇、朋友,以及兄弟均有涉及,可以说"五伦"关系在皇室家庭中得到最集中的体现。由这五种关系建立起来的便是一种社会关系与政治关系,并生成了忠孝节义与仁义礼智信这种传统的文化意义。仁义礼智信与忠孝节义不仅是古人的做人准则与价值观,在当今仍是我们倡导的人生信仰和美德。在这个意义上,圆明园作为皇室之家是集政生活、物质生活、社会生活和精神生活于一体的文化场所,是一个意义世界。因此,我们可以说,圆明园作为皇室之家,它由"五伦"关系生发出的社会关系与政治关系是皇族家庭乃至整个国家秩序得以建立的基石。

政治上的统治与权威,生活上的考究与精美,精神上的教化与修养,让圆明园这座皇家园林不仅成为百姓向往和憧憬的对象,也成为列强的洗劫对象——毕竟西方文化是进攻性的,他们对物质的欲求让其进攻性的性情暴露无遗,同时也证明了圆明园自身的优越与发达。

---

① 钱穆. 中国文化精神 [M]. 北京:九州出版社,2016:26.
② 梁漱溟. 东西文化及其哲学 [M]. 上海:上海人民出版社,2015:33.

二、关于圆明园的价值

1. 历史价值

　　圆明园作为历史遗迹是有年龄的、有寿命的,有着自己的历史。这段历史需要我们通过学习的方式去获得,从而成为我们的知识,在这个意义上,圆明园有着文献功能;同时它可以成为我们考证历史事件真伪的证据,所以圆明园还发挥着化石的功用。但是圆明园的历史价值仅仅在于文献和化石功用吗? 不。圆明园作为历史遗迹,尤其作为被列强刻意洗劫损害后的遗迹,我们对其进行历史考察与研究并非出于前车之鉴的考虑。我们之所以对圆明园进行历史研究是"为理而非事,理是概括众事的,事则只是一事。天下事既没有两件真相同的,执应付此事的方法,以应付彼事,自然要失败。根据于包含众事之理,以应付事实,就不至于此了"①。然而,关于圆明园的历史研究,理应是因事而见的,舍事而求理,无有是处。所以,我们在进行圆明园的历史研究时,不能不顾事实,又不该死记事实。总起来讲,我们对圆明园进行历史研究,其价值与意义如下:"一是搜求既往的事实,二是加以解释,三是用以说明现社会"②,这是我们很多前辈与同人早已开展的工作,并取得了很多显著的成就。而第四点"因以推测未来,而指示我们以进行的途径"③,则真正关乎圆明园未来走向与命运前途,可视为圆明园进行历史研究的终极目的。

2. 审美价值

　　我们要对圆明园进行历史研究,不仅是出于对本民族文化所持的一种温情与敬意,而是要通过对其研究进行一种知识性把握。因为审美愉快地实现,按照康德的观点,需要人的知性能力、想象力与感性能力达到一种和谐状态,所以在这个意义上,对圆明园进行历史研究以获取其历史知识也是获得

---

① 吕思勉. 中国通史 [M]. 上海:上海古籍出版社,2009:1.
② 同① 2.
③ 同① 2.

审美愉快的一种必要条件。

圆明园作为遗迹是有其形式的,而形式召唤存在。我们走进圆明园,无论是荷塘、长廊、还是戏台,都能够吸引我们去感知它的审美。这是圆明园以独特方式将其自身交付于我们感知的一种方式。刺绣的精美绝伦、点翠工艺的精湛、乃至整个圆明园的结构布局,无一不是匠心独运、别出心裁。而所有这些工艺,无不是通过其独特的审美而被人感知,另人感叹和感动,因为这些背后蕴藏着中国的艺术精神。中国的艺术精神体现在对天才的推崇上,所以,中国古代艺术"在乎天才秘巧,是个人所得的,前人的造诣,后人每觉赶不上,其所贵便在祖传秘诀,而自然要叹今不如古"[①]。

在这个意义上,圆明园保存着中国千百年来积淀下来的独特审美价值,保存着中国传统的艺术精神。这种独特审美价值和艺术精神不仅是成就圆明园过去曾经辉煌灿烂的原因,也是其迎来未来美好发展的基础。

3. 文化价值

圆明园作为皇室之家,保存了皇族的生活样态。这种生活样态中,一包含着"五伦"关系,二包含着由"五伦"关系所建立起来的政治关系,三包含着中国传统的价值观与人生观。这是圆明园文化价值的根本所在。

中国传统的家庭关系有父子、夫妇、兄弟,由这三种关系生发出了君臣关系与朋友关系。也就是说,中国传统文化是由家文化孕育出来的,家庭关系中要对父母行仁孝,在国要讲究要忠君;在家要兄弟友爱,在外待朋友也要讲义气与诚信;家中有严格的伦理秩序,讲究父慈子孝、兄友弟恭;国中也要严尊卑上下,忠君爱国,等等。当然,我们也可以看出,由家文化而生发出的传统价值观——忠孝节义、仁义礼智信,成为中国传统文化精神。我们之所以要强调圆明园的文化价值,因为它作为皇室之家,不仅集中体现了中国最传统的五种社会关系,同时也是中国传统价值观的倡导者与代表者,可以说是中国传统文化精神最全面与最权威的保存者。

---

① 梁漱溟.东西文化及其哲学[M].上海:上海人民出版社,2015:36.

三、圆明园未来发展路向

梁漱溟在《东西文化及其哲学》中指出,文化主要涉及三方面问题,"事实(经济)的一面,见解的一面,态度的一面",这三方面的关联是"由事实的变而后文化不得不变",也就是说,经济结构发生变化后,人们的生存样态就会发生变化,即文化发生变化。文化变而见解变,见解变而态度变。那么,时过境迁,在物质高度繁荣、大众传媒高度发达的今日,圆明园未来的发展应何去何从呢?

圆明园作为历史遗迹、造型艺术与皇室之家,有其历史价值、审美价值与文化价值。价值说明意义。那么,我们应该如何看待圆明园未来的发展路向问题呢?就是让古老的圆明园与现代进行对话与沟通,让更多的人感知到圆明园的存在,并认识到其价值与意义。具体来说,圆明园的发展应该与时代接轨,与大众接轨,与审美接轨,与科研接轨,与国际接轨。

1. 与时代接轨

我们身处一个电子网络科技发达、多媒体迅猛发展的大众传媒时代,其特征是信息传播迅速、复制技术成熟、生活节奏快速。圆明园在此背景下也应该与时俱进,顺应时代的变化,充分利用时代所带来的这种便利去发展和建设自身。

一是圆明园产品推广的媒介化。圆明园之所以为世人所瞩目,是因其产品的上乘。苏绣的精美,玉器雕工的精湛,宫廷演剧的精彩,等等,都应该得到传播和推广。这个大众传播媒介高度发达的时代,为这些产品的推广与传播提供了更多的契机。在这个多媒体、自媒体高度发达的今天,人们不仅可以推广和传播这些圆明园产品,而且电子复制技术,如视频、音频技术的发展,为我们学习这些技术也提供了更好的机会,所以仿制龙袍、玉器、古玩,学习京戏等都不再困难。另外,圆明园历史资料与文献的电子化也是必不可少的,这是对圆明园资料进行保存的一种有效手段,为其学术研究提供了较大便利。这是时代赐予我们的福利。

二是圆明园影视基地的建立。影视的发展速度和技术在今天是前所未有的,建立圆明园影视发展基地,不仅是影视艺术的需求,为中国电影电视提供一种资源服务,同时通过影视建设带来的收益也能更好地发展和建设圆明园。尤其是影视复制技术,不仅可以对圆明园进行记录和保存,其强大的宣传和传播功能也能在更大程度上扩大圆明园的影响。

三是圆明园建设的信息化。将圆明园全景进行全方位的电子化录入,让圆明园的全景与整体结构在游客一入园时就被尽收眼底。这不仅为游客提供了更多便利,同时也为游客更加深入了解圆明园提供更全面的信息知识。当然,我们也可以将圆明园的历史、生活用品等做成动画,并配上多种外文解说,让其成为游客了解圆明园的电子教科书。同时,我们可以通过微信公众平台发布有关圆明园的重要活动,推出有关圆明园科研的相关文章,让信息化技术成为推动圆明园发展的重要动力。

2. 与大众接轨

众所周知,圆明园曾经是皇家的所有物,其存在是中国皇室集权的象征。但是在今天,圆明园若要发展就必须走一条与大众接轨的道路。因为圆明园不再是皇室之家,而是文化、艺术。既如此,圆明园就需要大众,而大众也需要圆明园,因为圆明园作为一种文化艺术存在,它需要大众来证明其现实性与真实性,只有得到大众的关注与接受,不断被大众感知与审视,它才能不断实现与扩大其自身存在和价值。与此同时,大众也会在与圆明园的交流与对话中实现自身的发展。圆明园是中国古代文化高度发达的产物,这种集政治、艺术、文化、工艺于一体的皇家园林表征着中国传统文化的成就与影响。唯有通过大众,让大众走进圆明园,了解圆明园,才能更好地传播圆明园,研究圆明园,发展圆明园。

3. 与审美接轨

"艺术作品是一所培养注意力的学校。"[①]艺术有这种魔力,可以让人们暂时与日常情绪、事务隔离,转而将注意力集中在艺术作品本身上,从而与艺

---

① 杜夫海纳.审美经验现象学[M].韩树站,译.北京:文化艺术出版社,1992:91.

术作品所呈现的世界进行沟通和对话。这也是人们不远千里万里愿意为圆明园慕名而来的原因所在。圆明园作为造型艺术,它不仅可以成为培养注意力的学校,还可以成为创造艺术品(审美力)的场所。

圆明园作为皇室之家,其生活器具,无论是笔墨纸砚、锅碗瓢盆、桌椅板凳,无一不是材质稀有、工艺高超。可以说,圆明园的生活器具、衣食住行,是将审美与实用融为一体的艺术品。所以,凤冠霞帔、龙袍锦衣、瓷器玉雕等,当它们褪去百年前的实用功能后,今日它们作为艺术品,向我们呈现的是一个审美的世界。但我们要注意的是,这些艺术品与圆明园一样,都是有年龄、有寿命的,也就是说,它们是会死的。这是身为器具,作为实用工具必然的命运。那么,如何让其实现不朽?今天,我们身处一个复制技术高度发达的时代,复制不仅是保存艺术品的一种手段,也是延续其生命的一种方式。我们从复制技术出发,对圆明园的各种艺术品进行仿制,让那些昔日概不外传的独家秘籍、天巧秘籍成为人所共享的一种审美福利。在这个意义上,我们仿制龙袍、玉器、瓷器、木雕、牙雕等也是延续其艺术生命,扩大其艺术存在,实现其审美价值的一种方式。

另外,复制技术是一种让物增多的方式。增多意味着廉价化与大众化,这是我们进行复制的原因所在。仿制圆明园中的艺术品,目的不在于实用,而在于实现审美大众化。圆明园中的艺术品,天巧秘籍的工艺与内蕴的独特的审美世界,都成为使其不朽的力量。既是不朽,那么它的神秘性和永恒性就需要一代又一代的人去不断地探索研究。所以,我们仿制这些艺术品,让其成为人人可拥有的日用品或工艺品,可以在日常生活中随时观赏和把玩。这不仅是匠人的独家秘籍与审美情思得到大众认可的一种方式,同时也是保存和发展这种巧思和工艺的一种有效方式。更重要的是,这是一种现代与古代进行沟通与对话的一种途径,是古代的审美情思在现代人身上继续发展和推动的一种方式,在这个意义上,这些仿制品是在人身上发展了人。

4. 与科研接轨

圆明园作为历史遗迹、皇室之家、造型艺术,有其历史价值、审美功用与文化意义。所以,圆明园理应成为我们学术研究的对象。可以说,圆明园的存在为学术研究提供了丰富的研究内容,也开拓了我们的研究视野。同时,科研对圆明园的介入,一是可以将圆明园纳入学术体系,让圆明园研究规范化、体系化;二来高校与学者的加入让其研究更加深入化、系统化;三是学术资源的介入为圆明园的研究提供了更多的研究方法与路径,可以收获更多的科研成果;四是圆明园与科研接轨,也意味着进入了理论研究。这种理论研究不仅总结其历史经验,并且反思其发展问题,更为其指明其未来发展路径。这是科学研究之于圆明园的主要功用。

5. 与国际接轨

随着交通越来越便利、通信越来越快捷、网络越来越发达,我们早已进入一个全球化时代,所以圆明园的国际化发展势在必行。这种国际化主要强调视野的国际化、研究的国际化、产品的国际化、发展的国际化。视野的国际化,即圆明园发展不应只面向国内民众,也应该拓展发展空间面向世界。只有让尽可能多的人感知和体验到圆明园的魅力,才能尽可能充分扩大圆明园的存在。研究的国际化,即吸引更多的海外学者加入圆明园的科学研究中来。海外学者的视野、方法、路径与资源,可以将圆明园的研究更加多元化、丰富化与深刻化。产品的国际化,如刺绣、玉器、美食、瓷器等,都可以成为中国的品牌和标签,仿制与推广这些产品,让其走向国际,也是让中国传统工艺在世界上获得认可的一个契机。

综上,历史在不断前进,圆明园不应只沉浸于过去,而应该与时代接轨,与当下对话,走一条与审美、大众、科研、国际相结合的道路。

On the Identity Positioning and Contemporary Value of the Old Summer Palace

Zhang Liqun

Abstract: From the perspective of the process of historical transformation, the identity of the Old Summer Palace is roughly threefold, one is as the former imperial home, the other is as a historical site, and the third is as a garden art. This triple identity determines the triple value of the Old Summer Palace: cultural value, historical value and aesthetic value. While marking its past and present, these triple identities and triple values also determine the future development direction of the Old Summer Palace in a certain sense: in line with the times, with the public, with aesthetics, with scientific research, and with international standards.

Keywords: Old Summer Palace, relic, artwork, royal house

圆明园写仿江南园林手法分析
——以如园写仿瞻园为例

余 莉[①]

摘要： 圆明园继承了中国古典园林的写仿传统，园内有二十余处景点仿写江南园林。瞻园始建于明代，以陡峭峻拔的假山和清新素雅的楼榭亭台，成为江南地区的著名园林。乾隆皇帝第二次南巡时临幸此园，对其风景赞不绝口，特命随行画师摹绘，在长春园中进行仿建。建成后的如园，既有江南园林的婉约风致，也有皇家园林的大气雍容，乾隆皇帝多次临幸游赏。嘉庆皇帝中期又对如园进行了重修，保留了原有的山形水系，对建筑进行了大规模的改建和增建，融入了嘉庆皇帝对园林的理解和审美。如园是圆明园第一座进行考古发掘的仿建景点，主要建筑基址完整清晰。笔者通过梳理瞻园和如园的历史演变，总结二者的景观特点，从而分析如园仿写瞻园的手法，试图理清如园与瞻园在立地条件、布局、堆山理水、建筑、植物景观等方面的异同点，从而揭示乾嘉时期圆明园对江南园林的写仿手法。同时对于如园下一步的考古发掘和遗址展示提出了建议。

关键词： 圆明园 写仿 江南园林 瞻园 如园

中国古典园林自魏明帝在邺城华林园构筑景阳山与天渊池，移缩自然山水景观于园林之中成为滥觞[②]，对于九州名胜的仿写逐渐成为一种传统，进而发展成为试图在咫尺园林空间之中用"一拳则太华千寻，一勺则江湖万里"（明·文震亨）的景观意向，通过概况、提炼、浓缩，对名山胜景的写意式表达赋予园林以人的情感、寄托与追求，到清代这种传统自乾隆南巡后热衷

---

① 余莉，圆明园管理处高级工程师。研究方向：古典园林历史与文化。
② 周维权. 中国古典园林史[M] 北京：清华大学出版社，1999：92.

在御园中写仿江南园林而达到了顶峰。"谁道江南风景佳,移天缩地在君怀"(清·王闿运),喜爱游历、胸怀天下一统之志的乾隆皇帝在营建圆明园时将二十余处江南园林仿建在御园之中。嘉庆皇帝虽然政治上并无多大建树,但对于园林的审美亦有一定的造诣,在御园中也仿建和改建了几处江南园林。圆明园内的仿建和改建并不拘泥于对原景的模仿和再现,而是将江南美景经过再创造,融入帝王自己对于中国古典园林和文化的理解,既保留了江南园林的婉约多姿,亦不乏雍容华贵的皇家气度。

如园由于位置较为偏僻,山形水系保存较为完整,加之清帝十分喜爱这处景点,留下的御制诗较多,相对资料比较丰富。近年来经过考古发掘,主体建筑的轮廓清晰呈现出来,也发现了许多有价值的历史文物。对其进行研究,可以窥见清代对于古典园林传统写仿手法的娴熟应用,对于我们今天如何营建体现中国传统园林意境和韵味的园林景观,也有很好的借鉴与示范作用。

一、瞻园

1. 瞻园历史演变

瞻园,初位于明代开国功臣魏国公徐达府邸之西。据史料记载,其宅在大功坊,左依秦淮河,右临古御街,居于闹市之中。明初百废待兴,集权加强,政府崇尚勤俭,禁止功臣府第宅后构筑园囿,占压民地,限制私家园林的发展。明中期以后,朝廷禁令松弛,奢靡之风渐盛,加之江南富庶,人文荟萃,私家园林竞相兴起。嘉靖初年,徐达七世孙太子太保徐鹏举凿池叠山,起废兴园。"征石于洞庭、武康、玉山,征材于蜀,征卉木于吴"[①],因园紧邻赐第之西,一直称为西圃。园中叠石甚巨,名石奇多,据说还有宋代花石纲遗物倚云峰、仙人峰等。万历年间,徐达九世孙嗣魏国公徐维志继续着力营建,景观更为清幽古朴,名震金陵。自顺治二年(1645),清王朝平定江南,瞻园成为江南布政使衙署。具体何时园名定为瞻园已不可考,在康熙末年已见诸文献。乾

---

① 王世贞. 游金陵诸园记卷六十四[M]. 上海:上海古籍出版社,1987:

隆中期另设江宁布政使,衙署仍设于瞻园,成为当时南京地区仅次于两江总督署的第二大官衙,瞻园也由私家园林转变官府花园。[①] 瞻园经康熙、雍正、乾隆三朝不断拓展与修缮,"竹石卉木为金陵园亭之冠"[②]。乾隆皇帝第二次南巡临幸此园时,对其风景青睐有加,亲笔题写园名[③],至今石刻仍在。乾隆晚期之后,此园日渐荒废,道光时虽有修葺,然已不复旧观。太平天国占领南京,此园作为东王杨秀清府邸,在战火中惨遭破坏。后虽复经同治、光绪整修,其规模已大不如前,且景物多改,旧时盛名已不复存在。辛亥革命后,国民政府多个部门陆续占用此园,国民党也曾将其作为中统局办公所在。持续的战乱和官民侵占,一代名园日渐衰败。中华人民共和国成立后,在党和政府的关心下,瞻园整修与扩建历时半个世纪之久,方成今日之观。假山规模依稀还有旧日之貌,不过与乾隆南巡时风貌已相距甚远了。

2. 瞻园景观特色

　　明万历十六年(1588),时任南京兵部右侍郎的著名文学家王世贞,在《游金陵诸园记》中留下了对瞻园景色最早的记载:"叠蹬危峦,古木奇卉,使人足无余力而目恒有余,观下亦有曲池幽沼,微以艰水,故不能胜石耳……至后一堂极宏丽,前叠石为山,高可以俯群岭,顶有亭尤丽。所植梅、桃、海棠之类甚多,闻春时烂漫,若百丈宫锦握也。"可见其时瞻园叠石甚巨,下有池沼,春景绚烂。清初吴敬梓所著的《儒林外史》五十三回中亦有关于瞻园的描写,"园里高高低低都是太湖石堆的玲珑山子",山顶的铜亭可以加热取暖,还有几百株梅花含苞待放。瞻园自清代作为布政使衙署之后,历任布政使着力营建,至康熙末年,景观已冠绝金陵。瞻园遂成为官宦名士的雅集之所。文人们于园中吟诗唱和,最为著名的是"浙西六家",其志文与诗词中关于瞻园风景多有描绘。瞻园旧称有十八景,具体名称不详,诗文中可以看到:"一览楼""园西精舍""普生泉""小虎丘""鹤台""梅坡""桂林""星台""藤

---

　　① 袁蓉.从江南名园到皇家苑囿——瞻园和如园造园艺术初探[J].东南文化,2010(4):115-120.
　　② 赵宏恩.江南通志卷三十一[M].乾隆二年重修本.
　　③ 南巡盛典卷二十.

坞""环翠""涵碧"等景,数量也超过十八处[①]。

雍正时界画名手袁江所绘之《瞻园图》(图1),是研究该园清代早期面貌的重要材料[②],展示了瞻园清丽雅致的诗画情境。依图中所绘,园在衙署之西,有高墙和夹道相隔,东南角门上有额,当为主要入园之口。中部假山异峰突兀,怪石峥嵘,岩谷洞壑,山岗多植大树,茅亭野舍,遮映于老树古木其间,景色层叠错综,深远莫测,颇富山林野趣。中部大型假山将园分为东、西各异的景观。东部中央湖水幽深,叠石为岸。湖北假山怪峰林立,附近有六角亭、方亭、敞轩各一,间有各式小桥相通,堰枝俯石、垂丝拂波、左右皆诸矶临水,极富江南水乡景色。池北假山顶平台上建三开间歇山顶具兽吻之二层楼阁"一览楼",登临可以远眺近览,秦淮市井皆可望之。东侧有小轩面水,以折廊围园墙成小院,中杂置树木石峰。池南驳岸平直,上建宽阔月台,绕以低矮石栏,可供憩坐。再南有厅堂"移山草堂"瑰丽壮伟,面阔三间,匝以回廊,为园中主要厅堂,厅旁复有步廊通向两侧。西部较平坦,北端亦凿一池,其岸土多石少,恰与东区湖石堆叠形成对比。池北有湖石峰及一片修篁,池南建三开间卷棚歇山厅堂"爽籁风清",有廊围绕,并直西与园西廊屋相衔接。厅南砌以花台,中央置有湖石花木。院周栽树数株,另罗列盆景若干。南缘有附平台及前廊之硬山房屋一栋。综观此图,东部以池、峰、厅、楼为主,中部倚山林野趣取胜,西部则偏于深庭幽筑,各具所长,景色殊异,独具匠心。瞻园旧时梅花特盛,自灵谷寺移植而来,画面中可见梅花枝干虬曲,颇有古意,桃、海棠数量也不少,与梅花形成绚烂的春景。此外,还有竹、荷、琼花、绣球、玉兰与园中的苍松翠柏交相辉映,植物景观与山石一样冠绝金陵。

图1 (清)袁江瞻园图

[①] 鲁维敏.诗意瞻园——对清代有关瞻园诗词歌赋的解读[J].南京晓庄学院学报,2013(5):97.

[②] 刘叙杰.南京瞻园考[J].建筑历史与理论(第一辑),1980:70.

二、如园

如园位于长春园东南角隅,占地1.9万平方米,建筑面积2800平方米,是长春园中仿建江南园林最大的一处。西临长春园澹怀堂,北部临湖与鉴园相接。南墙外是熙春园,有过街楼可通,乾嘉两位皇帝经常由此到熙春园游赏;东墙外则有大片的麦田。

1. 如园的历史演变

乾隆南巡瞻园(1757)后十年,以瞻园为蓝本的如园于乾隆三十二年(1767)基本建成,"江宁藩司署中瞻园即明中山王徐达西园之旧,是园规制略仿之"[①]。乾隆时期的图纸尚未发现,只知其部分殿宇的名称,具体的位置和形制有些尚不可考,山形水系的情况也不甚明晰。乾隆御制诗文多次提到"敦素堂""深宁堂""含芳书屋""新赏室""挹泉榭""明漪楼""观云榭"等建筑。嘉庆皇帝于元年和二年曾到此园游幸,之后十余年的时间未见来此园的记载。经过四十多年的岁月,如园建筑已现颓旧。嘉庆十六年(1811)大规模重修如园。嘉庆帝强调说:"如园诸胜一切如旧,非别有创造,大兴工作也。斯园前如瞻园之境,后如园之规。"[②]这似在说明,山形水系并未做大的改动,仅建筑方面进行了少许改建和增建,但除"新赏室"外各景物名称皆易新额(图2)。从考古发掘现场来看,各建筑与嘉庆时期的样式雷图基本吻合。在道咸以后,如园基本上维持原状,没有出现大的改动,最后毁于1860年英法联军的大火。芝兰室考古发掘的瓷砖有明显的过火痕迹。所有的建筑已荡然无存,唯有两处大规模的假山保存较好,大的湖面轮廓依稀可辨(图3)。

图2 如园平面图(嘉庆后期格局)

[①] 清高宗御制诗文·三集卷90[M].
[②] 故宫博物院编.清仁宗御制文·二集[M].海口:海南出版社,2000:149-150.

嘉庆皇帝御笔的碑刻或深埋地下,或被盗走散落民间;"称松岩"诗石刻今存于北京东城区翠花胡同民盟招待所院内。①如园遗址自2012年开始进行考古发掘,人们陆续将主要殿宇的基址发掘出来(图4),也发现了几块珍贵的嘉庆诗石刻,还有待进一步的考古将所有的信息揭示出来。

图3 考古发掘之前的如园湖面　　图4 如园考古发掘现场

2. 如园景观特色

如园位于长春园东南角隅,位置本已十分偏僻,又以山体与外部环境分隔,西、北两侧的山体与围墙使如园与澹怀堂和长湖隔绝开来,更显得此处环境的静谧。东面高大的堆山挡住了长春园东侧的围墙,也成为如园的制高点,既能俯瞰小园全景,也可眺望西山与园外的农田。南侧的含碧楼、锦縠洲与山体挡住了南面的围墙,使人感受不到园子的边界。乾隆时期,园内多处北太湖石假山和土包石的山体增加了山林之感,"石移西岭近云根"②;多组建筑与山石联系紧密,新赏室一带"书室假山峭茜间"③,挹泉榭一侧"叠石因成瀑"④,静虚斋旁"怪石罗曲径"⑤,深宁堂前"展屏背假山"⑥,而观云榭更是高居土包石峰之上。嘉庆时又把清瑶榭假山加高,卓立千刃,石磴盘纡,山洞

---

① 圆明园管理处编.圆明园百景图志[M].北京:中国大百科全书出版社,201:373.
② 清高宗御制诗集·三集卷90[M].
③ 清高宗御制诗集·三集卷78[M].
④ 清高宗御制诗集·三集卷89[M].
⑤ 清高宗御制诗集·三集卷74[M].
⑥ 清高宗御制诗集·四集卷2[M].

回环(图5),假山的规模和气势进一步加强。

图5 如园复原图(张宝成绘)

如园理水艺术颇值得称道:将湖水引入园中,并与南墙外的护园河相通,入水口和出水口处都巧妙地隐藏于山底,使人辨不清来水与去水,有无尽之意。入水口先模拟自然界的大川起源于细长的溪流,同时也创造地形的高差与山石配合形成跌水,增添了理水的动势。建筑沿着溪流和湖面分布开来;随着水系廊榭呈曲折之势,而湖面逐渐加宽,到芝兰室达到第一个景观中心;此处湖面略有收缩,并与对面锦毂洲形成对景。再向东经过假山堆叠的清瑶榭,山石高耸,如临深潭。绕过转翠桥,到达最大的湖面,视线为之开阔,最后收于主景延清堂前的镜香池——整个如园的理水艺术,仿佛演奏乐曲一般,有起伏有高潮,反映了清代造园的高超技艺。

乾隆时期对于山形水系的规划已日臻成熟。堆山采用以土为主、土石相混的自然主义手法,理水注重回环往复、溪湖婉转,营造山重水复、林泉高致的空间感受;建筑多模仿江南园林的精致、小巧与婉转,主殿敦素堂更是风格简朴,"有泉有竹清幽致,曰室曰斋淳朴敦"[1]。而嘉庆之后,对于居住空间的需求变得更为紧要,将一些原有建筑改建成为高敞的大空间,如主殿延清堂改为五间三卷棚的大殿,轩宇高敞,利于通风,并且与长湖相通,可以乘船直接到达;芝兰室也改造成为五间两卷歇山殿。东侧湖面以北增加了三组带曲廊的建筑与几处小的亭榭,建筑密度大大增加,显示了乾隆与嘉庆在建筑风格上的喜好与差异。

---

[1] 清高宗御制诗集·三集卷90[M].

如园植物种类丰富：各殿宇内春季喜爱摆放盆梅，岸边柳树依依，竹苞松茂，池中荷花亭亭，依然以松、竹、柳、桃、荷作为主要的植物，但各组建筑均有不同主题的植物景观。春季皇帝常到含（搴）芳书屋欣赏柳树和盆梅，"柳条袅袅黄先绿，梅朵盈盈白带红"①，百卉嘉树，景色宜人，"嘉木幕葱茏，杂卉绽侵寻。蜂含桃李谢，蝶入葵榴深"。②嘉庆将敦素堂改为芝兰室后，在室内外摆放了盆栽的兰花，时常吟咏，"兰香满华庭，一室扬芬久"。③静虚斋（静怡斋）假山周围以翠竹见长，辅以松、盆梅、椿，"怪石罗曲径，新笋发翠枝"④；深宁（延清堂）也是松竹梅俱全，"庭松傲冬绿"，"盆梅识春白"；含碧楼（明漪楼）松竹共生，岸柳千条，"松竹绕庭青叠叠，黍禾茂野碧层层"⑤。

乾嘉两位皇帝对如园都十分喜爱，经常临幸此园看书、赏景、观稼，共写下了近200首御制诗。乾隆皇帝曾作《敦素堂四咏》，"素月""素冰""素琴""素鹤"⑥，写出此园独有的素雅意境。嘉庆皇帝曾作《如园十景》，记录了当时的锦縠洲、观丰榭、待月台、屑珠泾、转翠桥、镜香池、披青蹬、称松岩、贮云窝、平安径十景，⑦并刻石纪之，道出此园的特色景致。能同时得到两代帝王的钟爱，御园之中只有此园有此殊荣了。

三、如园写仿瞻园手法分析

乾隆南巡之后，就在自己新建的长春园中陆续仿建了五座江南园林。如园是继茜园仿瓜州锦春园、思永斋仿小有天园之后的第三座江南园林，也是其中面积最大的园中园。乾隆时期图纸虽然不存，具体建筑形制尚不可考，但嘉庆皇帝重修如园时并未改变其山水布局及主要建筑的位置，因此可以综合乾隆和嘉庆时期的园林布局来分析如园写仿瞻园的手法。

---

① 清高宗御制诗集·四集卷34[M].
② 清高宗御制诗集·四集卷30[M].
③ 清仁宗御制诗集·三集卷23[M].
④ 清高宗御制诗集·三集卷74[M].
⑤ 清仁宗御制诗集·余集卷3[M].
⑥ 清高宗御制诗集·三集卷70[M].
⑦ 清仁宗御制诗集·三集卷8[M].

1. 立地条件

二者均为平地造园。瞻园位于市井之中，四面皆有围墙，东面可借景钟山与秦淮河；如园东、南两面是围墙，且四面都有山体与外部相隔，可以借景西山与墙外的农田。

2. 布局

从总体空间划分来看：瞻园以中部巨大的假山将全园分隔分为东西两部分，并以东部作为主景区，东西两侧的景观布局风格各异。如园在乾隆时期以中路的敦素堂和假山作为主景，也可分为东西两部分不同的景观；嘉庆改建后，随着堆筑了高达7米的清瑶榭假山，修筑了大体量的主殿延清堂，全园东西部分的划分则更加清晰。总体布局上，瞻园相对比较简约明朗，脉络比较清晰，建筑密度不高；如园山重水复，建筑则更为繁复。

3. 堆山理水

瞻园素来以山石闻名，中部玲珑的太湖石堆叠的山体相对整个园子的规模体量宏大，有自然山岳的气度，洞壑森然，成为全园的景观中心。东部北侧的叠石有如刀削斧砍，颇具自然造化神功，让人忘却俗尘，具有江南园林的婉约风致，也不乏雄浑的气势。如园亦是考虑到围墙限制了空间，四面皆以山体围合，淡化边界以形成山林之效，使得整体环境更加静谧。但山体不似瞻园以自然山石为主，而是以堆筑土山形成连绵起伏的山丘进行空间的围合，形成藏风聚气的小气候环境。乾隆时期如园寨芳书屋、挹泉榭、静怡斋、观丰榭等处都有一定规模的假山或叠石；到了嘉庆时期，进一步增加叠石规模，清瑶榭的假山成为景观中心，通过与水系的配合，强化了山水联系。

瞻园的理水相对简单，东西两处水面，一大一小，一主一次，水源似隐藏于中部的假山之后，驳岸或以湖石堆砌出石矶，显得十分自然有趣，利用水面不同的面积、位置与山石和植物的搭配，形成东西各异的景观风格。如园除了以山体作为分隔空间的载体，更注重以水系来串联景点，安排建筑，形成山重水复，山环水绕的幽深景致，既再现了江南水乡的风貌，也与圆明园总体的造园风格达到一致。利用地势高差形成跌水,创造水流的动势和音律,增加园林的多维度体验。这种手法在圆明园中是很多见的,如西峰秀色、万方安和等。从中可以看,出清帝和样式房的工匠们深谙此种造园的手法,通过水系巧妙的串联,山体不同的围合方式来创造风格各异的小园。

4. 建筑

如园不似瞻园用假山,更加强调以建筑来划分东西各异的景观:乾隆时期,中部的敦素堂和其北的假山与静虚斋共同构成中路的景观;嘉庆时期则通过堆筑清瑶榭假山从形式上更加接近瞻园的布局。如园东部的主体建筑安排与瞻园十分相似,皆为正殿前有月台,对景为二层楼阁,东侧山体上有一座待月台,似有意模仿瞻园中部假山上月台。不同之处在于:瞻园北侧小楼前假山十分突出,小巧的亭榭藏于其间,与对景的简洁形成对比;如园东部四面堂榭,相互形成对景。西部二者则大异其趣:瞻园有一殿居于中心,周围有平直的廊相连;如园西部的主殿位置偏南,各组建筑非常注重沿水系的走势用曲廊相连。瞻园作为私家园林体量自然不能与皇家园林相比,无论是从占地面积还是建筑的规模与数量方面,但瞻园总体建筑疏朗自然,简洁而不失灵秀,与山水环境融为一体,虽处于市井之中,亦有山林之趣。如园中亭台楼阁,各种建筑形式齐备,建筑密度很高,虽然追求江南园林清新古朴的风格,但也不能掩盖皇家园林的雍容华贵。

5. 植物景观

瞻园竹石花木冠盖金陵,尤以梅花著称。正殿周围有数株枝干虬曲的梅花,文人唱和与回忆的诗文多次提到其中的梅景。松、竹、柳、桃、荷也是常见的植物种类,尤其春景十分绚烂,开花的乔灌木如海棠、牡丹、玉兰、琼花点缀各处。瞻园的梅花应给清帝留下了深刻的印象,如园中大量殿宇中以盆梅应和梅景。乾隆和嘉庆皇帝总在早春来此园赏盆梅,岸边植柳,桃李芬芳,也是春景十分突出。如园中植竹甚多,湖中荷花特盛,山石间苍松翠柏,虽花灌木不及南方种类丰富,也有桃李、榴花点缀。

总体来看,乾隆时期如园对于瞻园的仿建更多的是一种主观意向上的模仿。位于市井围墙之中的瞻园平地堆山理水,与圆明园的建园条件十分相似。尤其园中叠石气象万千,颇具造化之神功,让爱石的乾隆皇帝大为欣赏,从乾隆后来对狮子林的喜爱程度可以窥见。因此在第二次南巡之后,先于乾隆二十三年(1758)在思永斋内模仿了小有天园的叠石,"堆假山肖西湖汪氏园,自窗中见之"[①]。然而此处规模毕竟有限,于是乾隆皇帝经过酝酿在长春园选择了一处与瞻园立地条件十分类似的位置,建造了一处大型的园中园来仿建瞻园。如园的山形水系规划远比瞻园要复杂许多,回环往复的水系与层峦叠嶂的假山更加着力去模拟帝王心中的自然景观;一组组精致的亭台楼阁摆布穿插于山水之间,成为帝王诗意栖居的山水空间。而嘉庆之后的改建,出于对园居大空间的追求,增加了假山的体量和数量,从而在布局上更接近瞻园,但因建筑的繁复与过大的体量,景观意境则失去了原有的疏朗与灵秀。

四、圆明园写仿江南园林总体分析

封建帝王们信奉"普天之下,莫非王土",于御园中摹写名山胜景也是一种表现。自康熙皇帝南巡后,清代帝王对江南风物推崇备至,于避暑山庄仿建烟雨楼,雍正皇帝在圆明园仿建平湖秋月,到乾隆皇帝仿建达到顶峰。乾隆在建设御园之初,虽未曾到过江南,即仿建了几处西湖十景;待几次南巡之后,切身体会了江南如画美景与人文风物,仿建之意一发而不可收拾,先后于御园中仿建了二十余处江南园林。嘉庆皇帝虽一生都生活在其父的光环之下,但对于园林的营建也不遗余力,即位后整修绮春园作为自己的园林作品,改建了圆明园、长春园的多处景点。写仿园林一方面表达帝王坐拥天下江山于一园中的政治目的,也代表了帝王盛世繁华的园林之梦。

在写仿江南园林的过程中,手法虽然并不一致,但大部分仅是略仿其意,甚至西湖十景有凑数之嫌。圆明园中的仿建工程大部分都是乾隆朝完成的,代表了乾隆皇帝"移天缩地"的园林理念,反映他对于古典园林的审美取向。总体来看,乾隆中期南巡以后的作品仿建得比较精致,尤其是茜园、如园、狮子林、紫碧山房、廓然大公等小园,占地面积较大,山形、水系、建筑的规

---

① 清高宗御制诗二集卷八一 [M].

划与设计手法更趋成熟,崇尚大体量叠石的运用,追求与原景在某些点上的形似,从而达到总体意境上的神似。嘉庆之后更多的是一种对于仿建传统的延续,政治意味相对淡化,更加注重园居的舒适性。(详见表1)

表1 圆明园写仿江南园林

序号	圆明园内景点	写仿景点	建设时间
1	断桥残雪	西湖十景	乾隆二十八年(1763)
2	平湖秋月		雍正七年(1729)首见御制诗
3	柳浪闻莺		乾隆二十八年(1763)
4	双峰插云		乾隆初年
5	苏堤春晓		乾隆初年
6	三潭印月		乾隆初年
7	花港观鱼		乾隆二十九年(1764)
8	南屏晚钟		乾隆晚期(乾隆四十八年见于《日下旧闻考》)
9	雷峰夕照		乾隆三年(1738)
10	曲院风荷		乾隆初年
11	坦坦荡荡	杭州玉泉观鱼	雍正初年
12	四宜书屋	海宁安澜园	乾隆二十七年(1762)
13	文渊阁	宁波天一阁	乾隆四十年(1775)
14	坐石临流	绍兴兰亭	乾隆初年
15	紫碧山房	苏州寒山别业	乾隆二十三年(1758)
16	廓然大公	无锡寄畅园	乾隆十九年(1754)
17	茜园	瓜州锦春园	乾隆十七年(1752)基本建成
18	小有天园	西湖汪氏园	乾隆二十三年(1758)
19	如园	南京瞻园	乾隆三十二年(1767)基本建成
20	鉴园	扬州趣园	乾隆三十二年(1767)基本建成
21	狮子林	苏州狮子林	乾隆三十七年(1772)建成
22	烟雨楼	嘉兴烟雨楼	嘉庆十五年(1810)建成

五、如园遗址保护展示建议

如园经过考古发掘,延清堂、含碧楼、芝兰室、观丰榭等主要建筑已经呈现出来,陆续挖掘了一些有价值的建筑构件、石刻、瓷片等文物,也清理出了一些园路、装修方式,遗址的信息保存得相对比较完整。主要殿宇所选用的建筑石料规格很大,也从侧面表现了乾嘉时期的皇家园林营建水平。对于如园遗址的保护和展示,如何更加完整有效地向公众展示传达遗址信息,了解如园的原貌与变迁,现阶段变得尤为重要。特别是能否利用如园丰富的遗址信息,向公众普及考古知识,展示近年圆明园一系列考古发掘的成果,从而为中国传统的土遗址创新展示方式,笔者认为应从以下方面着手。

1. 厘清水系，整修驳岸

如园山体保存得比较完好，理水手法颇为精妙，而目前水系脉络尚不完整，尤其入水口的一段溪流还未发掘出来。下一步的考古发掘应着重将水系清理出来——虽不能与园外护城河贯通，但可以明晰水系的来龙去脉，展现出该园理水的独特手法。特别要注意还原地势高差形成跌水的景观，增强现实的体验感。同时，要将四个大小不同的湖面整理出来，驳岸整修好后，将湖水引入其中，可以基本再现如园的山形水系。

2. 假山保护

如园假山保存尚还比较完整，北太湖石具有一定的规模，但局部存在坍塌的风险；也有不少假山石散落各处，需要及时进行加固和归安。应聘请叠石高手，还原清瑶榭假山的洞壑森然，静怡斋假山的曲折回环，撋芳书屋假山的峥嵘，锦毅洲假山的嵯峨；避免粗制滥造，杜绝明显的人工痕迹，展现清代皇家园林的叠石艺术。

3. 建筑的复原与文物展示

如园在考古发掘的过程中发现了诸多有价值的文物信息，建筑的基址也十分壮观，且本身作为仿建园林的代表，对其进行重点展示非常有意义。还需要深入研究具体的展示方式：是以整修台明展示，还是选择局部建筑复建作为仿建园林的博物馆？如何与出土文物展示结合起来？围墙是否复建？如何表现乾嘉时期园林建设风格的转变？都有待专家进行深入研究与论证。

4. 植物景观的恢复

如园植物景观的现状与历史相距甚远，需要逐步进行调整，按照旧时风貌逐步复原：主要建筑旁可以选种一些耐寒的梅花品种，还原对瞻园梅景的模仿；湖岸边恢复柳树、桃李的种植以表现桃红柳绿的春景；湖中可适当种植荷花、睡莲等水生植物，表现荷花映日的夏景；山体上以松柏为底，适当种植一些枫树等秋色叶树种以表现层林尽染的秋景；静怡斋、芝兰室、含碧楼周围适当恢复竹子种植,还原"有泉有竹清幽致"的竹景。对现有的大树要合理进行保留和利用。

中国古典园林写仿传统,在万园之园中得到了充分的继承和发扬,是圆明园作为古典园林百科全书重要的组成部分。对其进一步的研究,有助于加深对圆明园全面的认识和理解。圆明园对于江南园林的写仿手法有其精妙和独到之处:既保留了原景的精髓和神采,又展现了皇家园林高超的造园技艺,即并不拘泥于对原景的模仿,而具有自己的风格和特色——其中的精彩之处对于当代如何建设具有中国风格的景观有着重要的借鉴意义。

Analysis of the ways of Imitating Jiangnan Garden in Yuanmingyuan—Taking the example of imitation of Zhanyuan in Ruyuan

Yu Li

Abstract: Yuanmingyuan inherits the tradition of imitating in Chinese classical gardens, with over 20 scenic spots imitating Jiangnan Garden. Zhanyuan was first built in the Ming Dynasty and has become a famous garden in the Jiangnan region with its steep stones laying and elegant pavilions. During Emperor Qianlong's second southern tour, he visited this garden and praised its scenery endlessly. He ordered the accompanying painter to paint and build a garden in Changchunyuan. After completion, Ruyuan not only had the graceful charm of Jiangnan Garden, but also the grandeur and grace of Royal Garden, and was visited by Emperor Qianlong many times. During the mid period of Emperor Jiaqing's reign, the Ruyuan underwent extensive renovations and additions, preserving the original mountain shaped water system and incorporating Emperor Jiaqing's understanding and aesthetic appreciation of Garden. Ruyuan is the first imitating scenic spot for archaeological excavation in Yuanmingyuan, with the main building site intact and clear. The author summarizes the historical evolution and landscape characteristics of Zhanyuan and Ruyuan, analyzes the ways of imitation. The author attempts to clarify the similarities and differences between Ruyuan and Zhanyuan in terms of site conditions, layout, arranging mountain and water, architecture, and plant landscapes, and reveals the imitation ways of Yuanmingyuan on Jiangnan Garden during the Qianlong and Jiaqing periods. At the same time, suggestions were made for the next step of archaeological excavation and ruin display in Ruyuan.

Keywords: Yuanmingyuan, Ways of imitation, Jiangnan Garden, Zhanyuan, Ruyuan

比较文学研究

汤亭亭《中国佬》对华人男性气质的重塑[①]

张 日[②]

摘要：自19世纪末起，在美国白人作家的作品中，华人男性形象呈现出女性化的特点，缺乏男性气质。美国华裔女作家汤亭亭在《中国佬》中正面书写了华人祖辈建设美国的巨大贡献，塑造了他们坚韧、智慧、勤劳、勇毅的英雄形象，正面彰显了被"阉割"已久的华人的男性气质。本文运用康奈尔男性气质理论对此进行分析。《中国佬》重塑华人男性气质的努力取得了一定的成功，为美国华裔小说积累了宝贵而独特的创作经验。

关键词：《中国佬》 汤亭亭 男性气质 华人形象

引言

自19世纪以来，欧美文学中持续出现贬低甚至丑化华人形象的作品。这些作品用以贬抑华人形象的一个通用手法是，将华人男性塑造为女性化、柔弱化的形象，用文学创作的手段"阉割"华人的男性气质。在20世纪美国白人作家的作品中，华人的男性气质同样存在危机。以阿新（Ah Sin）、陈查理（Charlie Chan）为代表的白人作家笔下的华人刻板形象，占据了20世纪上半叶美国涉华文学的主流。纠正女性化的华人形象，重建华人的男性气质，对于摘下有色眼镜客观看待在美华人和理性认识中国形象非常关键。

美国华裔女作家汤亭亭（Maxine Hong Kingston，1940— ）在《中国佬》

---

① 本文为教育部重大专项课题："外国语言文学知识体系创新研究"（项目编号：19JZDZ024）的阶段性成果。

② 张日，北京外国语大学国际中国文化研究院博士研究生。研究方向：英美汉学。

(*China Men,* 又译《金山勇士》)中,重塑了家族四代男性顽强、聪慧、勇武而充满力量的男性气质,对"阉割"华人男性气质的美国主流叙事进行纠正,为缺失的历史补遗,使沉默了百年之久的华人男性发声。从文化归属来说,《中国佬》中的男性形象包括两类——在中国成年后辗转抵美和在美国土生土长。这两类华人的男性气质或在赴美前业已形成,或由美国本土环境造就,或在中国形成后又受到美国文化的浸染。这组男性群像体现出的男性气质呈现出中美文化混杂的特点。从写作特征来说,《中国佬》重叙事,故事性强,基本是以人物为单元展开叙事,融合了大量的中国传说、小说和民间故事等,颇似中国古典章回体小说的笔法。

然而,目前国内外学界关于"《中国佬》对华人男性气质的重塑"这一课题的研究很少,甚至对"华裔美国小说对华人男性气质的重塑"的直接研究都还很匮乏。大部分对华裔美国小说的形象学研究集中在身份建构、文化溯源、族裔叙事、话语权、父子/母女关系等领域,多采用东方主义、后殖民主义、新历史主义、文化研究等研究方法来进行探讨分析。在已有的将研究目光侧重在对汤亭亭作品的性别研究的文献中,有大量篇幅是对所论及文本的介绍和概述,而直接对其男性气质进行分析的文章很少;即便有文章触及这一话题,所采用的理论和分析的作品篇章也有趋同之势。故笔者认为,本文关注的课题尚有较大的研究空间。

一、男性气质及美国华人男性气质

1. 何谓男性气质

要探究华人男性气质被"阉割"与被重塑的问题,首先需要明确"男性气质"这一概念的含义和界定。从美国性别学者罗伯特·康奈尔(R. W. Connell,1944—)的理论出发,男性气质(masculinity)建立在现代早期欧洲的个人主义理念之上。这一理念随着殖民统治和资本主义经济关系的发展而发展,男性气质不是孤立存在的。简言之,男性气质"既是在性别关系中的位置,又是男性和女性通过实践确定这种位置的实践活动,以及这些实践活动在身体的经验、个性和文化中产生的影响"①。

康奈尔将男性气质分成四类：支配性男性气质（hegemonic masculinity），指"性别实践的形构，这种形构就是目前被广为接受的男权制合法化的具体表现，男权制保证着男性的统治地位和女性的从属地位"②；从属性男性气质（subordinated masculinity），"在当代欧洲／美国社会中，异性恋男性处于被统治地位以及同性恋男性处于从属地位"③；共谋性男性气质（complicit masculinity），"某些人一方面谋取权力的利益，一方面又避开男权制推行者所经历的风险"④；边缘性男性气质（marginalized masculinity），指在白人统治下，黑人等少数族裔的男性气质"对于白人的性别结构只起到符号性的作用"⑤。在美国白人作家创作的小说中，华人的男性气质通常表现为后三类，而这三类都是偏弱的男性气质。

康奈尔提出，"男性气质的历史应该是多样化的，而不是线性的。绝对没有任何一种男性气质成为发展的主线，使得其他类型成为从属"⑥。但本土的性别多样性在历史上首次被西方的制度和文化压力摧毁了。"性别秩序的多样性正在被协调性不断增强的全球性性别秩序取代。欧洲／美国的性别秩序在这一体系中占据优势。"⑦

2. 美国白人作家作品对华人男性气质的"阉割"

自19世纪以来，一些美国白人作家在文学作品中将华裔男人塑造为女性化的形象。比较著名的如布勒特·哈特（Bret Harte, 1836—1902）于1870年发表的短诗《诚实的詹姆斯的老实话》（The Heathen Chinee，又名《异教徒中国佬》），令狡诈、阴险、女气的阿新成为华人在美国文学中的最早形象。从此，"异教徒中国佬"（heathen chinese）成为美国白人对华人的

---

① R.W. 康奈尔. 男性气质[M]. 柳莉,等译. 北京：社会科学文献出版社,2003：97.
② 同① 105–106.
③ 同① 107.
④ 同① 109.
⑤ 同① 110.
⑥ 同① 278.
⑦ 同① 280.

蔑称。厄尔·德尔·比格斯（Earl Derr Biggers，1884—1933）在系列小说《中国鹦鹉》（*The Chinese Parrot*）、《没有钥匙的房间》（*The House without a Key*）和《在幕布后面》（*Behind that Curtain*）等作品中塑造了陈查理（Charlie Chan），一位华人侦探相对正面的形象。虽然陈查理破案能力出众，站在维护正义与法律的一方，但作者同时对他进行了女性化、柔弱化的处理。格雷斯·查灵·斯通（Grace Zaring Stone，1891—1991）的小说《阎将军的苦茶》（*The Bitter Tea of General Yen*），将男主人公华人阎将军塑造成充满性威胁、性诱惑的近妖形象。詹姆士·克莱威尔（James Clavell，1924—1994）的小说《大班》（*Tai Ban*）表现经典的"白人男性拯救中国女性"主题，而同题材的异族爱情小说中，绝不会出现"白人女性＋中国男性"的组合。即便塑造了很多正面的中国形象的作家赛珍珠（Pearl S. Buck，1892—1973）也不例外：她在小说《庭院里的女人》（*Pavilion of Women*）中也是采取了"白人男性＋中国女性"组合。华裔男性被赤裸裸地剥夺了成为爱情男主角的权利，形象化地被"阉割"了。

二、《中国佬》对华人男性气质的重塑

不满于部分美国白人作家长期掌握话语权，对华人男性形象进行柔弱化、女性化的处理，美国华裔作家以笔为剑，用创作对华人的男性气质进行正面重塑，《中国佬》即属此例。

美国华裔女作家汤亭亭生于1940年，22岁毕业于美国加州大学伯克利分校英国文学系，先后在夏威夷大学和加州大学伯克利分校英文系任教。她荣誉等身——1992年当选为美国人文和自然科学院院士，获得美国国家人文奖章（National Humanities Medal）、美国艺术与文学学院奖（American Academy and Institute of Arts and Letters Literature Award）等。首版于1977年面世的《中国佬》是汤亭亭的代表作之一。该书于1980年由兰登书屋（Random House）再版，1981年获得美国国家图书奖（National Book Award）、非小说类美国国家图书评论奖（National Book Critics Circle Award for Nonfiction）及普利策奖提名。凭借《女勇士》（*The Woman*

Warrior)、《中国佬》《孙行者》(Tripmaster Monkey: His Fake Book)、《第五和平书》(The Fifth Book of Peace)等作品,汤亭亭于2008年斩获美国国家图书奖杰出文学贡献奖(Medal for Distinguished Contribution to American Letters)。由于出版社原因,《中国佬》是以传记形式出版的,其书封底注明分类为"NONFICTION/LITERATURE"(非虚构/文学),但作者的创作本意为小说。[①] 相较于她的另一部小说《女勇士》的女性叙述视角,这部长篇小说以汤家几位男性成员初入美国打拼的亲身经历为纲,在展现华工对美国西部开发做出巨大贡献的叙事中,有力地彰显了华人的男性气质,纠正了美国本土作家的套话塑造的柔靡的女性化华人男性形象。

1848年后奔赴美国加利福尼亚淘金的中国矿工和19世纪60年代参与修筑美国太平洋铁路的中国筑路工人,构成了"金山客"(guests of the Golden Mountain)群体——而在美国本土话语体系中,这些人被蔑称为中国佬。汤亭亭将小说命名为China Men,是刻意对贬义的Chinaman一词进行改写,使其成为带有褒义的对华工及其他华裔移民的总称。小说的另一译名为《金山勇士》,在1980年版的书籍内页的英文标题下,以篆刻阴文印章的形式将此四字呈现,复以阳文印章的形式在此后每一章的标题下呈现。可见,《金山勇士》就是作者对华工和家族祖辈的评语,与其另一部代表作《女勇士》遥相呼应,是对"男勇士"的书写。"金山客"中涵盖了"我"的曾祖父(伯公、伯叔公)、祖父和父亲三代人。华裔男性构成了本书的主角群像,彰显华人男性气质自然也成为本书的主题之一。下文结合康奈尔男性气质理论从七个方面,分析本书是如何重塑华人的男性气质的。

1. 被"阉割"的男性气质

对华人的男性气质被"阉割"的自觉意识,是作家对其进行重塑的先决条件。在《中国佬》中,汤亭亭对华人的男性气质被"阉割"的境遇进行了细致描写。

父亲的中国文凭根本不被美国认可,"你不会说英语,你就是文盲,不是

[①] 郭旋. 马克辛·洪·金斯顿和她的《引路人孙行者:他的即兴曲》[J]. 科教导刊,2009(26):146.

秀才,没有签证。'苦力'"。① 于是,尽管他长相俊美、风度翩翩、舞技超群、穿着考究,还起了个英文名"埃德"(Ed),也颇受白人女性喜欢,但当他提出要带白人舞女回家时,还是遭到了拒绝。后来他只好靠开洗衣店为生,还遭到两个吉卜赛女骗子的欺诈;因说不好英文,无力争辩而受到警察惩罚。父亲这一形象遭遇的是美国主流社会的"阉割"。他不可能成为浪漫爱情的男主角,只能从事女性化的洗衣熨衣工作,还失去了话语权,在中国的"秀才"身份不被认可。经过几十年的摧残,他最终从充满活力的青年,变成作家眼中无法接近的冷漠乖戾的父亲,只能靠用粗俗的脏话咒骂女人来消解这种被"去势"的挫败感。

按照康奈尔男性气质理论,在19世纪以来的男性气质历史中,帝国经济秩序突破城市,在大洲之间引发规模浩大的人口流动,劳动力人口在不同大洲间转移,其中就包括中国劳工远赴北美修筑铁路。康奈尔提出,"这些人口迁移的合法性依据的就是种族等级秩序。这对于构建男性气质具有重大意义"②。从这种理论延伸开来,华人作为黄种人在白人文化居统治地位的美国,其实处境与黑人等有色人种类似,也是被囿于亚文化圈中,被视为对主流社会性文化的威胁,被诋毁为带有女人气的男人。上文中的父亲即从话语权、社交、职业等方面被逐出支配性男性气质圈层。

类似的例子,又如在《檀香山的曾祖父》(The Great Grandfather of the Sandalwood Mountains)中,曾祖父伯公(Bak Goong)喜欢说话,但白人的种植园有条规定:干活儿的时候互不说话,甚至用鞭子抽说话的伯公。"闭嘴!

---

① MAXINE HONG KINGSTON. China Men[M]. New York: Random House, 1989: 45. 译文引自汤亭亭. 中国佬[M]. 肖锁章,译. 南京:译林出版社,2000: 40. 目前已出版的该作品的中文译本有三种,除肖锁章的全译本外,还有张时的全译本《杜鹃休向耳边啼》(又名《金山勇士》,台北:台湾皇冠出版社,1980)和李美华的节译本《金山华人》(长春:吉林人民出版社,1985)。本文参考的肖译本的整体质量较高,运用归化和异化交织的翻译策略,既传达了原作的韵味,又考虑到适应中国读者的期待视野,但个别译文略存商榷空间;对于存有争议的译文,本文采取笔者自译,并在注释中予以指出。

② R.W.康奈尔. 男性气质[M]. 柳莉,等译. 北京:社会科学文献出版社, 2003: 276.

干活儿！中国佬,干活儿！"[1]伯公因为干活儿时说话被扣了工钱。但伯公"必须喊出声才能抓住思想。我可不是生来就要像僧人一样沉默不语的""假如我知道必须发誓沉默的话,我早就削发为僧了"。[2]僧人与凡人的突出区别就在于禁欲与否,其中色欲又是首要的一项。康奈尔男性气质理论将对异性的性欲视作男性气质的必要组成部分。因此,被禁止了对异性的性欲即被剥夺了男性气质。伯公将禁止说话与僧人禁欲联系在一起,敏感地意识到被剥夺言说的权利就等同于被剥夺了色欲,即被剥夺了男性气质。

诺贝尔发明了硝酸甘油炸药,然而这种炸药因其不稳定性而致使大量华工死亡,有时甚至揣在身上摔一跤就会被炸得血肉横飞。然而,为了提高开矿速度,白人雇主要求华工近距离使用甘油炸药。祖父阿公(Ah Goong)眼见自己前面的人瞬间被炸到空中,自己也像被一只无形大手猛推了一下仰面倒地。春天冰雪消融后,多具解冻的尸体在铁轨边呈现,还保持着去世时的姿势——手上握着工具站立。然而,他们的尸体无人清点,没有记载——白人对华工的死亡毫不在意。太平洋铁路工程结束庆功时,美国官员却昭告天下:"这是19世纪人类最伟大的功绩。"[3] "只有美国人才能创造出这样的功绩。"[4]白人官员礼仪性地轻敲了几下金道钉,最终由两个华工把真道钉敲牢。祖父没有出现在任何一张庆祝铁路竣工的照片上。白人还对已经无用的华工进行驱逐,甚至制造了洛杉矶大屠杀(The Los Angeles Massacre)、罗克斯普林斯大屠杀(The Rock Springs Massacre)等。华人被无情地边缘化了。

2. 身体的男性气质

按照康奈尔男性气质理论,"身体对于男性气质的建构是不可缺少的;但是,这种不可缺少并不是固定不变的"。[5]居伊·奥康让(Guy

---

[1] MAXINE HONG KINGSTON. China Men[M]. New York: Random House, 1989:101. 译文引自汤亭亭. 中国佬[M]. 肖锁章,译. 南京:译林出版社,2000:100.

[2] MAXINE HONG KINGSTON. China Men[M]. New York: Random House, 1989:100. 译文引自汤亭亭. 中国佬[M]. 肖锁章,译. 南京:译林出版社,2000:98.

[3] MAXINE HONG KINGSTON. China Men[M]. New York: Random House, 1989:145. 译文引自汤亭亭. 中国佬[M]. 肖锁章,译. 南京:译林出版社,2000:146.

[4] 同[3].

[5] R.W.康奈尔. 男性气质[M]. 柳莉,等译. 北京:社会科学文献出版社,2003:76.

Hocquenghem,？—1988）指出，同性恋欲望是身体事实，是对支配性男性气质的挑战。"男权制文化对男同性恋有一个简单的解释：他们缺乏男性质。"① 因此，强调自身的异性性欲和男性特征是表现华人男性气质的手段。在描写身体张力时，汤亭亭常常突出华人男性的异性性欲和男性特征，这可以说是对华人男性气质最直观的塑造。

《内华达山脉中的祖父》（The Grandfather of the Sierra Nevada Mountains）中，祖父阿公有裸露癖，而这裸露癖恰恰是用直观的方式向白人世界对华人男性的"阉割"做正面的反抗。在内华达山脉中执行爆破作业时，"突然他高高站起身，将精液射向空中。'我在操整个世界，'他喊道。世界的阴道真大，大得像天空，大得像山谷。他从此养成了一个习惯：每次他乘着吊篮下到谷底，他身上的血就涌向阴茎，他在与整个世界性交"。② 结合奥地利精神病学家阿尔弗雷德·阿德勒（Alfred Adler，1870—1937）的观点，康奈尔概括出"焦虑将激发过分的男性气质"③。作者将这些景物代表的美国女性化，通过祖父与美国的交合来凸显其男性气质，而祖父在山脉中所做的工作——将火柴扔进山洞口引爆其中的炸药也暗合男女交合的性行为，是通过一种破坏性的性行为来突出祖父的男性气质，是对其被剥夺的男性气质的报复性补偿。在进行罢工时，白人艺术家上山来画华工的形象，描绘了他们的胸膛、拳头、臂肌、背肌、鼻子、身躯、腹部，画家把他们画得像"倚在岩石上的一个个特别年轻的神"④，尤其是"宽阔的肩上搭着一条粗如绳索的辫子"⑤。"19世纪的西方用 pigtail 来称呼中国人的辫子。pigtail 这个英文词汇原无贬义"⑥，但随

---

① R.W. 康奈尔. 男性气质[M]. 柳莉, 等译. 北京：社会科学文献出版社, 2003：193.
② MAXINE HONG KINGSTON. China Men[M]. New York: Random House, 1989:133. 译文引自汤亭亭. 中国佬[M]. 肖锁章, 译. 南京：译林出版社, 2000: 132-133.
③ 同① 21.
④ MAXINE HONG KINGSTON. China Men[M]. New York: Random House, 1989:141. 译文引自汤亭亭. 中国佬[M]. 肖锁章, 译. 南京：译林出版社, 2000: 142.
⑤ MAXINE HONG KINGSTON. China Men[M]. New York: Random House, 1989:142. 译文引自汤亭亭. 中国佬[M]. 肖锁章, 译. 南京：译林出版社, 2000: 142.
⑥ 吕俊昌. 一束裸露着的神经——16世纪以来海外华人的发型问题探析[J]. 华侨华人历史研究, 2015（2）：25.

着中国形象在国际视野中逐渐被贬为"他者",辫子这一独具中国特色的事物,也渐渐地被西方抓为嘲讽中国人的把柄。"一些英美文人将'pigtail'拆开变为'pig's tail'。日本媒体也随之用'豚尾'来特指中国人的辫子,辫子成了野蛮、落后的象征。"①《中国佬》中写有洋鬼子们把华工的辫子系在马尾上,而把他们拖死的情节。汤亭亭对华人男性的辫子的描写与以往的白人作家的描写很不同,将被视作女性化的耻辱的华人男性的外貌特征刻画为强健有力的形象,扭转西方社会对这种发型的女性化刻板印象。祖父也意识到"白脸体瘦的中国书生和肥胖像如来佛的有钱人,与内华达皮肤棕色的铁路工人相比,缺乏男子气,美感也逊色不少"②。

3. 言说的男性气质

《中国佬》中有诸多篇幅表现华人男性热衷说话的特征。这种报复性的言说是汤亭亭为被美国长期屏蔽的华工建设史拾遗的载体,是对美国主流叙事对华人消音的反拨,也是她重塑华人男性气质的有力途径。

在《中国来的父亲》(The Father from China)中,父亲由中国的秀才被排挤为美国的洗衣工,还被吉卜赛女人骗了两次,因无法用英语辩解而只能吃哑巴亏。原本父亲认为,到美国的第一要事是打破中式迷信,比如钻女人裤子会倒霉等荒谬说法。但在长年受到打压和歧视后,他变得性格乖戾、喜怒无常、仇恨女性。他每天嘴里咒骂的都是针对女性的污言秽语,抱怨女人的指甲脏,会把污垢揉进面团里。这些厌女的表现,是其长期焦虑引发的过分的男性气质的宣泄。

为了释放压抑已久的诉说欲,伯公找到了几种替代方法。其一是歌唱,用歌声评说世事。其二是"以咳诉说"法,将心中愤懑一字一顿地骂出:"把—那—匹—马—身—上—的—灰—尘—从—我—面—前—弄—走—你—这—个—死—白—鬼—子。"③其三是在地上挖个洞,把自己的一腔心声

---

① R.W.康奈尔. 男性气质[M]. 柳莉,等译. 北京:社会科学文献出版社,2003:193.
② MAXINE HONG KINGSTON. China Men[M]. New York: Random House, 1989:142. 译文引自汤亭亭著.《中国佬》[M]. 肖锁章,译. 南京:译林出版社,2000:143.
③ MAXINE HONG KINGSTON. China Men[M]. New York: Random House, 1989:104. 译文引自汤亭亭.《中国佬》[M]. 肖锁章,译. 南京:译林出版社,2000:103.

对着洞宣泄:"你好,地底下的中国!"①伯公用行动为自己争取到了话语权,是对被剥夺的男性气质的补偿。宾叔(Uncle Bun)是另一个有说话瘾的男性。他健谈,一直说个不停,讲话时唾沫四溅。同伯公爱与人交谈不同,宾叔讲话的状态更像是演讲。他会运用新的名词和术语,大谈麦芽的好处以及政治话题,谈那种"像报纸那般了无闲趣的男性话题"②。他的一些见解不乏先进的思想,比如共产主义思想、农民应该拥有土地、工人应享有权利等,但他在书中被母亲判定是一个"疯子"。他还患了迫害妄想症,认为洋鬼子给他下毒、要喂他垃圾;他要控告父亲伪装成自己从银行里骗走了他的存款,与鲁迅笔下的"狂人"颇有几分相似。他用言说来宣泄其久被压抑的男性气质,但却被判定为疯子而使其话语和思想统统被否定。

4. 工具的男性气质

"技术群体的模式维护了专业技能强烈的男性气质属性。"③在男性气质形成的历史中,"工业生产的进展目睹了挣工资者围绕挣钱能力、机械工作技能、家庭内部的男权制和团结战斗而表现出来的各种男性气质"④。

祖父在内华达山脉修路时,白人雇主为提高工作效率而开展各种劳动竞赛,获胜者可赢得奖金。在与爱尔兰人、威尔士人、黑人、印第安人进行的比赛中,华工总是获胜。最快的竞争发生在华工之间,"因为他们有良好的集体意识,有许多巧点子,也因为他们需要钱"⑤。在被要求每天延长2小时工

---

① MAXINE HONG KINGSTON. China Men[M]. New York: Random House, 1989: 117. 译文引自汤亭亭.《中国佬》[M]. 肖锁章,译. 南京:译林出版社,2000:117.

② MAXINE HONG KINGSTON. China Men[M]. New York: Random House, 1989:191. 引文为笔者所译。此处的肖锁章译文为"只有男人喜欢的、跟报纸一样令人刻板的话题",原文为"a man's topic as gray as newspapers",此处的 gray 原意为灰色的、灰白的、老练的、阴沉的,译为"令人刻板的"不够确切,表达上也不通顺,故笔者将之意译为"了无闲趣的",特此注明。

③ R.W. 康奈尔. 男性气质[M]. 柳莉,等译. 北京:社会科学文献出版社,2003:242.

④ 同③ 275.

⑤ MAXINE HONG KINGSTON. China Men[M]. New York: Random House, 1989:139. 译文引自汤亭亭. 中国佬[M]. 肖锁章,译. 南京:译林出版社,2000:140.

作却每月只加薪4美元后,华工们派出代表团与白人雇主谈判且集体罢工,要求合理的权益。就连"傻子"祖父也反复练习罢工口号以加入斗争。当修路完成遭到驱逐时,华工们团结一致,互相帮助。有人被白人绑架了,其他人会出钱赎回。祖父也曾赎回几个人。通过展现挣钱能力、工作技能和团结战斗,华人们的男性气质得以体现。

在工具中,枪是比较特殊的存在。康奈尔指出,"枪既是阴茎的象征又是武器,枪械组织一般是在文化层面表现男性气质……在符号和实际生活中,保卫枪支所有权就是保卫支配性男性气质"[①]。祖父在修路完成后遭到驱赶,路上的白人土匪用枪射击他,就像对待印第安人和野兔一样,视华人为猎物;牛仔们也肆意地放枪;罗克斯普林斯大屠杀时,洋鬼子们的子弹从背后袭来。白人手持枪和工具监督印第安人劳动。唯独华人男性是与枪械长期绝缘的。他们要求配枪以防身,但遭到矿业公司的拒绝。祖父在最后一次赴美时终于碰到了枪,但他感到枪里装着死亡。一语成谶:他此时已年老无力,也没有铁路需要招工,就在他唯一一次握到枪时,他已临近死亡。作者通过"枪"这个意象和上述情节来隐喻华人的男性气质在美国被"阉割",而这种男性气质刚被寻回即消亡殆尽。祖父死后,他的一系列美国人身份的证明都被销毁了,他的男性气质被全盘湮灭。

5. 家庭中的男性气质

有文献表明,"养家糊口"是男性气质的核心组成部分。[②] 沃利·赛科姆(Wally Seccombe)通过对19世纪英国男性养家糊口者(breadwinner)工资制度构建的历史梳理,指出这种工资制度内涵的父权制结构。[③] 为控制狂暴的男性亚文化,殖民当局"把男性气质约束到婚姻和更有秩序的生活方式中

---

① R.W.康奈尔. 男性气质[M]. 柳莉,等译. 北京:社会科学文献出版社,2003:296.

② 同① 38.

③ WALLY SECCOMBE. Patriarchy Stabilized: The Construction of the Male Breadwinner Wage Norm in Nineteenth-Century Britain[J]. Social History, 1986, 11(1):53–76.

去"①。由此,在家庭生活中显露男性气质成为可能。

《中国佬》中的绝大多数男性,是为了养家糊口而奔赴美国从事种植、淘金和修路的工作。他们拼命赚到的钱需要寄回家里,自己的理想归宿是衣锦还乡。即便是年青一代留在美国生活的父亲和少傻(Mad Sao),也是一为养家而经营洗衣店,一为没有给母亲寄钱感到愧疚而致精神分裂。可以说,养家糊口是这些男性与生俱来背负的责任,当中体现出的男性气质也就尤为突出。

伯公在种植园患肺病时于精神恍惚中依稀回到了中国,他的老婆质问他身无分文地回来做什么。后他又激励病友不能就死,因老婆和家人会想念他且需要他的钱。"假如只是你自己一个人,你就可以放心地去死。"②养家糊口已经内化为伯公生存的意义。祖父一生被祖母驱驰,去过三趟金山,被迫在两国间来回跑。"去挣钱!""不要待在这里白吃。""回来!"③在美国卖命数年,本该抵万金的家书里,却仍冷冰冰的只有对他的驱遣——祖母在信中质问他为什么长期不归,有没有乱花钱,催要一件专为喝喜酒而置办的新衣服,并莫须有地指责他花钱大手大脚。旧式中国家庭是同宗同姓绑在一起的,除了老婆,祖父的压榨者还有亲戚们——要金表,指责祖母没有把钱平分给他们。这样赤裸裸的理所当然的索取,也是迫使其他像祖父这样的华工反复赴金山出入虎口的重要原因。少傻曾在美国服兵役,并因此获得了美国公民身份。他购置平房、小汽车,穿着时髦,讲英语,并育有三女一男,从身份和生活方式来说已完全美国化,但内心还是保留着中国传统式的家庭责任感。他的母亲不断写信给他催他回到中国,催要钱和食物。他一直没有满足母亲的这些需求,却在母亲死后终于无法排遣内心的愧疚以致精神失常。他无法逃避的这份养家糊口的责任,便是其男性气质的重要组成部分。由于受不了每天看到母亲的鬼魂,少傻最终还是买了船票,和母亲的鬼魂一起回到

---

① R. W. 康奈尔. 男性气质[M]. 柳莉,等译. 北京:社会科学文献出版社,2003:39.

② MAXINE HONG KINGSTON. China Men[M]. New York: Random House, 1989:115. 译文引自汤亭亭. 中国佬[M]. 肖锁章,译. 南京:译林出版社,2000:115.

③ MAXINE HONG KINGSTON. China Men[M]. New York: Random House, 1989:127. 译文引自汤亭亭. 中国佬[M]. 肖锁章,译. 南京:译林出版社,2000:126.

中国,在她的坟前堆满食物和礼物,烧去真衣服、真鞋子和纸钱。做完这一切后,他恢复了正常的精神状态。这一情节传达出少傻对构成男性气质重要成分的履行养家糊口义务的弥补。

父亲原本是中国的秀才,但到美国后因英语能力有限而沦为体力劳动者,靠经营洗衣店为生,又不幸地被几个合伙人骗走了洗衣店,从此一蹶不振、喜怒无常,直到他又买下一家洗衣店后才恢复活力。可见,能否成为一名"养家糊口者"对于华人来说,决定了他的男性气质存在与否。

6. 荒野中的男性气质

金山客们的工作场所往往是荒野。这一男性形象集中活动的环境对于凸显华人的男性气质作用很大。在底层逻辑上,社会经济和社会组织是构成男性气质发展的基础部分。迈克·唐纳森(Mike Donaldson)在其著作《我们生活的时间》(*Time of Our Lives*: *Labour and Love in the Working Class*)中指出:"工厂和矿井中的艰苦劳动几乎耗尽了工人的体力;那种摧残——工作和工人艰苦的证明——可能是显示男性气质的方法……因为在经济压力和监督控制之下体力劳动以一种破坏性的方式进行。"[①]纵观男性气质的历史,英国历史学家约翰·麦肯齐(John MacKenzie)着眼19世纪晚期英国对狩猎的崇尚,发现狩猎逐渐成为"一种显示地位、实力和优越感的活动,男猎人形象遂成为不断被重复的神话"[②]。"荒野、狩猎和丛林生存技巧与一种出类拔萃的男性气质结合起来。"[③]《中国佬》中不乏对蛮荒之地的景物描写,且这些描写的字里行间洋溢着浓浓的男性气质。祖父在内华达山脉中修路时的一项工作是站在吊篮里引爆山洞里的炸药。对这一地带的景物描写充满野性、危险和原始感。这里的常见景物是悬崖、沟壑、隧道、桥梁、支架、滑轮、阵风、雪

---

① MIKE DONALDSON. Time of Our Lives: Labour and Love in the Working Class[M]. Sydney: Allen & Unwin, 1991. 译文引自 R.W. 康奈尔. 男性气质[M]. 柳莉,等译. 北京:社会科学文献出版社,2003:47.

② JOHN MACKENZIE. The Empire of Nature[M]. Manchester: Manchester University Press, 1988.

③ R.W. 康奈尔. 男性气质[M]. 柳莉,等译. 北京:社会科学文献出版社,2003:272.

暴、秃鹰、隼、红杉树尖、深谷。他使用的工具是炸药、导火线和火柴。在引燃导火索后就是轰隆隆的爆炸声，有一次还炸飞了两个人。荒野丛林的环境和极具破坏性的劳作方式，都符合上述理论中表现男性气质的规律。

7. 故事中的男性气质

《中国佬》里不乏"讲故事"的情节，且每段故事都有所喻指。一方面，一些故事从负面隐喻华人男性气质的被"阉割"。如开篇的《关于发现》(On Discovery)讲述唐敖漂洋过海寻找金山，不想却误打误撞地到了女儿国，被打造为一个漂亮的女人，结尾说这个女儿国的地点在北美。接着就是讲述父亲的章节，这则故事隐喻的就是美国白人文学对华人男性的女性化塑造。《鬼伴》(The Ghostmate)里讲述了一个年轻人在梦中与美人组建了美满的家庭，但再回去看时只看到了一座坟墓。接下来的曾祖父伯公和伯叔公的故事，讲述的是对在美国组建家庭、繁衍生息的一切美好幻想最终都化为泡影。在《论死亡》(On Mortality)中，杜子春被诸神安排不能再投胎做男人，只能投胎做女人，且是既聋又哑的杜姓女子。在《再论死亡》(On Mortality Again)中，夜神希娜(Hina of the Night)合上身体之门，莫伊(Maui)死了。这两则"阉割"华人话语权和生育权的寓言，后面接上的是祖父的故事。祖父对此的对抗即是上文谈过的身体暴露和与世界性交。

另一方面，一些故事从正面彰显华人男性气质。滞留在天使岛等待上岸时，为排遣解闷，父亲给其他男人们读随身携带的《岳飞传》里"精忠报国"的故事，还给这些男人看书里将士血战沙场的配图；又讲李白入城的故事，男人们都赞扬李白的聪颖和守卫的慧眼。这些故事都有很强烈的自况意味。伯公给美国女人讲故事，讲许多没有孩子的男人寻找一个新生儿且找到了。这个故事隐喻的是华人男性对繁衍子嗣、传宗接代的向往，是对男性生殖力的赞美。在《陈蒙谷和赌博夫人们的故事》(The Story of Chan Moong Gut and the Gambling Wives)中，华人陈蒙谷(Chan Moong)下套使白人阔太太们的屁股沾上了红漆。这一恶作剧，实则是将自身作为印记标刻在白人女性身上，从而在象征意义上占有她们，并通过身体的间接占领来羞辱她们的白人丈夫，是华人男性气质的戏谑式彰显。

从上述分析可见,汤亭亭从揭露被"阉割"的现实和身体、言说、工具、家庭、荒野、讲故事等多层面,对美国文学作品中的华人男性气质进行重塑,力图为湮没已久的在美华人男性群体代言发声,纠正长期以来盘踞在美国文学中的阿新、陈查理等被白人作家歪曲的女性化的华人男性形象的单一面孔,为读者摘下有色眼镜、摒弃刻板印象,重新认识真实的、正面的华人男性形象提供文字载体。

三、副文本与塑造男性气质的关系

1. 搬到北美的唐敖

《中国佬》第一篇《关于发现》,化自李汝珍的长篇小说《镜花缘》,是后文父亲故事的概略。《关于发现》与《中国来的父亲》存在对应关系。就与男性气质有关的内容来看,首先,《关于发现》隐喻美国从社交和繁育两方面对男性华人的"阉割"。唐敖单身一人来到女儿国,而被剥夺了《镜花缘》中的两个男同伴,影射父亲在美国不能与男人交往,而只能与女人为伍;而剥夺原同行者中的女儿,是隐喻父亲不能携子女同赴美国。"女儿国"同"美国"也构成一组对应关系,因汤亭亭曾在作品中将美国按其中文译名的字面意思说成"美丽的国家"(the beautiful nation)[①]。其次,《关于发现》暗指美国在身体和习惯上女性化华裔男性。"女儿国"人给唐敖女子的装扮和饮食,使其不仅外貌像女人,且在姿态上也女性化了。再次,《关于发现》影射美国迫使华裔男性从事女性化职业。唐敖被逼洗他用过的裹脚布,被逼服侍女王用餐,俯身将饭菜放到女人们桌前。这十分形象地描述了华裔男性在美国不得不从事洗衣、餐饮等职业,而几乎没有别的从业机会。最后,《关于发现》从话语权上剥夺了华人的男性气质。唐敖最后的功名是秀才,父亲在中国也中过秀才,可以说都属于中国的"士"阶层。但唐敖到"女儿国"后,被老妇人恐吓说要把嘴缝上;父亲到美国后,因英语较差而失去

[①] MAXINE HONG KINGSTON. China Men[M]. New York: Random House, 1989:42. 译文引自汤亭亭. 中国佬[M]. 肖锁章,译. 南京:译林出版社,2000:37.

了申辩和表达等言说能力：都是被剥夺了话语权这一在中国传统文化上颇具男性气质的特殊权利。

2. 一枕黄粱的金山

《中国佬》第二个单元的楔子《鬼伴》，也与后文《檀香山的曾祖父》形成了对应关系。《鬼伴》讲了一个一枕黄粱般的美梦落败的故事，实则影射金山客们的淘金梦碎。《鬼伴》中的年轻人惦念家中妻儿父母，想要将在大宅里享用的丰盛美食带回去给他们吃或者把他们接过来时，却遭到了美妇人的婉拒和挽留。"曾祖父"那一辈的早期金山客们赴美淘金或修铁路，其直接目的都是养家糊口。这一需求却遭到了美国企业和政府的反对，这可视作对前文所定义的家庭中的男性气质的直接剥夺。美妇人见前番阻拦不起作用，就以身体来诱惑年轻人。然而二人不能交合，他最终还是走了。这一情节暗喻的是美国法律和社会禁止异族通婚的史实，尤其是严禁华人男性同白人女性结婚，可参见 1924 年美国国会通过的《移民法》(An Immigration Act)。这更是赤裸裸地"阉割"华人的男性气质。

故事的结尾，年轻人还是执意回了故乡，发现那美妇人住的大宅只是一座旧坟。"年轻的丈夫回到了自己的家。家还是自己的好。梦中情人情不长。"[①] 在回到自家后，"年轻人"变回了"年轻的丈夫"，这一称呼的改变透露出他男性气质的恢复。同时，此则故事中含有大量的景物描写：作为美国喻体的大宅周围的景物，大多是风雨、花藤、幽深曲径、晚上鸣唱的夜莺、夜里开花的仙人掌等阴柔之象；而家乡则是充满了新鲜的空气、无边无垠的蓝色天空、挺拔耸立的松树等阳刚之气。这一组景物对比以美国的女性气息反衬出中国的男性气质。

3. "阉割"华人的法律

在"法律"一章中，汤亭亭专门搜集罗列了 1868—1978 年这 110 年间美国政府针对华裔移民的法律条文。这些法律条文直接决定着书中人物赴美、

[①] MAXINE HONG KINGSTON. China Men[M]. New York: Random House, 1989:81. 译文引自汤亭亭. 中国佬[M]. 肖锁章，译. 南京：译林出版社，2000: 81.

在美和离美的经历。

按叙事时序来看,《中国佬》中家族三代男性赴美的顺序是曾祖父、祖父、父亲。根据书中叙述推断,曾祖父伯公去美国的时间大致在1856年前后,此时正是美国开发需要大量华工的时期,排华法案还远没有实行。因此,伯公是签了合同以后的早期赴美华工,与同乡一起坐船远渡,在檀香山的种植园里从事农业劳动。

美国太平洋铁路于1869年5月10日宣布竣工,随即美国政府开始了对华工的驱逐。书中详细描绘了祖父遭到各色白人持枪驱逐的遭遇。按照"法律"一章所列,最早的排华法案应是1868年的《伯林盖姆条约》(*Burlingame Treaty*)。该条约签署后有4万名中国矿工被驱逐出境。[①]祖父的遭际刚好印证了这一史实。从此,华人男性在美从事的职业多为洗衣工、厨师等被传统观念划定为女性化的职业,他们从职业上被剥夺了男性气质。

父亲于1924年赴美。在"法律"中可见,这一年颁布的《移民法》"明确禁止'中国妇女、妻子和妓女'入境;任何与中国女子通婚的美国男子将失去美国公民身份;任何嫁给中国公民的美国女子也会失去其美国公民身份"[②]。正是由于美国政府的这种规定,父亲赴美时无法带上母亲,其他一起赴美的男性亲戚也无一例外没有携带妻子。赴美的男人们向妻子们保证会回来,不会在美国另找老婆。其实他们无须做这种保证,因为根据上述《移民法》的限制异族通婚的规定,他们很难在美国娶到老婆。上述《移民法》的规定是从法律层面上将华人男性女性化,"阉割"他们的男性气质。

母亲通过取得白人办的医学院的文凭,在同父亲分别十五年后得以抵美团聚。父亲于1924年抵美,由此推断,母亲应是在1939年前后抵美。"法律"中列出,"1938年:一份总统声明结束了对华人移民及其他几个亚洲国家移民的限制"[③]。因此,母亲得以在1939年以合法身份赴美,不用再像父亲

[①] MAXINE HONG KINGSTON. China Men[M]. New York: Random House, 1989:152. 译文引自汤亭亭. 中国佬[M]. 肖锁章,译. 南京:译林出版社,2000:154.

[②] MAXINE HONG KINGSTON. China Men[M]. New York: Random House, 1989:156. 译文引自汤亭亭. 中国佬[M]. 肖锁章,译. 南京:译林出版社,2000:158.

[③] MAXINE HONG KINGSTON. China Men[M]. New York: Random House, 1989:157. 译文引自汤亭亭. 中国佬[M]. 肖锁章,译. 南京:译林出版社,2000:158.

一样艰辛而危险地偷渡。父亲通过自己的见识和方法将母亲接到美国,并以合法身份定居且育养子女,弥合被美国法律阉割的男性气质。

4. 在美遭遇的化身

《鲁滨孙历险记》(*The Adventures of Lo Bun Sun*)一章是对英国作家丹尼尔·笛福(Daniel Defoe,1660—1731)的代表作《鲁滨孙漂流记》(*Robinson Crusoe, 1719*)的戏仿。作者重新阐释了"鲁滨孙"名字之义。她按广东方言发音将 Robinson Crusoe 拼成 Lo Bun Sun,并且按广东发音对此名字的谐音加以联想,得出"'Lo Bun Sun' 即是一头骡子,一个肯干活的人;赤身裸体,孤单一人在勤劳地干活;无论是儿子还是孙子,他自己代表着几代人"[①]的结论。作者的创作意图明显——这个"鲁滨孙"早已不是笛福原作中英国殖民者的象征,而是华人在美国艰难生存的化身。其中"骡子"这一无性别动物的意象,生动地传递出华人的男性气质被美国社会阉割的状况。

从上述四则副文本可见,《关于发现》《鬼伴》这两则寓言式的副文本取自中国古代文学和民间传说,将美国整体比喻为女儿国或妇人,即将美国女性化,而进入其中的华人是唐敖和年轻人都是男性。这种设定是从整体上凸显华人的男性气质,是以暗喻的方式委婉地、反讽地表露华人的男性气质。《法律》作为小说中比较特别的存在,不仅为整部小说提供了一条基本的叙事线索,也提供了书中故事情节发生的背景和客观条件,将美国法律对华人男性气质的阉割本质揭露出来。《鲁滨孙历险记》则是对英国小说的戏仿,将英国殖民者形象地改造为美国华人形象,隐喻华人缺失男性气质的在美生活情状。

四、《中国佬》重塑华人男性气质在美国文学、文化中的影响与接受

重塑华人男性气质是《中国佬》的重要创作主旨。作为一部男性话语突出的美国华裔小说,《中国佬》在美国文学与文化中的影响与接受情况直接

[①] MAXINE HONG KINGSTON. China Men[M]. New York: Random House, 1989:226. 译文引自汤亭亭. 中国佬[M]. 肖锁章,译. 南京:译林出版社,2000: 233.

反映了本书创作主旨的影响与接受情况。

首先,《中国佬》赢得了美国主流文学和文化界的认可。本书1980年由兰登书屋（Random House）出版。这是全球最大的出版公司,其出版行动对现代西方文学和文化的发展影响深远。《中国佬》于1981年获得美国国家图书奖、非小说类美国国家图书评论奖及普利策奖提名。全美"话语权力极高的意见杂志"《新共和》（*The New Republic*）为其进行推介①,推荐语为"一段野蛮而美丽的历史,一种令人毛骨悚然的现实与光明的幻想的结合"②。作者汤亭亭是少有的在美国文学界颇有声誉的亚裔女作家③。她的作品得到了美国白人读者的认可,赢得美国国家人文奖章（National Humanities Medal）、美国艺术与文学学院奖（American Academy and Institute of Arts and Letters Literature Award）。《洛杉矶先驱考察家报》（*Los Angeles Herald Examiner*）评论,《中国佬》将被视为关于移民体验的经典美国著作之一,这是一部充满力量、情感和理解的作品。美国文学专家张子清指出:"汤亭亭为在白人主流社会处于弱势地位的华人翻案,消除主流社会对华人的带歧视性的刻板印象,以其人文精神和历史理性揭示不合理的社会现实。更重要的是,她在主流社会的权力分配中,成功地获得了当代主要的美国作家之一的荣誉,成为当今在世的美国作家之中,作品被各种文选选录率最高、大学讲坛讲授得最多、大学生阅读得最多的作家之一。"④

其次,《中国佬》在美国及世界其他国家和地区的图书馆中广受收藏。笔者运用OCLC公司（联机计算机图书馆中心）的在线编目联合目录——WorldCat搜索世界范围的图书馆馆藏资源,并将美国图书馆的收录信息专门标出,制成表1。

---

① 张立友. 中国故事的"他者"讲述:汤亭亭作品的中国文化书写[J]. 淮海工学院学报（人文社会科学版）,2019,17（1）:48.
② 引自MAXINE HONG KINGSTON. China Men[M]. New York: Random House, 1980. 一书的封面,引文为笔者所译。
③ 黄娇娇. 从读者反应论看肖锁章译《中国佬》[J]. 读天下,2016（19）:291.
④ 汤亭亭. 中国佬[M]. 肖锁章,译. 南京:译林出版社,2000:11.

表1 汤亭亭《中国佬》(China Men)在美国图书馆的馆藏情况

作品题名	作者	出版年份/版本	出版社	收藏此版本的图书馆数量(家)	藏有此版本的美国图书馆数量(家)	数据更新日期
China Men	Kingston, Maxine Hong	1980/1st ed.	Random House	2084（20家承诺保留）	1959	2020年7月31日
China Men	Kingston, Maxine Hong	1981/1st Ballantine books ed.	New York : Ballantine Books	111（1家承诺保留）	82	2019年10月18日
China Men	Kingston, Maxine Hong	1981	London: Pan	73	2	2020年7月28日
China Men	Kingston, Maxine Hong	1981	London: Picador	23	5	2020年11月22日
China Men	Kingston, Maxine Hong	1989/1st Vintage international ed.	New York : Vintage Books	522（7家承诺保留）	462	2022年1月24日
The woman warrior ; China men	Kingston, Maxine Hong	2005	New York: Alfred A. Knopf	79（1家承诺保留）	74	2019年10月21日
中国佬	汤亭亭著；肖锁章译	2000/第1版	南京：译林出版社	13	8	2019年10月20日

从表1可见，《中国佬》的英文和中文版本主要有7种，其中英文版本有6种；出版年代从1980年绵延至2005年，时间跨度达25年，其中最受欢迎的是1980年版。收藏此版本的图书馆有2084家，其中1959家分布在美国；其他5种英文版也均有几十家图书馆收藏，其中1981年Ballantine Book版、1989年版、2005年版均在美国图书馆呈主要分布；另一中译本则有8家美国图书馆收藏。从小说版本的多样、出版年代的跨度、美国藏书馆的收录数量均可看出，《中国佬》受到美国出版界和图书馆的欢迎；图书馆的保留和藏量可以在一定程度上体现公众对该书的认可。

再次，美国文学文化界对《中国佬》重塑华人男性气质的回应。基于《中国佬》是以男性叙述和塑造男性形象为主的作品，因此对本书的评论往往指向其男性气质重塑。一方面，《中国佬》重塑华人男性气质收获了正面的肯定。美国杜克大学文学博士杰夫·特威切尔（Jeff Twichell）评论，《中国佬》的第一焦点是"叙述华人对建设美国的贡献，这段历史在汤亭亭创作时才被开始认识和研究。作者通过重新想象去美国的家族父辈的经历，叙述了从

19世纪中叶到20世纪60年代移民美国的华人的遭遇"[1]。汤亭亭通过《中国佬》补史之缺,提升了华裔美国人的觉悟。特威切尔认为,《中国佬》的开篇《关于发现》是对华人"在美国的牺牲的预示——他们在各种不同的意义上被阉割,被去势。在西方,对华人的刻板印象是他们主要从事洗衣和烧煮等工作,而这些工作传统上是女人干的。这种看法如今依然存在。我们也了解到,排华法阻止华人从中国带妻子到美国或不准华人男子同美国白人女子结婚,这就是另一个意义上的华人男子女性化"[2]。美国文学评论家大卫·英格(David L. Eng)对《中国佬》中和性相关的内容给予了独到的解读。他认为,"《中国佬》中所表现的与性相关的私人生活、家庭关系等,都为读者呈现了开放的男性气质,让这些被阉割的中国佬不仅可能重新表述亚裔男性气质,还有可能想象一套全新的、外在于传统规范的性别角色或性别形象,并高度赞扬汤亭亭试图将亚裔男性从父权制规范中解放出来的努力"[3]。另一方面,《中国佬》重塑华人男性气质的努力受到质疑甚至贬斥。赵健秀批评汤亭亭已被白人同化,脱离华裔族性,错用中国经典和传说,取悦白人读者,扭曲美国华人的真实面貌。赵健秀抨击汤亭亭"夸大了妇女在中国文化中处于从属地位的形象,把中国男人描绘成软弱的、欺压妇女的形象,并使这种形象永久化了"[4]。华裔美国文学评论家谭雅伦(Marlon K. Hom)批评《中国佬》将祖父"描写成一个有性怪癖、对天空手淫的性变态怪物,认为汤用传记体在写铁路华工史时加上这个性变态人物就是故意嘲弄这段被白人漠视的美国华工血汗历史"[5]。对于祖父在内华达山脉中手淫的情节,陀姆·哈多利(Tomo Hattori)也批评道:"《中国佬》中创造的华裔祖先形象是去具体化的、没有再繁殖力的男性社群,这个男性社群没有意识到自己属于一个政治和

---

[1] 汤亭亭. 中国佬[M]. 肖锁章,译. 南京:译林出版社,2000:序1.
[2] 同[1] 4-5.
[3] DAVID L. ENG. Racial Castration: Managing Masculinity in Asian America[M]. Durham and London: Duke UP, 2001:92-93.
[4] 赵健秀. 甘加丁之路[M]. 赵文书,译. 南京:译林出版社,2004:5,22.
[5] 徐颖果. 跨文化视野下的美国华裔文学:赵健秀作品研究[M]. 天津:南开大学出版社,2008:4.

文化上都退化了的阶层。"①

　　最后,在文学研究者与普通读者中,《中国佬》重塑男性气质这一主旨尚未获得足够的关注。小说的叙事时间跨越晚清至越南战争的近一百年。在美国主流历史中,这段时间的华裔历史是长期空白的,以华工为主体的华人男性是空缺的。《中国佬》填补了华人男性在美国开疆拓土的历史,塑造了华人的英雄形象。此外,《中国佬》还从身体角度重塑了华人男性的身体美学,反驳白人长期对其存在的性无能、同性恋的刻板印象,并从语言角度凸显华人男性强劲的说话能力,将被长期消音的华人男性重新拉回历史的镜头前。不过,正如文献综述所陈,重塑华人男性气质这一主题在美国学者对汤亭亭和《中国佬》的研究中尚存较大的开掘空间;而在普通的美国读者眼中,这一主题远未得到关注。笔者在搜索亚马逊(Amazon)网站《中国佬》一书的相关信息时发现,在读者评论中,有相当一部分读者是在校学生,因文学课要求必读或讨论该书而购买和阅读,其中一些学生称阅读后发现十分喜欢此书,从中得知很多此前不知道的事情并为此感到震撼;也有一些学生称,如果不是课程要求肯定不会阅读该书,并称读后没有收获较好的阅读体验。还有一部分读者是美国华裔,其中有在小说中提到的天使岛登陆美国的年长华裔。这些读者表示,此书唤起了他们的共同记忆;而较年轻的三代华裔表示,对书中的故事感到陌生和震惊。虽然很少直接提到"华人男性气质"这一术语,但大多数读者提及早期华裔在美国受到了不公正的对待。美国改变了这些人,这些人也改变了美国。华裔的历史已深深融入了美国历史中。这在一定程度上或许可以看作对《中国佬》重塑华人男性气质的认可。

结语

　　本文对汤亭亭《中国佬》"重塑华人男性气质"这一创作主题进行分析,以康奈尔男性气质理论为基础,梳理比照美国白人作家对华人男性气质的文学阉割,阐述该书在重塑男性气质方面的创作实践和影响效果。研究

---

　　① TOMO HATTORI. China Man Autoeroticism and the Remains of Asian America[J]// NOVEL: A Forum on Fiction, 1998, 31(2), Thirtieth Anniversary Issue: II (Spring): 233.

发现,《中国佬》重塑华人男性气质取得了一定的成功,小说从身体、言语、工具、家庭、荒野、故事、副文本等多维度着手,塑造了生动的华人男性群像,恢复了美国主流话语中被压制的历史事实和生活细节,彰显了华人的正面形象和突出的男性气质。《中国佬》为美国华裔小说重塑华人男性气质积累了宝贵而独特的创作经验,获得了美国主流文学奖项,在美国文学和文化中占有一席之地。

The Reshaping of Chinese Masculinity in Kingston's *China Men*

Zhang Ri

Abstract: Since the end of the 19th century, in the works of white American writers, Chinese male images are portrayed as feminine images, lacking masculinity. Chinese American author Maxine Hong Kingston's *China Men* positively describes the outstanding contributions of Chinese ancestors in building the United States, shaping their heroic images of tenacity, wisdom, diligence and courage, manifesting the masculinity of Chinese who have been "castrated" for a long time. This paper uses R.W.Connell's masculinity theory to analyze it. The effort of *China Men* to reshape Chinese masculinity has achieved certain success, which has accumulated valuable and unique creative experience for Chinese American novels.

Keywords: *China Men*, Maxine Hong Kingston, masculinity, images of Chinese Americans

论杰克·伦敦《月亮谷》的生态观

刘传业[①]

摘要: 随着全球生态环境的恶化,生态问题越来越受到世人的关注。杰克·伦敦在《月亮谷》中试图展现人类文明发展过程中城市化和工业化带来的弊端,尤其是对人身体和精神的摧残。在理想中的城市生活破灭后,杰克·伦敦提倡通过降低自身欲望,回归自然,拉近人与自然之间的距离,解决城市生活带来的精神危机,同时实现人与自然和谐共处。杰克·伦敦带我们重新认识自然,反思人与自然的关系,只有加深对自然的了解,才能实现人与自然和谐相处。

关键词: 杰克·伦敦 《月亮谷》 生态思想 欲望 城市化

在美国文学发展的过程中,有大量关于生态的文学作品。18世纪时期,詹姆斯·库珀(James Fenimore Cooper, 1789—1851)创作的边疆五部曲《皮裹腿故事集》(Leather Stocking Tales)充满了对大自然的热爱;19世纪,梭罗(Henry David Thoreau, 1817—1862)创作了《瓦尔登湖》(Walden),进而被称作最伟大的生态学家。继而,梅尔维尔(Herman Melville, 1819—1891)的《白鲸》(Moby Dick)、海明威(Ernest Miller Hemingway, 1899—1961)的《老人与海》(The Old Man and the Sea)也展现了人与自然的关系。20世纪前期,杰克·伦敦(Jack London, 1876—1916)创作的小说也对生态环境有所关注。杰克·伦敦是19世纪末20世纪初美国伟大的作家之一。在创作生涯的前期,他以美国北部边疆为题材,根据自己的边疆经历创作了一系列边疆小说,脍炙人口的边疆作品有《狼之子》(The Son of the Woolf)、《北方的

[①] 刘传业,韩国忠南国立大学英语语言文学博士研究生。研究方向:美国文学。

奥德赛》(*An Odyssey of the North*)、《热爱生命及其他》(*Love of the Live and Other Stories*)。这几部作品着重体现了美国拓荒者和淘金者的形象,由于淘金热潮的影响,大量的淘金者不惧荒野生存条件的残酷,力争获取财富,同时拓荒者也在与自然斗争,试图征服自然环境。这更是融合了美国的个人主义和英雄主义思想。拓荒和淘金通常是男性气概和力量的体现,而这样的故事内容也反映了杰克·伦敦在早期创作过程中受达尔文(Charles Robert Darwin, 1809—1882)的进化论思想和尼采(Friedrich Wilhelm Nietzsche, 1844—1900)的超人哲学的思想影响。随着社会环境的变化,杰克·伦敦的思想意识也发生了变化,其中期创作的一部分小说受马克思(Karl Marx, 1818—1883)的影响,例如《铁蹄》(*The Iron Heel*)。由于阶级矛盾在资本主义社会中愈演愈烈,杰克·伦敦想要通过这部小说展现社会中存在的问题,并试图找到解决阶级矛盾的办法。另一部分小说逐渐展现出生态意识,小说内容也转向讲述自然与文明之间的关系,尤其是在《野性的呼唤》(*The Call of the Wild*)和《白牙》(*White Fang*)中。这两部作品分别讲述了狗从人类文明回归自然的故事和狼从自然世界进入人类文明的故事。无论是从文明回归自然,还是从自然到文明,在这两者之间都体现了人类尊重自然、人与自然和谐相处的观点。其后期创作的《毒日头》(*The Burning Daylight*)、《大房子里的小妇人》(*The Little lady of the House*)和《月亮谷》(*The Valley of the Moon*)被并称为"田园三部曲",标志着杰克·伦敦的小说转变为以生态主义为主题的创作。"田园三部曲"描述了一系列逃离城市,回归乡村的故事,体现了杰克·伦敦的生态理想。其中,尤其能体现杰克·伦敦超前生态意识的作品是《月亮谷》。该作品描绘了美国19世纪末20世纪初工业文明取代农业文明所带来的影响:工业文明的发展一方面造成了生态环境的破坏,另一方面造成了人类的欲望不断膨胀。杰克·伦敦观察到人类无休止地掠夺自然资源,并且有试图征服自然的倾向,于是试图通过从城市回归自然这一理念来解决所存在的生态问题。与此同时,《月亮谷》展现了杰克·伦敦的生态观,描绘了他理想中的乡村生活。

在美国文学史中,杰克·伦敦被划分为自然主义作家,20世纪初在美国文学界享有很高的声誉。美国学者对杰克·伦敦的研究多集中在阶级冲突、种族主义、社会主义、女性主义方面。另外,杰克·伦敦受达尔文进化论、斯宾塞学说、社会主义、尼采的超人哲学思想影响,其复杂且矛盾的思想也被认为具有研究价值。相对来说,对杰克·伦敦生态主义思想的研究是有所不足的:对于《野性的呼唤》《白牙》这类与自然相关的作品,通常以进化论思想研究为主,而对于后期创作的"田园三部曲"缺乏生态主义相关研究,在美国文学史上也没有得到足够的重视。美国文学学界对"田园三部曲"的研究主要涉及女性主义,略涉及生态主义的探究。具有代表性的是里斯曼(Reesman)的《杰克·伦敦塑造的新世界的女性——撒克逊·布朗·罗伯茨的月亮谷之行》[①]。在这篇文章中,作者通过撒克逊这个角色强调了女性身上不可忽视的力量,新女性的角色突出了女性的独立意识。在另一篇文章《我们要进行自然训练:杰克·伦敦〈月亮谷〉中的体育和农业》[②]中,作者将体育和农业联系起来——在这里体育是指有助于增强人类体质的任何项目。作者认为,城市令人的精神和身体退化,而回归自然和加强体育锻炼有助于增强体质。发展农业与增强体质具有相同的道理:单一的发展方式和过度耕种只能带来土地的退化,使用更科学的方法耕种土地便可实现农业的可持续发展;科学且多样化的体育运动,同样有助于增强人类身体的可持续性。作者由此展现了体育与农业之间的关系。根据这两篇代表性的文章可以得出结论,美国文学界目前对杰克·伦敦后期创作作品中的生态思想研究略显不足,针对生态主义的研究还有待挖掘。

杰克·伦敦在中国被人熟知,主要是通过《野性的呼唤》《铁蹄》《深渊里的人们》(The People of the Abyss)这几部作品,其中包含了达尔文的进化论和马克思的社会主义思想。中国学界对杰克·伦敦的研究主要集中在进化论和社会主义方面。虞建华所著的《杰克·伦敦研究》[③]中,对杰克·伦敦的田园小说稍作提及,但是并未突出杰克·伦敦的生态主义思想。中国学

---

① RESMAN, JEANNE CAMPBELL. Jack London's New Woman in a New World: Saxon Brown Roberts'Journey into The Valley of the Moon[J].American Literary Realism, 1870-1910 ,1992: 40-54.

② MORTENSEN PETER. We're Going in for Natural Training: Athletics and Agriculture in Jack London's The Valley of the Moon [M]. 2018: 159-73.

③ 虞建华. 杰克·伦敦研究 [M]. 上海:上海外语教育出版社,2009.

者对杰克伦敦生态主义的研究多针对《野性的呼唤》《白牙》《热爱生命及其他》这类耳熟能详的作品,忽略了其他作品中的生态主义思想。可见,对杰克·伦敦生态主义思想的研究是不足的。中国学者对于能突出杰克·伦敦生态意识的作品——《月亮谷》的研究仍处于初期阶段,在这里列举三篇具有代表性的文章,分别是王丽君所写的《从〈黄金谷〉和〈月亮谷〉解读杰克·伦敦生态思想的发展过程》,再者是王宝林、王茹花和张生庭合著的《生态焦虑与人文反思——以〈月亮谷〉为个案管窥杰克·伦敦的生态思想》,最后是孙丰蕊所写的《回归自然——评杰克·伦敦的〈月亮谷〉》。这三篇文章都是通过生态批评探究人与自然之间的关系,主要涉及人类中心主义和自然中心主义的思想,继而展现了由"自我"转向"生态自我"的思想转变。再者,回归自然的生态思想也是这三篇文章中探讨的重点。文章中指出,19世纪后期美国社会急剧发展,工人阶级为改善自身生活环境,由城市转向乡村寻求自救,价值观发生转变,由此展现了人类回归自然的过程。

  由此可见,杰克·伦敦的前期作品往往得到重视,后期作品往往被忽视。无论是美国学者还是中国学者,对于杰克·伦敦的生态意识研究都略显不足。在生态危机频发的 21 世纪,杰克·伦敦作品中的生态意识显得更加重要。杰克·伦敦在生态批评还未发展的时代就已经意识到生态问题的严重性,并在《月亮谷》中展现了自己的生态思想,同时对 19 世纪后期出现的生态问题提出了解决方案。杰克·伦敦既预见了未来的生态问题,又提出了回归自然的理念,体现了他超前的生态意识。所以,在生态危机日益加重的今天,对《月亮谷》中生态思想的研究变得尤为重要。

一、城市理想的破灭

  《月亮谷》讲述了以加利福尼亚为背景的冒险故事,其中融合了杰克·伦敦的自身经历。杰克·伦敦是一个通过自身努力从底层社会奋斗到上层社会的人物,他对身处底层社会的人有充分的了解。在 19 世纪末 20 世纪初,美国经历了快速工业化,美国从以农村和农业为主的国家转变为城市化、工业化的国家。美国城市人口急剧增加,城市化成为未来发展的主要方向。哈罗德（Harold James Dyos, 1921—1978）指出,19世纪城市化的发展"标志着一个能够感受到很多现代性的渴望与期待的新时代的开始"。① 现代城市对人有强烈的吸引力,给予人有机会跨越阶级改变自己的生活现状的无穷的希望。但是随着城市人口的不断增加,城市人口逐渐趋于饱和,以致人与人之间贫富差距加大,社会矛盾被激化,腐败、犯罪等严重的问题也暴露出来。所以,在《月亮谷》这部作品中,杰克·伦敦首先对城市工业化进行了批判。杰克·伦敦把"现代工业城市描绘成一个有害的、堕落的和最终致病的环境"。② 生活在城市之中的比利和萨克森无法忍受这"致病的环境",从而选择去乡村追寻理想的生活。在19世纪末,美国的乡村生活等同于农场生活:在乡村可以拥有自己的土地和宁静的生活环境,在乡村主要依靠种植农作物和放牧维持生活。在对比城市和乡村生活之后,比利和萨克森找到了一种适合自己的生活方式。杰克·伦敦让人物深入自然之中,在与自然密切接触的过程中,逐渐加深对自然的了解。对物质、金钱的欲望逐渐降低,转而变得更加珍惜自然环境和爱护土地。杰克·伦敦试图通过这些,让我们重新思考人与自然的关系。

　　对于比利和萨克森来说,逃离城市的主要原因是奥克兰工人阶级糟糕的生活状态和恶劣的工作条件。伴随频繁发生的罢工事件,工人阶级经常面临生活危机。与此同时,城市生活的弊端暴露出来。身处在城市之中,大部分人为了追求利益变成金钱的奴隶,加剧了人与人之间关系的恶化,以致令人看不到城市生活的希望。令人感到讽刺的是,奥克兰这座城市本是通过每个人的努力而建造的,但随着城市工业化的发展,人们在这座城市中渐渐失去了位置。

　　在这座城市中,比利和萨克森同为工人阶级:萨克森是一间洗衣房的工人,她每天重复着高强度又机械化的工作;比利的职业是马车夫,同时是一个业余拳击手。曾经的他们待人和善,勤奋工作,但是罢工事件让他们失去

---

① CANNADINE, DAVID, DAVID REEDER. Exploring the urban past: essays in urban history by H.J Dyos [M]. Cambridge: Cambridge UP, 1982.

② MORTENSEN PETER. We're Going in for Natural Training: Athletics and Agriculture in Jack London's "The Valley of the Moon" [M]. 2018:161.

工作、失去朋友，最糟糕的是失去了未出生的孩子。这一切让比利和萨克森迷失了自我。尤其是比利，他变得暴力，用极其恶劣的态度对待家里的租客，与萨克森的感情也处于破裂的边缘。善良朴实的工人逐渐变得充满暴力，一步步迷失在城市生活之中——这是杰克·伦敦对19世纪末期工人阶级的真实描述。正如莫滕森（Peter Mortensen）所说："然而，从一开始，比利和萨克森的幸福就受到不利因素的危害，包括不卫生的生活条件、缺乏营养食品、饮酒和吸烟等不健康的习惯、工业工作场所的无休止需求以及工作压力大的经济不稳定——阶级的存在。"[①] 正是在这一系列因素的影响下，他们的生活崩溃了。19世纪末期，城市生活所传递的价值观是对金钱的追求，也导致人内心的欲望不断增强。欲望的不断膨胀让人们只关注当下的利益。然而，只关注当下的利益难以取得长远的发展。底层社会的人在这样的价值观的引导下逐渐走向了与幸福相反的道路。

随着工业化、城市化的发展，生活节奏加快，追求效率成为现代社会的主要特征。正如德韦尔（Bill Devall，1938—2009）所说，"目前工业文明已经失控"。[②] 因为工业文明的发展让整个社会变得更加复杂，人们的控制欲变得更强，却失去了对自身的控制。比利对现在的生活处境感到不理解，因为他所做的一切工作，都是被迫的。比利为一种看不见的力量所控制，这些力量会使他逐渐失去自我，"尽管个人能够表达不满（例如，将自己的处境与祖先的处境进行比较），但他们无法将自己的道德愤慨与重建理想的社会秩序相协调"。[③] 所以，在城市中大多数人无能为力，因为随着资本主义社会发展而形成了以金钱为主导的主流价值观——这种价值观已经为大多数人所接受。在这潜移默化的影响下，大多数人往往失去对自己所向往的事物的追求，从而逐渐走向功利主义。

---

① MORTENSEN, PETER. We're Going in for Natural Training: Athletics and Agriculture in Jack London's The Valley of the Moon[M]. 2018: 162.

② DEVALL, BILL. Ecocentric Sangha[M]. Engaged Buddhist Reader: Ten Years of Engaged Buddhist Publishing. Ed. Arnold Kotler. Berkeley: Parallax, 1996:188.

③ GAIR, CHRISTOPHER. The Way Our People Came: Citizenship, Capitalism and Racial Difference in The Valley of the Moon[J].Studies in the Novel, 1993: 428.

比利在城市中发出感叹：

我喜欢听旧日里人们的故事。我的先辈们也在那儿呢。我认为那个世道比现在更适于人们生活，世情更趋于理性和自然。我有些词不达意。是这样：我不能理解今日的生活。我们有劳动工会、雇员协会，经历了罢工、艰难时期、到处求职，诸如此类的。事情变得和原先大不相同。那时大家都操持庄稼活儿，自己饲养家禽，食品充足，照看老人。现在一切都乱套了，我没有办法理解。[1]

正如比利所提到的，过去的生活给人一种自然、质朴的感觉。人们顺应自然，遵循自己的内心去生活，现在则是被迫劳动。在城市化、工业化的发展之下，人的精神层面遭到破坏，价值观受到影响：城市给人带来的负面价值远超正面价值。杰克·伦敦借用比利的独白来阐发对城市化和工业化的看法，暗示疯狂的工业文明将逐渐对整个世界产生影响；如果任由城市化和工业化不断激发人类的欲望，引导人类形成物质主义的价值观，人类生存的世界将有陷入危机的可能。

城市化和工业化的弊端打破了比利和萨克森对城市理想生活的幻想。首先，由于19世纪末期美国资本主义迅速发展，垄断资本成为常见的现象，以致出现了经济危机。在经济危机的影响下，工人阶级的生活无法正常维持，比利的工资被削减了，"家庭经济状况越来越困难：不仅食品质量下降，而且月供和房租也成了问题"。[2]生活变得十分艰难，比利不得已再次站上拳击台，但是比利的精神和身体状况已经大不如前。正如小说中提到的"这哪里还有他原来那健壮的肌肉啊？"[3]经济危机给比利和萨克森原本幸福的生活蒙上了一片阴影，无论是对精神还是肉体都造成了巨大的伤害。可见，工

---

[1] LONDON JACK. The Valley of the Moon[M]. New York: Macmillan, 1913:56.

[2] XIONG HUAN. Return to Nature and Gain Self-consciousness—An Analysis of Jack London's Consciousness of Spiritual Ecology in The Valley of the Moon[J]. Pacific International Journal, 2022: 49.

[3] LONDON JACK. The Valley of the Moon[M]. New York: Macmillan, 1913:242.

业化和城市化在发展初期能给予人一时的快乐和幸福,但是无法长久维持。这都反映在比利和萨克森的生活上。随着工业化和资本主义的发展,贫富差距加大,阶级矛盾加深,以致比利和萨克森对生活感到不满。比利对于被迫劳动而对自身造成的伤害感到愤怒——他的小手指因为每天驾车而变形。比利一直服务于资本,工作和劳动从来不是为了自己,这是激发内心不满的主要原因。比利在描述他老板的手时说道:"他的手柔软得像从来不干活的女人的手一样。然而他却拥有马匹和马厩,可是从来没有给马蹄打过一个铁掌。"①在资本的控制下,比利更像是工作机器。萨克森也是如此——在生活失衡的城市中,她迫切希望摆脱机械化的工作,去追求自己的生活。而越来越严重的经济危机、城市生活的失衡令他们感到压抑,精神受到摧残。杰克·伦敦借比利和萨克森的遭遇展现了城市生活的负面价值。

比利和萨克森不安的状态全都反映在罢工事件中:

> 他的变化太大了,对于这个家庭来说他简直是个外来的入侵者。从精神上说就是这么回事。从他双眼中可以看到他脑子里装的就是仇恨和暴力。在他心目中根本没有善。他成了那些疯狂已极,无所不在的恶行的积极鼓吹者。②

另外,城市环境的改变对人有一定程度的影响,尤其体现在罢工事件发生后——比利的性格发生了天翻地覆的变化。"比利从一个有能力、有责任心、有爱心的人变成了一个打架斗殴、酗酒、冷漠的人,他与萨克森的精神联系很少。"③比利在街上殴打工贼,回到家对萨克森的态度也变得冷漠。萨克森无法回避周围环境和人的变化,对生活感到绝望。而根本原因在于资本家的垄断。正如小说中写道,"愚蠢的工人为工作大动干戈,聪明的人坐在

---

① LONDON JACK. The Valley of the Moon[M]. New York: Macmillan, 1913:97.
② Ibid.239.
③ XIONG HUAN. Return to Nature and Gain Self-consciousness—An Analysis of Jack London's Consciousness of Spiritual Ecology in The Valley of the Moon[M]. Pacific International Journal 2022:48.

车里,用不着争斗吵闹"。①资本家被描述成聪明的人,工人则被视为愚蠢的人。以比利为代表的工人阶级想要通过罢工维护自身的利益,但是在不受掌控的社会环境中,罢工事件成为一场暴力事件。比利成为这场斗争的受害者,内心阴暗的一面被彻底激发,甚至对家里的租客大打出手。由此可见,当城市理想生活破灭后,取而代之出现的是城市生活中暗藏的弊端。随着周围环境由好向坏的改变,比利身上不仅体现出了人与人之间关系的破裂,还出现了个人的异化。所以,当城市生活环境逐渐变得不稳定时,城市生活的弊端便开始显现。杰克·伦敦也借此强调城市并不是完全适合人生活的场所。

然而,除人与人之间关系的破裂和个人异化的出现之外,城市生活的弊端还有对人精神的摧残。对于萨克森来说,罢工事件令她感受到城市中愤怒且压抑的氛围——她目睹了警察与罢工者之间的战斗,小孩也参与其中。最终资本家所代表的上层社会取得了胜利,工人所代表的下层社会付出了巨大的代价:他们的好友在这场斗争中牺牲,萨克森由于过度惊吓失去了自己还未出生的孩子。在这一系列事件后,萨克森精神异常。至此,"伦敦小说悲观的前半部分一直在探讨精神和身体衰退的原因,小说中的主人公长期处于衰退状态,几乎一命呜呼"。②城市生活的弊端所带来的对人的精神层面的摧残也是杰克·伦敦想要强调的。在人类文明发展的过程中,尽管科技、工业等人类文明的高速发展带来了更高的生活质量,但是也激发了人类更强大的欲望——对物质生活和金钱的追求渐渐造成人精神层面的衰退。杰克·伦敦通过萨克森表现出对精神衰退的担忧。与之相似的是,杰克·伦敦的另一部作品《毒日头》中的主人公毒日头,为了追求经济利益的最大化来到城市之中,但是城市生活令他开始变得酗酒、冷漠、残忍,精神变得麻木。这与他生活在乡村时充满活力的状态形成了强烈的对比。对他来说,只有放弃财富和城市的腐败生活才能获得救赎。和萨克森一样,毒日头在感受到城市生活的弊端后,同样开始向往回归自然。

---

① LONDON JACK. The Valley of the Moon[M].New York: Macmillan, 1913:226.
② MORTENSEN PETER. We're Going in for Natural Training: Athletics and Agriculture in Jack London's The Valley of the Moon[M]. 2018:162.

在城市理想生活破灭之后,"萨克森时常幻想着他们的田园生活——那时他们不住在城市里,不受劳资双方的矛盾困扰"。①正是城市生活暴露的这些弊端让比利和萨克森做出了离开城市的决定。与城市生活形成对比的是,在乡村他们开始接触自然,追寻生活的本质,比利可以根据自己的需求去工作,而不是被迫劳动,一切都由他自己决定。田园生活让他们找到了生活的本质,所以城市化、工业化的发展,让我们对舒适、富有的生活充满欲望,以至于大部分人没有意识到脚下的土地其实是我们最可靠的依赖。金钱至上的价值观令我们忽视赖以生存的这片土地。

在杰克·伦敦的眼中,生活在城市之中终究会沦为金钱的奴隶,以致失去自我。比利和萨克森在意识到这一点后决定离开城市,像祖先一样,为了生活去探索新的土地。奥克兰不再是他们的归宿,而是作为新的起点,开启他们对新生活的探索。这也证明,萨克森和比利逃离城市是对城市化和工业化的反抗。

二、寻找土地

《月亮谷》后半部分最突出的一个观念就是人与土地之间的关系。在大部分人眼里,土地是获取财富的手段——大地如同人类的奴隶,始终处于人类的控制之中。利奥波德(Aldo Leopold,1887—1948)曾说:"人和土地之间的关系仍然是以经济为基础的,人们只需要特权,而无须尽任何义务。"②以这种方式来看待土地的话,土地对于人类来说只是一种财富。这容易导致我们无法正确理解人与土地之间的关系。而利奥波德希望人类可以改变对土地的态度。他提出了共同体的概念,通过土地伦理扩大了共同体的界限,"它包括土壤、水、植物、动物,或者把它们概括起来:土地"。③人类需要对土地有认同感,因为人类就生活在这片土地上,人类的所作所为对这片土地有着不可

---

① LONDON JACK. The Valley of the Moon[M].New York: Macmillan, 1913:195.
② LEOPOLD ALDO. A Sand County Almanac—And Sketches Here and There[M].Oxford: Oxford UP, 1949:193.
③ Ibid.

忽视的影响。

  土地是人类生活的地方,无论是乡村还是城市,都是建立在土地上的。人类在土地上建造城市,按照自己的需求去发展,但是欲望促使人类走向统治的道路。因此,我们不能忽视城市化和工业化对自然环境造成的破坏和对人类价值观的影响。人与土地的关系就如同人与人之间的关系:以金钱为导向、获取财富为主的价值观令城市中的人与人之间充满斗争。在这种情况下,人们又怎么会正确对待和自己关系密切的土地呢? 正如小说中所提到的,"大自然是公正而有理性的,胸怀是宽阔的。而人的世界是邪恶的,狂乱而可怕的穷困潦倒"。① 城市带给比利和萨克森的只有无限的痛苦。为了寻找心目中理想的家园,他们做的第一步就是离开城市,重新与自然建立联系。

  与自然建立联系是漫长且需要适应的过程。在旅程中,他们发现美国人抛弃土地,为了赚钱而涌入城市之中,取而代之的是葡萄牙人占据了部分土地。但是比利和萨克森认为,"种这点东西不能算数"。② 葡萄牙人占据的土地并不能得到比利和萨克森的认可。从他们的视角可以看出,他们对土地没有任何了解,对于小片的土地不感兴趣。内心的欲望令他们想要买下大片的土地。这意味着城市生活对他们造成了持续性的影响,贪婪的想法也是他们内心强烈欲望的体现。

  杰克·伦敦一直注重对欲望的批判。在他的另一部小说《毒日头》中,他将主人公毒日头描绘为"他为了一切能冒进一切风险"。③ 杰克·伦敦认为,欲望是人类最原始的本能。欲望无善无恶,关键在于如何控制它。欲望是人类进步的原动力,但也是把人类引向深渊的罪魁祸首。欲望同时造成了人的短视:19世纪,大量的移民涌入美国,以极低的价格从美国人手里买下土地。定居者合理利用土地,管理土地,实现了农业的可持续发展。美国人则对此视而不见,就如同他们开着汽车不屑一顾地从比利和萨克森身旁经过。在那个追求金钱的时代,人们已经完全忽略了人与土地之间的关系。

  土地是我们赖以生存之物,是维持可持续发展的必要条件。而美国人

---

 ① LONDON JACK. The Valley of the Moon[M].New York: Macmillan, 1913:267.
 ② Ibid.313.
 ③ LONDON JACK. Burning Daylight[M]. New York: Macmillan, 1910:6.

在资本主义发展的阶段,更倾向于抛弃土地去到城市生活。正如熊欢所说:"由于人类在工业化和城市化的过程中远离了自然,大量的美国人离开了农村和乡村的家园,转而追求一种现代生活。"①显然,他们对待土地的态度受当时时代下金钱至上的价值观影响,没有正确理解人与土地的关系。而杰克·伦敦笔下所描述的比利和萨克森试图追求更理想化的生活方式——简单并且能保持可持续发展的生活方式。

我们倡导简单生活,是希望简单生活可以改变人类的生活方式,从而改变人类的价值观。萨克森拒绝住旅馆是他们开始简单化生活的第一步,也是约束自己追求物质生活的欲望。比利也开始尝试耕地,这都是他们改变自己的价值观并且加强与自然之间的联系的一种方式。萨克森知道,他们必须融入自然,尝试简单化的生活。正如梭罗在《瓦尔登湖》中反复提到的:"简单,简单,简单!"②尝试简单化的生活对于现代人来说是极其重要的;对物质欲望的过度追求,导致社会发展过程中产生越来越多的矛盾。越来越多的人缺乏长远打算,只关注当下的生活,忽略了可持续发展的重要性。在这样的发展趋势下,人类是将自己逐步推向灭亡的道路。

接触自然、加强与自然之间的联系是改变这种趋势的最好方式。当比利和萨克森第一次在野外过夜,他们对周围的一切感到陌生。因为在城市中生活了太久,他们对夜晚树林中动物发出的声音感到害怕。这些都是人类与自然过于疏远的表现。萨克森回想起祖先曾经就生活在这种环境。她认为"我们也不弱,我们和前辈一样有能力,而且我们身体比他们健康多了。只是我们成长的环境不同。我们一直住在城里,熟悉城市的声音,城市的环境,但不熟悉乡村的声音和环境。我们的成长环境是反常的、不自然的。简单地说就是这个道理。现在我们要开始正常的、自然的生活。过些时间后,我们也会像我们父辈那样能在室外安稳睡觉了"。③在野外过夜的经历又给了他们

---

① XIONG HUAN. Return to Nature and Gain Self-consciousness—An Analysis of Jack London's Consciousness of Spiritual Ecology in The Valley of the Moon[M]. Pacific International Journal, 2022:49.

② THOREAU HENRY D. Walden[M]. Princeton UP, 1971:110.

③ LONDON JACK. The Valley of the Moon[M]. New York: Macmillan, 1913:335.

新的体验,他们第一次感受到人与自然的融合。盖尔提道:"尽管他们对自己的先祖有亲和力,但是他们必须承认所处的环境有差异。"[1]正如比利、萨克森之于祖先,他们的相同点是为了生活踏上了寻找土地的道路,不同于祖先的是他们缺乏对自然的了解。令人感到讽刺的是,奥克兰曾经也是他们的先祖所生活的地方,现在却要逃离奥克兰去寻找新的土地。

在寻找土地的过程中,比利和萨克森始终在思考人与土地的关系。正如杰克·伦敦所认为的,"进步在于人类重新思考与土地的关系"。[2]坚持自己的目标对他们来说非常重要,在他们得到答案之前他们应该尽可能了解更多。莫蒂默太太的出现对他们起到了启蒙的作用。她告诉他们"土地是慷慨的,但你也必须好好对待它"。[3]很显然,"莫蒂默太太讲出了伦敦所想说的"。[4]言外之意就是,人类需要学会保护土地,建立生态责任。

在没有深入了解土地之前,比利和萨克森也展现出贪婪的欲望——执着于土地的数量。实则不然,杰克·伦敦想要强调的是如何对待土地。简单来说,你善待土地,土地也会回报你。人类不应该把土地视为奴隶。尽管压榨土地可以赚取更多的钱,但是不利于土地的发展,也不利于生态环境的发展。利奥波德提到,"资源保护是人和土地之间和谐统一的一种表现"。[5]但是在19世纪末期,自然资源保护意识并没有随着社会的发展而发展,以金钱为导向的价值观仍然是主流观点。这也是人类所面临的问题——缺乏对自然资源的保护,更缺乏对土地的情感。

以比利为例,他来到乡村之后学会了耕地,逐渐爱上了耕地,以至于他越来越喜爱乡村生活。因为比利对马非常了解,这使得他在乡村随时可以谋得一份工作,也让他找到了自己的价值。渐渐地,比利发自内心做出改

---

[1] GAIR CHRISTOPHER. The Way Our People Came: Citizenship, Capitalism and Racial Difference in The Valley of the Moon[J].Studies in the Novel,1993:5.

[2] KERSHAW ALEX. Jack London: A life[M]. London: Harper Collins, 1997:302.

[3] LONDON JACK. The Valley of the Moon[M]. New York: Macmillan, 1913:348.

[4] SHI JINGBI. The Development of Jack London's Ecological Thought in "All Gold Canyon, Burning Daylight, and The Valley of the Moon." [J].The Trumpeter, 2008:105.

[5] LEOPOLD ALDO. A Sand County Almanac—And Sketches Here and There[M]. Oxford: Oxford UP, 1949:213.

变,真心热爱自然。如果他们一直待在奥克兰生活,艰难且不幸福的生活会继续下去。回归自然、加强与自然的联系,不仅是反抗城市化和工业化的手段,而且有助于人类重新找回与自然和谐相处的状态。这也说明,想要让人类走向与自然和谐相处的道路,需要依靠每一个人对自然态度的转变——而在其中,价值观将起到重要作用。对自然的情感越深,越有利于建立生态可持续发展的道路。利奥波德曾提到,"我不能想象,在没有对土地的热爱、尊敬和赞美,以及高度认识它的价值的情况下,能有一种对土地的伦理关系"。[①] 比利出于对萨克森的爱,愿意一起寻找适合他们生活的土地。在寻找的过程中,加深了与自然的联系,发现自然能带给人真正的美好,并且与自然产生了情感,学会从自然的角度考虑问题——这是人类在这片土地上应该有的态度。现在的问题在于人类对土地,对自然的认识、了解不足,特别是生活在城市里的人。所以在人类文明发展的过程中,我们从来没有重视过对人与自然之间关系的培养。

土地给比利和萨克森带来了富足的生活。在乡村生活的影响下,比利发出感叹,"只要我活着,我就再也不会为了挣钱,为任何人正式工作"。[②] 找到月亮谷后,比利和萨克森实现了这个目标。他们拥有自己的土地,懂得遵循自然规律,合理利用土地资源。这也是杰克·伦敦想要强调的,人与自然要和谐相处,约束自己的欲望,进行简单而有规律的生活。至此,杰克·伦敦对城市和农村的生活环境进行对比:凸显了城市代表欲望和纷争,乡村代表宁静与和谐。

三、人与自然和谐相处

人类与自然的接触,有助于实现人与自然和谐相处;而为了加强与自然之间的联系,需要尝试将自己融入自然之中。在海边比利和萨克森享受着自

---

① LEOPOLD ALDO. A Sand County Almanac—And Sketches Here and There[M]. Oxford: Oxford UP, 1949:228.

② LONDON JACK. The Valley of the Moon[M]. New York: Macmillan, 1913:429.

然风景,萨克森提出:"像这样度过一天,胜过在奥克兰度过一万年。"[1] 显然,他们在自然中获得了幸福。他们从城市中走出来,加强与自然的联系使他们不再痛苦和烦恼,展现出了全新的自我。自然中存在无尽的能量,重要的是能否发觉这种能量,去真实感受它。加强与自然之间的联系不能只靠理论,而是应该真正投入自然的怀抱之中,用心去感受。

正如在卡梅尔(Carmel)的海边,比利和萨克森与新认识的小说家、艺术家愉快地交流。他们从来没想到会有这么多好人,没有欲望,没有斗争,只是单纯进行人与人的交流。就在这片海滩上,远离城市,脚踩在这片自然的土地上,比利同时感叹道:"哎呀!我不在乎我再也看不到电影节目了!"[2] 比利只用这一句话就阐述了他现在的心理状态。对于这句话的理解,威廉姆斯(Jay Williams)总结道:"他用一句话指出了我们城市时代的疾病及其治疗方法。只有当我们逃离了我们自己在城镇中制造的恐怖时,我们才能摆脱设计出来麻醉我们的鸦片。"[3] 在经历了不同的风景、接触了不同的人物之后,比利看到了世界上更美好的事物,心理和思想意识已经开始发生变化。人类总是想要突破自己,寻找极限,去征服,统治一切。但是人类的征服都是在这片土地上进行的,最终的代价就是毁掉原有的生态环境,人类以自己的意志为主,建造人类所需的东西。在不知不觉中,这种征服的欲望越来越强烈,但人类没有意识到就算自己再强大,在大自然面前也是不堪一击的。而最终意识到问题所在时,拯救人类的也就只有人类自己。

在杰克·伦敦的小说中,人类贪婪的欲望一直是批判的重点。杰克·伦敦通过霍尔这一人物,强烈批判了人的贪婪的欲望和人的短视。贪婪的欲望致使人类停止思考,人与土地的关系也为欲望所破坏。正如施经碧所说:"伦敦认为,只要人类的贪婪不受限制,拯救国家就没有希望。"[4]

杰克·伦敦对人类的贪婪行为做出如下描述:

---

[1] LONDON JACK. The Valley of the Moon[M]. New York: Macmillan, 1913:385.
[2] Ibid.410.
[3] WILLIAMS JAY. The Valley of the Moon: Quest for Love, Land, and a Home[M].The Oxford Handbook of Jack London. Oxford: Oxford UP, 2017:405.
[4] SHI JINGBI. The Development of Jack London's Ecological Thought in "All Gold Canyon, Burning Daylight, and The Valley of the Moon." [J]. The Trumpeter, 2008: 104.

他们贪婪地摄取他们看到的一切,就像贪吃的猪猡。在他们这样做的时候,民主就被毁掉了。贪婪的摄取变成了赌博。这是一个由缺少赌资的赌徒构成的国家。无论什么时候,当一个人输掉了他的世界,他该做的一切,只是随着往西的扩张,往西边走上几英里,再占一片地就是了。人们就像一群蝗虫一样在这块土地上迁移着,摧毁了这里的一切,印第安人,土地,森林,正如他们杀掉水牛和使北美候鸽灭绝一样。[1]

像这样描述人类破坏土地的画面不在少数,比利和萨克森也对此感到心痛。在与自然接触的这段时间里,他们已经对自然产生了感情。土地上存在的一切已经与他们密不可分。当我们看到比利和萨克森一步步地对自然产生情感,由此也产生疑问,我们是否应该对土地形成一种伦理观?似乎人与自然之间的情感可以让人类更容易认识到,人与自然是一个整体。人类来自自然,生活在这片土地上,人与自然是一个共同体。我们对这片土地的态度不应该只有索取,同样应该有所付出。比利和萨克森离开奥克兰后在森林中居住,晚上靠枯木生火取暖,森林里的一切都是他们的依靠。比利通过耕地赚取路费。他们合理获取,生活全部依靠这片土地。他们与土地之间的关系是平等的,扮演共生的角色,而不是以征服者的角色出现。尊敬生态圈中的一切,成为生态圈中的一员,这也是利奥波德在土地伦理中所强调的观点。杰克·伦敦通过对以欲望和利益为导向的价值观的批判,呼吁人类重新思考人与自然、人与土地之间的关系。

在进一步思考人与自然之间的关系之后,杰克·伦敦展现出一种趋于理想化的乡村生活状态,正如比利认为:"只要我活着,我就再也不会为了挣钱,为任何人工作,工作并不是一切。"[2] 比利不希望沦为生活的奴隶,也不会让土地沦为人类的奴隶,尤其是在黑斯廷斯(Hastings)向比利和萨克森讲述了那些贪婪的人是怎么糟蹋土地之后。比利得知他们对土地的态度是只使用不付出,没过几年土地就变成了一片废墟,"他们什么都不干,只会糟

---

[1] LONDON JACK. The Valley of the Moon[M]. New York: Macmillan, 1913:424.
[2] Ibid.429.

蹋土地,然后搬家,再糟蹋土地再搬家"。①正如施经碧所说:"他严厉抨击了人们的短视贪婪,并对他们不负责任、不可持续的做法进行了尖酸刻薄的讽刺。"②贪婪的人追求金钱利益,将土地卖给移民者,并没有意识到土地能维持生活,只追求当下能获取利益。土地的潜力巨大,而美国人看不到。这正是杰克·伦敦所认为的价值观对人具有决定性的影响。

在土地被频繁破坏的情况下,黑斯廷斯曾建议比利和萨克森先租一块土地,压榨土地获得金钱,再收买土地,重新管理土地。因为"我们就生活在一个缺德的时代"。③黑斯廷斯虽然是出于保护土地,才提出这样的想法,但是比利和萨克森对这种做法嗤之以鼻。因为比利和萨克森对自然产生的情感已经令他们发自内心地关心生态环境。他们形成了生态责任意识。他们不情愿做任何破坏土地的事情。

从越来越多的土地被糟蹋可以看出,人与土地的关系没有得到正确对待。阿恩奈斯(Arne Naess, 1912—2009)在八项原则中的第五条提到:"目前人类的干涉程度破坏了生态系统的可持续发展。并且这种过度的干涉正处于扩展上升中。"④杰克·伦敦批判城市化和工业化对自然造成的破坏,并且在科技的发展之下,人类只站在自己的角度上解决问题,而不加以考虑这些方式所带来的后果。自然创造了人类。人类本应该生活在自然之中,与自然互相依靠。而现在,人类在欲望的推动下去疯狂掠夺自然资源,进而试图统治自然。

正如小说中所提到的,大农场主只注重利益,在糟蹋完土地后,"只留下用坏的犁片和耗尽了的土地。到处都是他们留下的贫瘠的土地,就像沙漠一样"。⑤莫滕森对此总结道:"美国农民无视无处不在的变化和迫在眉睫的危

---

① LONDON JACK. The Valley of the Moon[M].New York: Macmillan, 1913:445.

② SHI JINGBI. The Development of Jack London's Ecological Thought in "All Gold Canyon, Burning Daylight, and The Valley of the Moon." [J]. The Trumpeter, 2008:105.

③ 同① 446.

④ NAESS ARNE. Life's Philosophy: Reason & Feeling in a Deeper World[M]. Athens: U of Georgia P, 2002:108.

⑤ 同① 474.

机迹象,无视其行为的后果,继续耕种,好像新土地是无穷无尽的一样。"①这些大农场主存在严重的短视问题:他们只注重当下的利益,并且这种价值观在一代一代地延续。

这种短视的价值观将会造成严重的后果,而"今天的结果则是一种步步发展的普遍衰败,不仅是植物和土壤,也包括动物"。②虽然土地在没有人干预的情况下也会遭到侵蚀,但是这种侵蚀是来自自然的自我调节过程。然而,随着土地被侵蚀的比例在不断扩大,这种情况下的自然调节具有一定难度,而更深层次的原因是人类对土地造成的破坏。合理地管理土地变得尤为重要。这不仅对人有直接的影响,与周围的动、植物也相关联。正确地处理人与土地的关系才有利于生态环境的发展。

在小说的最后部分,比利和萨克森找到了他们心目中的月亮谷。他们花费了三年去了解自然、寻找土地,但是这是他们第一次亲自管理土地。在莫蒂默太太的帮助下,他们一步步走上正轨。这也意味着人类长时间脱离自然,最赖以生存的土地变成了人类最陌生的东西,而想要恢复与土地之间的关系需要从各方面加强与自然的联系,才可能形成生态责任意识,与自然和谐相处。正如比利和萨克森,他们亲近自然,融入自然,对自然万物表现出来的是爱护,而不是统治和掠夺。作为自然的一部分,比利和萨克森尊重这片土地——他们在山里发现了能带来巨大财富的陶土,选择以最小的代价对陶土进行开发,最大限度地保留原始的自然环境。由此可见,生态环境的质量体现在我们对周围环境的深刻理解上。所以,这片土地在他们的治理之下,繁荣发展。杰克·伦敦重点想要强调他们逃离城市、加强与自然的联系后,价值观发生转变,加深了对自然的情感。动物、植物、土地都成为与他们生活中密不可分的一部分。最终,这段旅程令他们领悟了如何处理人与土地之间的关系,如何与自然和谐相处。

---

① MORTENSEN PETER. We're Going in for Natural Training: Athletics and Agriculture in Jack London's The Valley of the Moon" [M]. 2018: 166.

② LEOPOLD ALDO. A Sand County Almanac—And Sketches Here and There[M]. Oxford: Oxford UP, 1949:196.

结语

自20世纪70年代以来,生态批评开始进入人们的视野,随着发展,在20世纪90年代成为文学研究里面的一个重要分支。美国文学历史上,不乏与生态、自然相关联的作品:早期有詹姆斯·库珀创作的边疆五部曲《皮裹腿故事集》、梅尔维尔的长篇小说《白鲸》,以及杰克·伦敦同时期的有薇拉·凯瑟(Willa Cather, 1873—1947)的草原三部曲《啊,拓荒者!》(*O Pioneers*)、《云雀之歌》(*The song of the Lark*)、《我的安东尼娅》(*My Antonia*)。这些都是描写自然的代表性作品。处于19世纪末期的杰克·伦敦,也是美国自然文学当中不可忽视的作家。他的作品一直将荒野与人类文明相结合,在《野性的呼唤》《白牙》中展现了人与动物之间的关系,尤其是批判人类社会的残酷性,其中也可以看出杰克·伦敦早期的生态意识,包括对人类中心主义思想的批判和对自然中心主义思想的展现。而在后期创作的《毒日头》《月亮谷》等小说中,杰克·伦敦开始转向对城市化、工业化,以及对人类内心强烈的欲望展开批判,将人与自然的关系展现得淋漓尽致。中国读者可能对杰克·伦敦关于社会主义的小说《深渊里的人们》《铁蹄》更加了解,但是杰克·伦敦对生态问题的见解也是不可忽视的。杰克·伦敦倡导在人类文明发展的过程中要与自然和谐相处,而不是牺牲自然来换取人类文明的发展。杰克·伦敦始终强调树立正确价值观的重要性,反对人类将自己视为食物链顶端的王,批判人类试图主宰、控制自然的价值观。杰克·伦敦所倡导的降低欲望、回归自然、增强与自然之间联系的生态思想是值得我们思考、研究的。然而,目前无论是美国学界还是中国学界,都缺乏对杰克·伦敦生态思想的深入研究。事实上,杰克·伦敦的作品中蕴含了丰富的生态思想,尤其是在生态批评还未发展的时期,他敏锐地意识到已经出现的生态问题,并在小说中提到他对生态的忧虑和设想,反映出了超前的生态意识。研究杰克·伦敦的生态思想有助于我们更好地了解一直以来所存在的生态问题,从而更好地促进人与自然和谐相处。

Jack London's Ecological View in *The Valley of the Moon*

Liu Chuanye

Abstract: With the deterioration of the global ecological environment, ecological issues are attracting more and more attention from the world. In *The Valley of the Moon*, Jack London tries to show the disadvantages of urbanization and industrialization in the development of human civilization, especially the destruction of the human body and spirit. After the breakdown of the ideal city life, Jack London advocates bringing people closer to nature by reducing their desires and returning to nature. This helps to solve the spiritual crisis brought about by urban life and achieve harmony between human beings and nature. Jack London leads us to recognize nature again and reflects on the relationship between humans and nature. Only by deepening our understanding of nature can we truly achieve harmony between humans and nature.

Keywords: Jack London, ecological thought, desire, urbanization

新书快递

在未明时分,列文森看到了中国的光明未来
——读管永前《当代西方中国学研究》

胡军民[①]

在全球化时代,一个人若想不惑于时事世局,必须具有统摄文化、覆盖地理、兼容自然环境的历史感,亦必须具有整合思想、映射政治、叠加经济的完整且准确的世界观。

在人类共处同一个地球村的大背景下,一个人若想不陷入狭隘的自我本位主义和祖国本位主义,或者说,若想了解一个国家,必须了解两个国家,甚而必须了解多个国家。只有了解多个国家,才能养成深厚且精微的历史感,才能形成完整而准确的世界观。而要具有这种历史感和与之密切相关的世界观,了解古今外国人是如何认识、解读、评价中国的历史和现实及其来龙去脉,当是题中应有之义。正是基于此种理解,笔者拿到管永前先生的这本汇集了他多年研究成果的《当代西方中国学研究》时,便抛开诸事,津津有味地投入了研习阅读之中,想看看在作者笔下,古今外国人是如何看待中国的,以及当今中国的国外中国学研究者,又是如何看待古今外国人的中国研究成果的。

一切严肃的研究皆必须从概念开始,本书当然亦不例外。在《前言》和第一篇《对国外中国学(汉学)研究的回顾与思考》中,作者首先对一些基础概念做了简要梳理。他指出,本书所谓"汉学"和"中国学",是对国外研究中国学术的总称。海外汉学和中国学已有上千年历史,在西方作为一门学科独立设立已有200多年的历史。海外汉学和中国学既有联系又有区别:一般

---

① 胡军民,文化学者。研究方向:当代中国历史文化。

在至暗时刻,列文森看到了中国的光明未来——读管永前《当代西方中国学研究》

说来,汉学偏重对中国传统文化的研究;而第二次世界大战后出现的中国学则"以现实为中心,以实用为原则,以国家战略利益为考量,以非文化或者泛文化为特征"。总之,中国学以应对中国现实问题为旨归。而中国学(汉学)研究是一门以海外的中国研究为关注对象的学术研究,亦即"研究的再研究"。直白地说,在中国的语境中,中国学(汉学)就是研究它国是如何研究中国的,就是对他国研究中国成果的再研究。

那么,古今外国人是如何研究中国的,都取得了哪些成果呢?我们又能从中汲取哪些启迪呢?举其大端要者,管永前《当代西方中国学研究》(学苑出版社2020年版)给读者以下指引。

作者在《从"传教士汉学"到"新汉学":西班牙汉学发展与流变述略》一文中告诉读者,海外汉学(中国学)研究者研究中国问题经历了一个曲折反复的演变过程,即研究层面的学习和适应,以及政策层面的征服和共处。世界史上第一个大国强国西班牙,曾是西方最早的汉学大国,在西方世界独领风骚,正是它开启了"传教士汉学"的黄金时代,对西方汉学的发展起了引领和奠基作用。西班牙汉学最初是伊比利亚民族传播天主教的热情及贸易和军事扩张的产物,传教士在其中发挥了举足轻重的作用。西班牙传教士来到中国后,为了在中国传播"福音",首先要学习中国的语言和文字,进而了解中国的国情特色,由此开始了西班牙汉学的发展历程。

耶稣会士方济各·沙勿略(San Francisco Javier,1506—1552)是西班牙汉学的创始人,被天主教会奉为圣人。1541年,他受罗马教廷的派遣前往东方传教。由于他在日本和印度的经历及他对中国的了解,特别是对华夏文明的认知,他总结出以文化调和为核心的传教士"适应"策略。1552年,他踏上了中国的上川岛(今广东省台山市),由此拉开了基督教继唐与元之后第三次传入中国的序幕。为了向中国民众宣传"福音",沙勿略开始学习汉语,并编写《教义问答》,为进入中国内地传教做着积极的准备。然而,不幸的是,在等待进入中国内地许可时,他因患重病在上川岛去世。尽管他未能全部实现传教宏愿,但他提出的"适应"策略,成为以后相当长时间里天主教在中国传教活动的主导方针,影响广泛而深远。可以说,沙勿略在客观上开启了西班牙乃至西方的汉学研究。

世上事很难一成不变。另一位西班牙汉学家、奥古斯丁会胡安·冈萨雷斯·德·门多萨,则是一位好战的修士,是征服中国论的鼓吹者、支持者之一。他曾觐见国王菲利普二世,劝说对中国进行军事冒险。1581年,西班牙王室决定向中国派出使团时,委任他为团长。虽然他此行最终并未到达中国,但门多萨收集了大量有关中国的资料,并据此写出了《中华大帝国史》。1585年,此书首版在罗马问世,并立刻在欧洲引起轰动。此书是有关16世纪中国地缘、政治、经济、历史、文化、风俗、礼仪、宗教信仰的百科全书,对欧洲人中国观的形成产生了重要作用,代表着16世纪西班牙汉学的最高成就。与门多萨政治主张大相径庭的是另一位西班牙汉学家高母羡(Juan Cobo,1546—1592)。他先抵达菲律宾,在旅菲华人中传教。1590年,他将范立本编于1393年的《明心宝鉴》翻译成西班牙文,因此成为把中文翻译成西方文字语言的第一人。他还是把汉字"拉丁字母化"或"罗马字母化"的第一人。一些研究者认为,高母羡翻译此书的目的在于,使西班牙明白中国的教育水平非常高,政治和军事水准也很高,以此来打消马尼拉西班牙人的好战心理。由此可见,在西班牙,甚至在西方,从来都是既有好战分子,也有爱好和平者。我们中国人切不可把他(她)们看成铁板一块,不加区别地一概反对,或一概欢迎。

在《文献计量学视角下的西方当代中国研究——以〈中国季刊〉(1960—1969)为个案》一文中,作者则告诉读者什么是学术中立和理性判断。《中国季刊》1960年创刊于英国伦敦,是西方最早专门研究当代中国的学术刊物,也是西方学者,特别是欧美学者发表有关当代中国研究成果的最主要刊物——其在国外当代中国研究领域具有权威地位和重要影响。1969年,《中国季刊》组织了一系列文章,其中有列文森(Joseph R. Levenson)的《时空中的中国共产党:根与无根》。在这篇文章里,列文森为世人指出了中国的美好光明未来。列文森认为,中国自始至终是最文明的国家。这样说,并非因为中国最好,而是相比较其他任何文明,中国面临更多的人类环境挑战,并能够将其付诸行动。列文森坚信,中国能够解决当代生活的压力,而其他国家文明可能不会。列文森坚信四海一家的世界大同主义,认为这种精神联结的是人类,而不仅是个别民族实体。他首先肯定儒教的普世价值,然后

在至暗时刻,列文森看到了中国的光明未来——读管永前《当代西方中国学研究》

分析20世纪早期中国知识分子为何向西方追寻新的普世价值,以及最终中国共产主义者为何信奉马克思主义的普救说。他不喜欢民族主义、地方主义,也不愿被迫为中国的"文化大革命"寻找流行的根源。同样,他也不喜欢"新左派"采取的立场。在文章末尾,他认为,"中国将再次加入世界大同主义的浪潮,文化仲裁者和文化革命者——将不再是搁浅的鲤科小鱼,也不是搁浅的鲸鱼",再次表达了对中国大同主义、对中国回归世界文明(相对于"文化大革命"期间的非正常状态而言)的坚定信念。今天,我们看列文森50多年前的预言,再看中国改革开放40多年来的一步步崛起——从1979年开始走向世界,到2000年"入世"融入世界,再到2017年提出共建人类命运共同体创造世界——我们不能不佩服他的先见之明。

列文森的判断绝非空穴来风,或者无根之木和无源之水。在《中华文明对美国早期发展的影响——以华裔学者王小良的研究为个案》这篇文章中,作者着重介绍和评价了美国汉学家王小良对孔子哲学是如何影响美国多位开国元勋的建国理念的。王小良发现,美国的开国元勋对孔子哲学的情有独钟可以从《美国宪法》之父、《人权宣言》的起草人詹姆斯·麦迪逊的家中看出——麦迪逊在家里特地悬挂了孔子的画像。美国革命的主要推动者之一、对动员殖民地人民起来革命起到至关重要作用的小册子《常识》的作者托马斯·潘恩,将孔子同耶稣基督、苏格拉底置于同等地位。美国精神的塑造者、美国人的灵魂工程师本杰明·富兰克林则庄重地声明,孔子的道德哲学对整个人类都有价值。《美国独立宣言》的主要起草人托马斯·杰斐逊则把孔子所编《诗经》中的《魏风》放在自己选编的参考文集里,并一再声明自己要做一个《魏风》中所歌颂的青史留名、为人民所怀念的领袖。其他的开国元勋,如约翰·亚当斯和本杰明·拉什,在设计美国未来发展蓝图时,对孔子的道德哲学也做了高度评价,并号召美国人民从孔子哲学中汲取营养,提升自己的道德水准。美国汉学家王小良认为,美国开国元勋个人道德的主要内容,如以诚待人、对家庭真诚、负责、节制个人欲望,与孔子主张的个人道德,如仁、义、智、信等非常接近,这正是美国开国元勋对孔子哲学认同感兴趣的深层原因。

美国开国元勋主张汲取孔子哲学的精华,我们应该承认这一点;同时,我们也应该看到另一面,这并不意味着孔子哲学成为所有美国人的信仰和行为指南,更不意味着当今美国人仍然视孔子为师德楷模。事实上,情况要复杂得多。汉武帝表面上罢黜百家,独尊儒术,实际上他的枕边书是内容驳杂的《淮南子》。同样的道理,美国政治理念的表里及它的政治外交战略也很复杂,是多面相的。管先生在本书《以王道取代霸道:中国崛起在世界上的角色》一篇里,记录了他与华人学者汪荣祖先生的多次访谈,介绍了汪先生的分析和建言。汪荣祖说,美国在崛起的过程中,因贸易的需要而向海外扩张,夺取殖民地,以干预他国为"自卫",以"世界警察"自居。美国反对欧洲列强干预美洲事务,却用同样的手段干预别国,其本质上无异于欧洲的老牌帝国主义国家。美国在19世纪领土扩张时,有句响亮的口号叫"明摆着的命运"(Manifest Destiny),带有强烈的使命感,自称是上帝的选民,有责任将民主自由的基督"福音"传播到全世界——自我优越的民族情绪暴露无遗。其实,在美国关于"明摆着的命运"并非共识。面对美国在海外扩张的事实,1913年,耶鲁大学教授阿当姆斯将此理念作为道德解释和辩护,说那是要与世界分享美国人所追求的生活方式,即民主、自由和快乐。而另一位美国学者佛莱明不以为然。他断言,"明摆着的命运"根本就是美国帝国主义的代名词,换言之,美国讲究的就是霸权。口头上讲的是推广文明、讲民主、自由和人权等价值,干的却是剥削、压迫和侵略(正如特朗普政府的国务卿蓬佩奥之流,明面上大言不惭地说是为了推广"美式民主",事实上干的是撒谎、欺骗和偷盗之事,并视为荣耀)的勾当。

　　面对美国的表里虚实,汪先生建言,中国要以王道应对美国的霸道。他说,王道、霸道是两种不同的价值观。崛起的中国推行以王道精神为基础的世界新秩序,必将一新世人耳目。中国应对环球变局,唯有王道可行,而传统国学中藏有丰沛的王道意识,有待发扬与阐释。王道的实质不外乎仁义道德。广博爱人、无私而彼此感恩,谓之仁;但绝不容忍害群之马,姑息恶徒,即孔子所谓"勿求生而害仁"。办事客观公正而合宜谓之义,但绝不一意孤行。义与仁又不可分,在儒家学说中仁义并称。循路而行,谓之"道"。道乃达到目的的途径,以人类的福祉为目的之路。道分两途,恰似王道、霸道不相为谋:霸道只图私利;而王道能"存亡继绝",维护秩序与安宁。王道长,霸道

在至暗时刻,列文森看到了中国的光明未来——读管永前《当代西方中国学研究》

才能消,世界才有可能实现天下太平,成为人类的共由之路。德者,得也,"内得于己",就是人类有天赋的良知,能够自省,有所戒惧而不蹈覆辙;"外得于人",就是自身之外得到外在的成败经验,两者相合不仅是做人之道,而且是处世之道,得到共同的是非之心。例如,在世界上,国与国之间以仁义道德为最高准则,王道行矣!当前中国实施的"一带一路"就是令人振奋的和平发展的宏伟计划……不仅将有利于加快中国经济转型升级,同时将提升从东到西的世界上许多贫穷地区与国家的经济,改善世界各国广大人民的生活,实现互惠互利、真正的双赢……"一带一路"一旦实现既定的目标,真可为全世界增加乐利与和平,可以说是王道精神的具体落实,与美国霸道所造成的动乱与损人不利己的后果,大异其趣,足可让全世界人知道王道之可行也!王道才是真正摆在世人面前的"明摆着的命运"。

华尔街一"感冒",全球资本市场都要打喷嚏;秘鲁海岸的潮汐变化,会引致全球咖啡豆价格的此消彼长;南半球亚马孙河流域一只蝴蝶扇动一下翅膀,会在北半球掀起滔天巨浪;欧洲或美国某企业的经营出现问题、丑闻,会造成中国某个山区的打工者收入锐减。这些都是全球化时代的常态现象。所以笔者还要说,我们今天了解海外的中国学(汉学)研究状况,不仅有助于我们汲取国外知识,以培养历史感、形成世界观,更实际一些说,还有助于我们提升在全球化时代的"态势感知能力",有助于我们从历史、现实和实践的三个维度观照和把握世界,有助于我们规避市场风险、把握经济机会,进而有助于我们创造成功的人生。管先生此书,注重史实,论证严密,逻辑性强。它犹如一株参天大树,有坚实的根基;更有主干,注重学理研探,关注学术前沿,如海外中国学研究,故能开枝散叶、开花结果,提出可行的政策建言,闪耀出启人心智的思想光芒。《当代西方中国学研究》一书,值得一读。

后 记

《国际中国文化研究》第三辑因多种因素来得有点晚，这是我的原因。2023年8月至2024年1月，我主持的北京外国语大学"双一流"建设重大标志性项目成果"海外中国戏曲研究译丛"（八册）陆续出版，实在是精力不逮，在此向第三辑的作者和读者们表示深深的歉意！

第三辑栏目内容包括"海外中国戏剧研究""经典翻译""汉学、中国学研究""圆明园研究""比较文学研究""新书快递"等。前四个栏目保持了我院长期以来的研究特色和社会服务意识，后两个栏目体现了我院师生在比较文学学科和中国学领域的努力与成果，19篇论文、译文和书评继续呈现我们的初衷，坚持学术上的创新，为青年学者们提供学术研究的舞台。

我们的队伍里迎来了一位新成员——王鸿博副教授。他毕业于北京大学，长于东方文学和中外文化交流的研究，曾任《北方工业大学学报》的编辑部主任，有着丰富的办刊经验和学术热情。他的加入对我们的视野和质量都是很好的助益。

另外，2024年国际文化出版公司，经国家新闻出版署的批准，正式更名为国文出版社。几年来，我们与出版社的同人合作愉快，这种合作将一直保持下去。

梁 燕

2024年10月